障害がある子どもの
文・文章の理解の

宮城武久・宇川和子 著
つばき教育研究所

文をつくる
文章の内容がわかる

Gakken

はじめに

文を読んで意味がわかる、文章を読んで内容がわかるようになるための本です。

　ひらがなが読めても文として読めない、文が読めても意味がわからない、文章を読んでも内容がわからない、このような子どもがいます。
　このような子どもが、文を読んで意味がわかる、文章を読んで内容がわかるようになるための本です。文を読んで意味がわかる、文章を読んで内容がわかるようになるための学習方法について詳しく述べてあります。

特徴 **1** 文をつくる

　文の意味がわからない、文章の内容がわからない子どもに、はじめから文章を読ませて質問をする様子がよく見られます。文の意味がわからない、文章の内容がわからない子どもは、これでは理解できるようにはならないでしょう。

　文の意味がわかるようになるためには、文をつくる、すなわち文の構成の学習が大切です。助詞1つの文の構成、助詞2つの文の構成、助詞3つの文の構成の学習を行います。順不同に並んでいる文節を見て、文をつくる学習から始めます。

> **文節を並び替える例**
> 　　もんだい　ならびかえて文をつくりましょう。
> 　　　　[のみます。／みずを／こっぷで]
> 　　こたえ
> 　　　　「こっぷで／みずを／のみます。」

　できるようになったら、順不同に並んでいる単語と助詞を見て、文をつくる学習を行います。

> **単語と助詞を並び替える例**
> 　　もんだい　ならびかえて文をつくりましょう。
> 　　　　[みず／のみます。／で／を／こっぷ]
> 　　こたえ
> 　　　　「こっぷで／みずを／のみます。」

　文をつくる、つまり文の構成の学習が、文を読んで意味がわかる、文章を読んで内容がわかるようになるための基礎的な力を養います。

特徴 2 文の理解は1つの文から。
1つの文でも助詞1つから

　文章の理解の学習では、はじめから何行かの本文を読んで、質問を読んで答えるというようなことがよく行われています。文章の理解の学習では、文が短いほどやさしいです。文を読んで意味がわからない子どもには、1つの文を読んで質問に答える学習から始めます。1つの文でも、助詞1つの文から学習を行います。できるようになったら、1つの文で助詞2つの文、1つの文で助詞3つの文と学習を進めます。

助詞1つの例

　ほんぶん → みずを　のみます。
　しつもん → なにを　のみますか。

助詞2つの例

　ほんぶん → こっぷで　みずを　のみます。
　しつもん → なにで　のみますか。

助詞3つの例

　ほんぶん → わたしの　こっぷで　みずを　のみます。
　しつもん → だれの　こっぷで　のみますか。

　1つの文でできるようになったら、2つの文、3つの文、4つの文、5つの文と、本文を少しずつ長くして学習を進めていきます。

2つの文の例

　ほんぶん → みぎてを　まえに　だしました。
　　　　　　ともだちと　あくしゅを　しました。
　しつもん → ともだちと　なにを　しましたか。

3つの文の例

　ほんぶん → きょうは　とても　よい　てんきです。
　　　　　　おかあさんと　こうえんに　いきました。
　　　　　　わたしは　すべりだいで　あそびました。
　しつもん → だれと　こうえんに　いきましたか。

特徴 3 質問を読んですぐに答えない。
本文をよく見て、答えのところを指でさす

　質問文を読んで、すぐに答えを言う子どもがたくさんいます。そして「よくできたね」とほめている様子を目にします。本文を記憶していて、記憶に頼って答えているのです。

　このように学習していると、難しい文章や長文になると、記憶をたぐって答えるようになります。そのため、間違った答えを言ったり、内容が理解できなくなったりします。これでは、文章の理解の向上にはなりません。質問に正しく答えるためには、本文をよく見て考えることが最も大切です。

　そこで、本書では、1つの文のときから、質問を読んですぐに答えを言わないようにします。本文を見て、答えのところを指でさすようにします。それから答えを言うようにします。このことが、文が長くなってきたときに、本文を見て考える態度を養います。本文を見て、答えを探す過程が、考える力を育てることにつながります。

　本書では、「文の構成」「文の理解」「文章の理解」の学習方法について丁寧に述べてあります。ここに述べてある学習によって、子どもたちが、文の意味がわかる、文章の内容がわかるようになれば幸いです。そして、本を読むことが楽しみという子どもが増えることを願っています。

つばき教育研究所 理事長　宮城武久

もくじ

はじめに ………… 2

Part I　文の構成の学習 ………… 9

第1章　文の構成の学習に入るために
―動詞の概念形成― ………… 10

1．文の構成の学習に入る前に ………… 11
2．文の内容による学習の順序 ………… 14
3．文末(述語)の形態による学習の順序 ………… 14
4．述語に用いる動詞の概念形成 ………… 15
　　方法とことばかけ ………… 17
　　(1)「動作絵カード」と実際の動作(身振りや手振り)との対応 ………… 17
　　(2)「動詞カード」と「動作絵カード」との対応 ………… 18
　　(3)「動作絵カード」と「動詞カード」との対応 ………… 19
5．動詞の単語構成の方法とことばかけ ………… 20
　　選択肢の呈示の系統性 ………… 23
　　(Step1〜Step4 ……24・Step5 ……25)
　　方法とことばかけ ………… 25
　　(Step1 …… 25・Step2 ……31・Step3 ……32・Step4 ……33・Step5 ……35)

第2章　助詞1つを用いた文の構成
―文節で構成する― ………… 36

1．用いる助詞の種類による学習の順序 ………… 37
2．用いる助詞の数による学習の順序 ………… 37
3．用いる助詞の用法による学習の順序 ………… 38
4．「文節カード」による文構成の学習の教材 ………… 39
5．選択肢の呈示の系統性 ………… 42
　　(Step1〜Step2 ……43・Step3 〜Step5 ……44)
6．方法とことばかけ ………… 45
　　(Step1<1対1 その1 ……45・その2 ……50>・Step2 ……52・Step3 ……54・
　　Step4 ……55・Step5 ……57)

第3章　助詞1つを用いた文の構成
―単語と助詞で構成する― ………… 60

1．「単語カード」と「助詞カード」による文構成の学習の教材 ………… 61
2．選択肢の呈示の系統性 ………… 64
　　(Step1 ……64・Step2 〜Step4 ……65・Step5 〜Step6 ……66)
3．方法とことばかけ ………… 66
　　(Step1<1対1 その1 ……66・その2 ……72>・Step2 ……74・Step3 ……77・
　　Step4 ……79・Step5 ……81・Step6 ……83)

第**4**章 助詞２つを用いた文の構成
―文節で構成する― ………… 84

1．「文節カード」による文構成の教材 ………… 85
2．選択肢の呈示の系統性 ………… 88
  (Step1～Step2 ……88・Step3～Step6 ……89)
3．方法とことばかけ ………… 90
  (Step1＜1対1 その1 ……90・その2 ……95＞・Step2 ……98・Step3 ……101・
  Step4 ……103・Step5 ……105・Step6 ……107)

第**5**章 助詞２つを用いた文の構成
―単語と助詞で構成する― ………… 108

1．「単語カード」と「助詞カード」による文構成の学習の教材 ………… 109
2．選択肢の呈示の系統性 ………… 112
  (Step1～Step2 ……112・Step3～Step5 ……113・Step6 ……114)
3．方法とことばかけ ………… 114
  (Step1＜1対1 その1 ……114・その2 ……121＞・Step2 ……125・Step3 ……130・
  Step4 ……133・Step5 ……136・Step6 ……139)

第**6**章 助詞３つを用いた文の構成
―文節で構成する― ………… 140

1．「文節カード」による文構成の学習の教材 ………… 141
2．選択肢の呈示の系統性 ………… 144
  (Step1～Step3 ……144・Step4～Step6 ……145)
3．方法とことばかけ ………… 146
  (Step1＜1対1 その1 ……146・その2 ……152＞・Step2 ……155・Step3 ……159・
  Step4 ……162・Step5 ……164・Step6 ……167)

第**7**章 助詞３つを用いた文の構成
―単語と助詞で構成する― ………… 168

1．「単語カード」と「助詞カード」による文構成の学習の教材 ………… 169
2．選択肢の呈示の系統性 ………… 172
  (Step1～Step2 ……172・Step3～Step5 ……173・Step6 ……174)
3．方法とことばかけ ………… 174
  (Step1＜1対1 その1 ……174・その2 ……183＞・Step2 ……188・Step3 ……195・
  Step4 ……199・Step5 ……203・Step6 ……207)

Part Ⅱ　文の理解・文章の理解の学習 ………… 209

第**1**章 「文の理解・文章の理解」の学習の基本的な考え方 ………… 210

1．学習の流れ ………… 211
2．用紙の使い方 ………… 212
3．本文の作成のポイント ………… 213
4．本文の読み方 ………… 217
5．質問文の作成のポイント ………… 218
6．答えについて ………… 226

第2章 「文の理解」の学習の方法とことばかけ ………… 234

1．1文の理解の学習の方法とことばかけ ………… 235
　　例：1文で助詞1つ …… 235
　　例：1文で助詞2つ …… 238
　　例：1文で助詞3つ …… 240

2．2文の理解の学習の方法とことばかけ ………… 242
　　例：2文で、「助詞2つの文・助詞3つの文」 …… 242

3．3文の理解の学習の方法とことばかけ ………… 246
　　例：3文で、「助詞2つの文・助詞2つの文・助詞3つの文」 …… 246

第3章 「文章の理解」の学習の方法とことばかけ ………… 250

1．4文の理解の学習の方法とことばかけ ………… 251
　　例：「なにが」をたずねる問題（質問文1つ）…… 251
　　例：「いつ」をたずねる問題、「どのくらい」をたずねる問題（質問文2つ）…… 254

2．5文の理解の学習の方法とことばかけ ………… 258
　　例：「理由」をたずねる問題、本文の一部を変更して答える問題（質問文2つ）…… 258

3．6文の理解の学習の方法とことばかけ ………… 259
　　例：答えの欄が1マス多い問題、「どんなこと」をたずねる問題（質問文2つ）…… 259

4．7文の理解の学習の方法とことばかけ ………… 261
　　例：「理由」をたずねる問題、「気持ち」をたずねる問題（質問文2つ）…… 261

5．8文の理解の学習の方法とことばかけ ………… 262
　　例：指示語の内容をたずねる問題、接続語を選ぶ問題、主題をたずねる問題
　　　（質問文3つ）…… 262

第4章 発展学習 ………… 264

1．並べ替えて文をつくる学習 ………… 265
　　1．助詞1つの文の構成 ………… 265
　　2．助詞2つの文の構成 ………… 270
　　3．助詞3つの文の構成 ………… 272

2．接続語を選ぶ学習 ………… 275
　　1．接続語の後の文が対になっている場合 ………… 275
　　2．接続語の後の文が対になっていない場合 ………… 279

3．接続語（つなぎのことば）の後の文をつくる学習 ………… 280
　　1．選択肢がある場合（正選択肢と誤選択肢）………… 280
　　2．選択肢がある場合（すべてが正選択肢）………… 283
　　3．自分で文を考える場合 ………… 286

おわりに ………… 290

 例文集 ………… （本書の最終ページからお読みください）

Part I
文の構成の学習

第1章 文の構成の学習に入るために
―動詞の概念形成―

第2章 助詞1つを用いた文の構成
―文節で構成する―

第3章 助詞1つを用いた文の構成
―単語と助詞で構成する―

第4章 助詞2つを用いた文の構成
―文節で構成する―

第5章 助詞2つを用いた文の構成
―単語と助詞で構成する―

第6章 助詞3つを用いた文の構成
―文節で構成する―

第7章 助詞3つを用いた文の構成
―単語と助詞で構成する―

第1章

文の構成の学習に入るために

●動詞の概念形成

　ひらがなが読めるようになり、清音、濁音、半濁音、拗音、促音、撥音、長音などの文字を用いていろいろな単語構成ができるようになったら、助詞を用いた文の構成の学習に入ります。

　文の構成の学習では、「動作絵カード」を見て、具体的になにをしているのかわかることが重要です。そのためには、具体物を使って実際の動作を行い、「動作絵カード」を見て、動詞や名詞を言い、「なにをどうする」という文を理解できるようにすることが大切です。

　そして、「動作絵カード」の内容を理解して文を言えるようにします。いろいろな「動作絵カード」を見て、指導者が言わなくても、「なにをどうする」という文が言えるようになることが大切です。このことが、文章の理解の基礎的な力を培うことになります。

　ここでは、「どうする文（述語が動詞）」について述べますが、「なんだ文（述語が名詞＋助動詞）」、「どんなだ文（述語が形容詞、形容動詞）」のときにも同様に行います。

Part I 文の構成の学習

1. 文の構成の学習に入る前に

助詞を用いた文の構成に入る前に、単語構成の学習（同シリーズ『障害がある子どもの文字を読む基礎学習』学研プラス　参照）のまとめを行います。

(1) 五十音表を読みます。
　①順番に読む。
　②行ごとに順不同に読む。

(2)「文字カード」を1文字ずつ呈示して読みます。

(3) 呈示した「名詞カード」を子どもが読んでから、2枚の「絵カード」の中から正しい方を選びます。

＊この学習は、単語構成の学習（『障害がある子どもの文字を読む基礎学習』学研プラス　参照）で、学習しなかった名詞で行います。

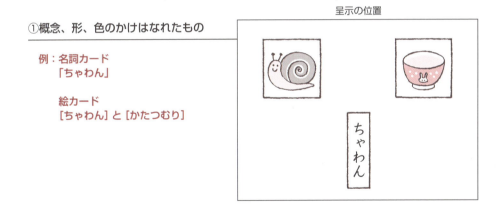

①概念、形、色のかけはなれたもの

　例：名詞カード
　　「ちゃわん」

　絵カード
　　［ちゃわん］と［かたつむり］

②概念、形、色の似ているもの

　例：名詞カード
　　「ちゃわん」

　絵カード
　　［ちゃわん］と［おわん］

＊正選択肢を利き手側に呈示して行った後、反利き手側に呈示して行います。（以後、各例では原則右手を利き手として表示してあります）
※単語構成のまとめの学習が終了したら、文の構成の学習に進みます。

（4）呈示した「絵カード」の物の名称を指導者が言うのを聞いて、2枚の「名詞カード」の中から正しい方を選びます。

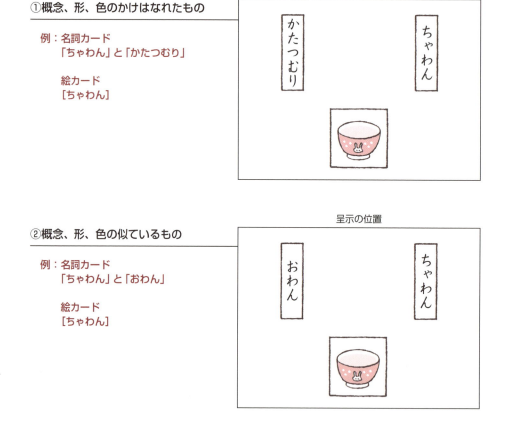

①概念、形、色のかけはなれたもの

　例：名詞カード
　　　「ちゃわん」と「かたつむり」

　　　絵カード
　　　[ちゃわん]

②概念、形、色の似ているもの

　例：名詞カード
　　　「ちゃわん」と「おわん」

　　　絵カード
　　　[ちゃわん]

＊正選択肢を利き手側に呈示して行った後、反利き手側に呈示して行います。

Part I 文の構成の学習

発展学習 やってみましょう

子どもによっては、次のような方法で学習してもよいでしょう。
文構成の学習と並行して行ってもよいでしょう。

発展学習・1
指導者が言う単語を聞いて、2枚の「絵カード」の中から正しい方を選びます。

①単語を構成する文字が同列音のもの
　例：「いす」と「にく」
②同列音が続くもの
　例：「あたま」と「さかな」
③語頭音または末尾音のいずれかが同じもの
　例：「いし」と「いす」、「あし」と「うし」

発展学習・2
呈示した「絵カード」の物の名称を指導者が言うのを聞いて、2枚の「名詞カード」の中から正しい方を選びます。

2枚の「名詞カード」は、字形が似ていたり、同じ文字でも文字の順番が異なったりする単語を用います。

①語頭または語尾の文字は異なるが、その他の文字が同じもの

　例：名詞カード
　　　「たいこ」と「さいふ」

　　　絵カード
　　　[たいこ]

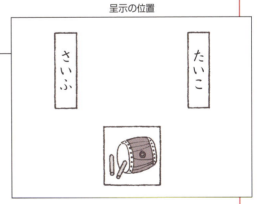

呈示の位置

②語頭と語尾の文字が同じで、中の文字が違ったり、抜けたりしているもの
　例：「たいこ」と「たらこ」、「つくえ」と「つえ」
③構成に用いる文字が似ているもの
　例：「あわ」と「あね」、「いぬ」と「こめ」、「あお」と「あめ」
④構成に用いる文字が全て同じで、順序が違うもの
　例：「かさ」と「さか」、「かい」と「いか」、「とけい」と「けいと」

＊「名詞カード」の選択では、語頭の文字が異なる場合と語尾の文字が異なる場合とでどちらがやさしいかは、子どもによって異なります。子どもの実態に応じて教材の呈示のしかたを工夫するとよいでしょう。

例：「たい」と「かい」 　　「いか」と「いす」

第1章 文の構成の学習に入るために　動詞の概念形成

2. 文の内容による学習の順序

文の内容によって、文の理解の学習は難易度が異なります。
子どもが実際に経験したことがある内容がわかりやすいです。
学習の順序は次のようになります。

(1) 生活文
　　例：「ぼくは　学校へ　行きます。」

(2) 物語文
　　例：「ももたろうは、さると　犬と　きじを　つれて　おにがしまに　行きました。」

(3) 説明文
　　例：「たんぽぽの　わた毛が　風にのって　とんで行きます。
　　　　　そしてそこに　たんぽぽの花を　さかせます。」

3. 文末（述語）の形態による学習の順序

述語の形態によって、文の理解の学習の難易度が異なります。
学習の順序は次のようになります。

(1) どうする文〈述語が動詞（＋助動詞）〉
　　例：「水を　のむ。」「水を　のみます。」

(2) なんだ文〈述語が名詞（＋助動詞）〉
　　例：「犬は　どうぶつだ。」「犬は　どうぶつです。」

(3) どんなだ文〈述語が形容詞、形容動詞（＋助動詞）〉
　　例：「花が　きれいだ。」「花が　きれいです。」

　初めは、経験してよく知っている「生活文」で、「どうする文」から学習します。「どうする文」は、「なにを　どうする（どうします）。」という文です。子どもは日常的に「ごはんを　たべる（たべます）。」「水を　のむ（のみます）。」「テレビを　みる（みます）。」など、「なにを　どうする」という言葉を多く使うので、最も身近でわかりやすいです。このとき主語（「わたしは」、「ぼくは」、「おかあさんは」など）は省略され、目的語と述語で構成されることが多いです。子どもが日常的によく経験していること、どのようにするのかを知っている動詞で学習します。

　次に、「なんだ文」を学習します。「なんだ文」は、「なには　なんだ（です）。」という文です。「好きなたべものは　りんごだ（です）。」など、名詞は、具体的にイメージできるのでわかりやすいです。子どもがよく知っているものの名詞で学習します。

　そして、「どんなだ文」を学習します。「どんなだ文」は、「なには　どんなだ（です）。」という文です。「どんな」というのは、形容詞や形容動詞のように、様子を表す言葉です。「様子」は、抽象的な概念なので、動詞や名詞に比べて難しいです。

4. 述語に用いる動詞の概念形成

助詞を用いる文の構成の学習に入るために、文で使う名詞、動詞、形容詞、形容動詞の概念形成の学習を行います。

ここでは、はじめに学習する「どうする文」の動詞の概念形成について述べます。具体物や実際の動作を通して、「動作絵カード」や「動詞カード」の内容を理解できるようにします。

カードについて説明します。

> **「動作絵カード」：動作をしている絵カード**
> 　　　　「動作絵カード」を見ながら、具体物を適宜用いて具体的に動作し、
> 　　　　動作の内容を理解できるようにします。
> **「動詞カード」：動詞を文字で表した単語のカード**

以下、動詞「たべる」を例にして、「動作絵カード」「動詞カード」を説明します。

動作絵カード

縦8cm×横8cmのカードに、「たべる」動作をしている絵を描いたもの。
絵は、子どもが見て、それが何であるかがはっきりわかるように、色・形・輪郭の太さなどに配慮して描きます。「絵カード」の背景は白を基本とします。必要なもの以外は描かないようにします。
「絵カード」に描かれている具体物の量によって、いろいろな段階の「絵カード」があります。
例えば「たべる」の「動作絵カード」では、「たべる」を理解するための手がかりの量によって、次のようなものが考えられます。

箸・茶碗・ごはんと動作

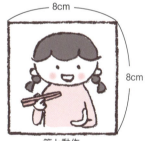
箸と動作

動詞カード

縦10cm×横3cmのカードに、「たべる」の文字を書いたもの

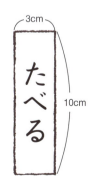

以下、「動作絵カード」「動詞カード」を用いた動詞の概念形成の方法とことばかけについて述べます。学習は、指導者と子どもが対面し、子どもの視線を正確に把握しながら行うことが大切です。

例：「ごはんを　たべる」

使用する教材

・「動作絵カード」：[たべる]（正選択肢）
縦8㎝×横8㎝のカードに、「たべる」動作をしている絵を描いたもの2種類

箸・茶碗・ごはんと動作　　　箸と動作

・「動作絵カード」：[かく]（誤選択肢）
縦8㎝×横8㎝のカードに、「かく」動作をしている絵を描いたもの

・「動詞カード」：　たべる　（正選択肢）
縦10㎝×横3㎝のカードに、「たべる」の文字を書いたもの

・「動詞カード」：　かく　（誤選択肢）
縦10㎝×横3㎝のカードに、「かく」の文字を書いたもの

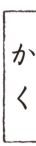

Part I 文の構成の学習

第1章 文の構成の学習に入るために

動詞の概念形成

方法とことばかけ

(1)「動作絵カード」と実際の動作（身振りや手振り）との対応

① ［箸・茶碗・ごはんと動作］が描いてある「ごはんを　たべる。」の「動作絵カード」を呈示します。「見て」と言い、見たとき「見てるね」と言います。指導者が「ごはんを　たべる。」と言いながら、その動作をしてみせます。

② 指導者が「ごはんを　たべる。」と言うのを聞いて、子どもがまねをして「ごはんを　たべる。」と言います。指導者が動作するのを見て、子どもがまねをして同じ動作をします。

③「動作絵カード」を見て、指導者と子どもが一緒に「ごはんを　たべる。」と言い、一緒に動作をします。

④「動作絵カード」を見て、子どもがひとりで「ごはんを　たべる。」と言いながら動作をします。

> **待たずに教えることが定着のポイント1**
>
> 子どもが「ごはんを　たべる。」と言えないときは、待たずに指導者がすぐに「ごはんを　たべる。」と言うようにします。子どもが動作をできないときも、待たずに指導者がすぐに「ごはんを　たべる」動作をしてみせます。待たずにすぐに指導者が言ったり、動作をしてみせたりすることが、理解と定着のポイントです。

＊①～④の学習で、適宜具体物を用いて具体的に動作し、動作の内容を理解できるようにします。例えば「ごはんを　たべる。」では、実際にごはんを食べてみせたり、実際に食べなくても、茶碗や箸を持って動作を行ってみせたりするとよいでしょう。

⑤「動作絵カード」を見て、指導者と子どもが一緒に「ごはんを　たべる。」と言い、一緒に動作を行います。指導者が「なにを　たべるの？」と聞き、子どもが「ごはん」と言います。指導者が「ごはんを　どうするの？」と聞き、子どもが「たべる」と言います。

> **待たずに教えることが定着のポイント2**
>
> 指導者が「なにを　たべるの？」と聞き、子どもが答えられないときは、待たずに指導者がすぐに「ごはん」と言うようにします。「ごはんを　どうするの？」と聞いて答えられないときも、待たずに指導者がすぐに「たべる」と言うようにします。待たずにすぐに指導者が言うことが、理解と定着のポイントです。

⑥ 食べ物を変えて何種類かの「たべる」動作の「動作絵カード」を用い、①～⑤を同様に行います。

例:「うどんを　たべる。」「ケーキを　たべる。」「プリンを　たべる。」など

⑦ ［箸と動作］が描いてある「たべる」の「動作絵カード」を呈示します。指導者が「なにを　しているの？」と聞き、子どもが「たべる」と言います。指導者が「そうだね、［たべる］だね」と言います。

待たずに教えることが定着のポイント 3

指導者が「なにを　しているの？」と聞き、子どもが答えられないときは、待たずに指導者がすぐに「たべる」と言うようにします。待たずにすぐに指導者が言うことが、理解と定着のポイントです。
子どもが、「たべている」「ごはんを　たべる」「うどんを　たべている」など、「たべる」以外の答えを言った時も、「そうだね［たべる］だね」と言います。「さっき言ったのと違うでしょ」などの否定的な言葉は使わないようにします。「たべる」という意味の言葉が言えたら「そうだね、よく言えたね」とほめます。

（2）「動詞カード」と「動作絵カード」との対応

① 「動詞カード」 たべる を呈示します。「動詞カード」を指さししながら一緒に「たべる」と読んでから、それに対応する動作を一緒に行います。
「動詞カード」と同じ動作の「たべる」の「動作絵カード」を呈示します。それを見て一緒に「たべる」と言います。子どもの左に「動詞カード」を、右に「動作絵カード」を並べます。
子どもの左手をとって「動詞カード」を指さししながら「これは、［たべる］」、子どもの右手をとって「動作絵カード」を指さししながら「これも、［たべる］」と言います。一緒に「動詞カード」と「動作絵カード」を順番に指さししながら「これとこれは、おなじ」と言います。「おなじ」と言うときは、両手を援助して、机を3回トントントンとたたきながら一緒に「お・な・じ」と言うようにします。「動詞カード」と「動作絵カード」を一度机上から撤去します。

呈示の位置

② 「動詞カード」 たべる を呈示します。指さししながら一緒に「たべる」と読みます。
動詞カードの右上に正選択肢［たべる］、左上に誤選択肢［かく］の「動作絵カード」を呈示します。
「［たべる］は、どれ？」と聞きます。子どもが［たべる］の「動作絵カード」を見た瞬間に、「そうだね」と言って、［たべる］の「動作絵カード」をポインティングしながら、「かく」の「動作絵カード」を撤去します。正選択肢と誤選択肢は、同時に呈示しても1枚ずつ呈示してもよいです。
「動詞カード」の右上に誤選択肢［かく］、左上に正選択肢［たべる］の「動作絵カード」を呈示して再度行います。

撤去

③子どもの左に「動詞カード」を、右に「動作絵カード」を並べます。子どもの左手をとって「動詞カード」を指さししながら「これは、[たべる]」、子どもの右手をとって「動作絵カード」を指さししながら「これも、[たべる]」と言います。一緒に「動詞カード」と「動作絵カード」を順番に指さししながら「これとこれは、おなじ」と言います。「おなじ」と言うときは、両手を援助して、机を3回トントントンとたたきながら一緒に「お・な・じ」と言うようにします。

＊①〜③の方法で、身近な知っている動詞の学習をいくつか行ってもよいでしょう。
　例：「(みずを) のむ」「(ふくを) きる」「(くつを) はく」「(じを) かく」など。

(3)「動作絵カード」と「動詞カード」との対応

① (1)の①〜⑥で学習した[箸・茶碗・ごはんと動作]が描いてある「動作絵カード」を呈示します。
指導者が「なにを　しているの？」と聞き、一緒に「ごはんを　たべる。」と言います。
指導者が「なにを　たべるの？」と聞き、子どもが「ごはん」と言います。
指導者が「ごはんを　どうするの？」と聞き、子どもが「たべる」と言います。

②「動作絵カード」の下に「動詞カード」 たべる を呈示します。
指導者が1文字ずつ指さししながらゆっくり「た・べ・る」と読んでみせます。「指さししながら一緒に読むよ」と言います。「動詞カード」 たべる を一緒に指さししながら読みます。

③子どもの左に「動作絵カード」を、右に「動詞カード」を並べます。
子どもの左手をとって「動作絵カード」を指さししながら「これは、[たべる]」、子どもの右手をとって「動詞カード」を指さししながら「これも、[たべる]」と言います。一緒に「動作絵カード」と「動詞カード」を順番に指さししながら「これとこれは、おなじ」と言います。「おなじ」と言うときは、両手を援助して、机を3回トントントンとたたきながら一緒に「お・な・じ」と言うようにします。「動作絵カード」と「動詞カード」を一度机上から撤去します。

④「動作絵カード」を呈示します。一緒に「ごはんを　たべる。」と言います。
「動作絵カード」の右上に正選択肢 たべる 、左上に誤選択肢 かく の「動詞カード」を呈示します。
「[たべる]は、どれ？」と聞きます。子どもが たべる を見た瞬間に、「そうだね」と言って、 たべる の「動詞カード」をポインティングしながら、 かく の「動詞カード」を撤去します。
正選択肢と誤選択肢は同時に呈示しても1枚ずつ呈示してもよいです。
「動作絵カード」の右上に誤選択肢 かく 、左上に正選択肢 たべる の「動詞カード」を呈示して再度行います。

待たずに教えることが定着のポイント4

指導者が「[たべる]は、どれ？」と聞いて、子どもが迷って答えられなかったりするときは、待たずに「これだよ」と正しい方を指さしして教えます。待たずにすぐに指導者が言うことが、定着のポイントです。

⑤子どもの左に「動作絵カード」を、右に「動詞カード」を並べます。
子どもの左手をとって「動作絵カード」を指さししながら「これは、[たべる]」、子どもの右手をとって「動詞カード」を指さししながら「これも、[たべる]」と言います。一緒に「動作絵カード」と「動詞カード」を順番に指さししながら「これとこれは、おなじ」と言います。「おなじ」と言うときは、両手を援助して、机を3回トントントンとたたきながら一緒に「お・な・じ」と言うようにします。
食べ物を変えて何種類かの「たべる」動作の「動作絵カード」を用い、(1)～(3)を同様に行います。

例：「うどんを　たべる。」「ケーキを　たべる。」「プリンを　たべる。」など。

5. 動詞の単語構成の方法とことばかけ

日常よく使っている動詞を、「文字カード」で構成できるようにする学習です。

4. 述語に用いる動詞の概念形成 で学習した動詞を用います。　p.15
子どもは右利きとして説明します。

Part I 文の構成の学習

第1章 文の構成の学習に入るために　動詞の概念形成

例：「たべる」

使用する教材

- 3文字の単語構成板
- 「動作絵カード」：［たべる］
- 「文字カード」： た　べ　る
- 3マスの書字用紙
- クリップボード
- 鉛筆

3文字の単語構成板

「動作絵カード」と「文字カード」を
入れるところを切り抜いて
底板を貼ったもの。
図のサイズを基本とします。

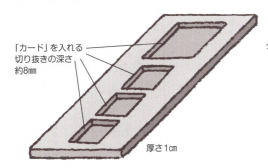
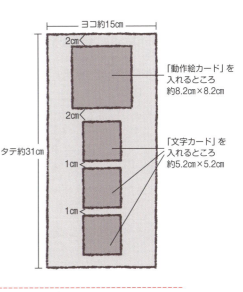

「動作絵カード」「文字カード」は、取り出しやすいように、入れたときに単語構成板から2㎜
程度出るようにします。そのために枠の深さは8㎜にします。

＊この単語構成板は、「障害がある子どもの文字を読む基礎学習」（学研プラス）に載せたものと同じサイズ
　です。子どもの実態によっては、幅がもう少しある方がよいなどの場合があります。子どもの実態に合わ
　せて作成しましょう。
＊この単語構成板は、動詞「たべる」の学習に合わせて3文字で作成しています。動詞の文字数に応じたマ
　ス目で作成します。

動作絵カード

- ［たべる］の「動作絵カード」
  縦8㎝×横8㎝×厚さ1㎝のカードに、［ごはんを　たべる］動
  作をしている絵を描いたもの。絵は、子どもが見て、それが何
  であるかがはっきりわかるように、色・形・輪郭の太さなどに
  配慮して描きます。「絵カード」の背景は白を基本とします。必
  要なもの以外は描かないようにします。

21

> 文字カード

-    の「文字カード」
  縦5㎝×横5㎝×厚さ1㎝のカードに文字を書いたもの。
  文字は読みやすい字体を用います。教科書体の太字がよいでしょう。

「動作絵カード」と「文字カード」を構成板に入れたところ

単語構成板・「動作絵カード」「文字カード」の材質は、木材が最適ですが、難しい場合は、スチレンボードなどで作成してもよいです。単語構成板は、板に3〜5mm程度の角材を切って貼り、枠を作ってもよいでしょう。

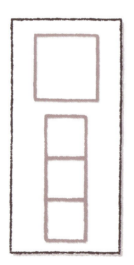 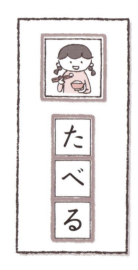

＊「動作絵カード」や「文字カード」の上をブックカバーなどで覆うと、耐久性が増します。
＊「動作絵カード」や「文字カード」を単語構成板にマグネットで付くようにすると、立てて学習することもできます。

> 書字用紙

- マス目が3つの書字用紙
  A4サイズの用紙に、8㎝×8㎝のマス目が縦に
  3つ書いてあるもの。

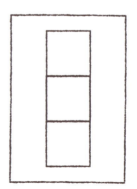

> （ クリップボード ）

- 書字用紙が動かないようにするために、クリップボードを用いるとよいです。クリップボードは、A4サイズで、留め金が上に付いているものにします。
（留め金が横に付いていると、文字を書く手や用紙を押さえる手のじゃまになります。）

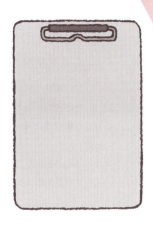

> （ 鉛筆 ）

- 鉛筆は、子どもの実態に応じて、2B、4B、6Bなど、使い分けるとよいでしょう。

教材は、子どもの実態に合っていることが、もっとも大切です。子どもの実態に応じて工夫するとよいでしょう。

選択肢の呈示の系統性

動詞の単語構成の学習では、3枚のカードを見比べて、単語構成板に1番目の文字から単語を構成する方法で学習します。単語構成では、順序よく単語を構成することが大切です。1番目の文字よりも先に2番目や3番目の文字を選び、2番目や3番目のマス目に入れても正反応とはしません。必ず1番目の文字を先に選び、1番目のマス目に入れるようにします。
構成する文字を呈示する位置や呈示する順序によって、難易度が異なります。
次のようなスモールステップで学習を進めます。
ここでは、[たべる] の単語で説明します。

●単語の呈示のステップ

Step 1 Step 2 は、「文字カード」を3枚呈示してから1番目のカードを選ぶ方法です。
文字の呈示の位置と順序によって難易度が異なります。
右利きの場合は、選ぶカードが右側にあるのがやさしいです。
選ぶカードが後から呈示される方が、記憶に残り、やさしいです。
この方法でできるようになったら、呈示の位置（配置）や順序をランダムにして学習します。
文の構成の学習では、ひらがなが読めるようになっていることが前提です。したがって、「文字カード」の呈示の際に、指導者が発声しません。また、「1対1対応」（『文字を読む基礎学習』学研プラス　136〜144ページ参照）は省略します。「文字カード」を3枚呈示してから、順序よく選ぶ方法で学習します。

Step 1 左から る べ た と呈示（利き手側後出し）

① る を単語構成板の左上に呈示します。
② べ を単語構成板の真上に呈示します。
③ た を単語構成板の右上に呈示します。
　右から た べ る と並んでいるので、利き手側から順に「た」「べ」「る」と選ぶことができます。3枚のカードを呈示してから選択する呈示のステップの中では最もやさしいです。

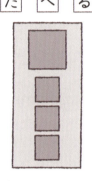

Step 2 右から る べ た と呈示（反利き手側後出し）

① る を単語構成板の右上に呈示します。
② べ を単語構成板の真上に呈示します。
③ た を単語構成板の左上に呈示します。
　左から た べ る と並んでいるので、反利き手側から順に文字を選ぶことができます。1番目のカード た が反利き手側にあり、左から順に選ぶので、 Step 1 より難しいです。

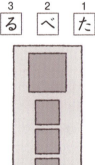

Step 3 右から た べ る と呈示（利き手側先出し）

① た を単語構成板の右上に呈示します。
② べ を単語構成板の真上に呈示します。
③ る を単語構成板の左上に呈示します。
　右から た べ る と並んでいるので、利き手側から順に「た」「べ」「る」と選ぶことができます。 た を初めに呈示するので、 た を最後に呈示するより記憶している時間が長くなります。 Step 1 Step 2 より難しいです。

Step 4 左から た べ る と呈示（反利き手側先出し）

① た を単語構成板の左上に呈示します。
② べ を単語構成板の真上に呈示します。
③ る を単語構成板の右上に呈示します。
　左から た べ る と並んでいるので、反利き手側から順に「た」「べ」「る」と選ぶことができます。 た を初めに呈示するので、 た を最後に呈示するより記憶している時間が長くなります。 Step 1 Step 2 より難しいです。
　1番目のカード た が反利き手側にあり、左から選ぶので Step 3 より難しいです。

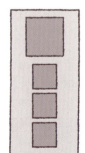

＊数字は呈示の順番です

Part Ⅰ 文の構成の学習

第1章 文の構成の学習に入るために　動詞の概念形成

> **Step 5** ランダムに呈示

単語カードの呈示の位置（配置）や呈示の順序は、**Step 1**〜**Step 4** で述べたもののほかにも何通りもあります。子どもの実態に応じて、工夫して行うとよいでしょう。

> **方法とことばかけ**　＊子どもは、右利きとします。

> **Step 1** 左から る べ た と呈示（利き手側後出し）

(1)「動作絵カード」[たべる] の呈示

①3文字の単語構成板を呈示します。

②単語構成板の右側に [たべる] の「動作絵カード」を呈示します。「見て」と言い、見たとき「見てるね」と言います。見ないときは、[たべる] の「動作絵カード」をポインティングして、視線を誘導します。

③指導者が「これは、[たべる]」と言いながら、食べる動作をしてみせます。「これは何をしているの？」とは聞きません。

④「動作絵カード」を入れるマス目を指さしして、「ここに、[たべる] を入れるよ」と言います。一緒に「たべる」と言いながら、[たべる] の「動作絵カード」をマス目の中に入れます。

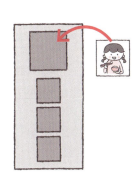

(2)「文字カード」る の呈示

①「文字カード」た べ る を入れるマス目を上から順に指さししながら、「ここに [た・べ・る] をつくるよ」と言います。

②単語構成板の左上の手の届かないところに、「文字カード」る を呈示します。「見て」と言い、見たとき「見てるね」と言います。見ないときは、「文字カード」る をポインティングして視線を誘導します。「る」とは言いません。

(3)「文字カード」べ の呈示

① 単語構成板の真上の手の届かないところに、「文字カード」べ を呈示します。「見て」と言い、見たとき「見てるね」と言います。見ないときは、「文字カード」べ をポインティングして視線を誘導します。「べ」とは言いません。

(4)「文字カード」た の呈示

① 単語構成板の右上の手の届かないところに、「文字カード」た を呈示します。「見て」と言い、見たとき「見てるね」と言います。見ないときは、「文字カード」た をポインティングして視線を誘導します。「た」とは言いません。

(5)［たべる］の構成

① 「文字カード」た を入れるマス目を指さししながら、「ここに入るのはどれですか」と言います。

② 「文字カード」た を見た瞬間、「文字カード」た をポインティングしながら、「そうだね。これだね」と言います。迷ったりわからなかったりして視線が「文字カード」た に向かないときは、待たずに「文字カード」た をポインティングして「ここ、見て」と言い、視線を誘導します。「文字カード」た を見た瞬間、「そうだね。これだね」と言いながら、「文字カード」た をポインティングします。そして「文字カード」た を、指導者が子どもの右手の近くに移動させます。

③ 1番目のマス目に「文字カード」た を一緒に入れます。方向を間違えないように援助して入れます。

④ 「文字カード」べ を入れるマス目を指さししながら、「ここに入るのはどれですか」と言います。

⑤「文字カード」 ペ を見た瞬間、「文字カード」 ペ をポインティングしながら、「そうだね。これだね」と言います。視線が「文字カード」 ペ に向かないときは、待たずに「文字カード」 ペ をポインティングして「ここ、見て」と言い、視線を誘導します。「文字カード」 ペ を見た瞬間、「そうだね。これだね」と言いながら、「文字カード」 ペ をポインティングします。そして「文字カード」 ペ を、指導者が子どもの右手の近くに移動させます。

⑥2番目のマス目に「文字カード」 ペ を一緒に入れます。方向を間違えないように援助して入れます。

⑦「文字カード」 る を入れるマス目を指さししながら、「ここに入るのはどれですか」と言います。

⑧「文字カード」 る を見た瞬間、「文字カード」 る をポインティングしながら、「そうだね。これだね」と言います。視線が「文字カード」 る に向かないときは、待たずに「文字カード」 る をポインティングして「ここ、見て」と言い、視線を誘導します。「文字カード」 る を見た瞬間、「そうだね。これだね」と言いながら、「文字カード」 る をポインティングします。そして「文字カード」 る を、指導者が子どもの右手の近くに移動させます。

⑨3番目のマス目に「文字カード」 る を一緒に入れます。方向を間違えないように援助して入れます。

⑩「よくできたね」と心からほめます。

目で見て選ぶことがポイント

　文字カードを呈示したとき、すぐに手を伸ばしてくる子どもがたくさんいます。その手の動きにとらわれてしまいがちですが、大切なのは、子どもの視線です。1マス目に入れる文字を選ぶときは、語頭音の文字 た をよく見て選ぶことがポイントです。子どもが「文字カード」に手を伸ばす前に、語頭音の文字 た と、中間音の文字 ペ や末尾音 る を見比べて、語頭音の文字 た を視線で選ぶようにすることが大切です。
　「文字カード」にすぐに手を伸ばしてくる子どもの多くは、よく見て取っているわけではありません。「文字カード」を手の届かないところに呈示して、よく見てから手を伸ばすようにします。よく見るようにするための工夫です。

間違えさせないために

　注視できず、視線がチラチラふらつくときは「ここ、見て」と言いながら、語頭音の文字 た をポインティングして、教えます。語頭音の文字 た の方を見た瞬間、「そうだね、これだね」と言いながら、 た をポインティングします。
　「文字カード」を見ていないときには、「見て」のことばかけをして「文字カード」をよく見るように促します。しかし、 た を見ているときに不用意に「見て」のことばかけをすると、視線が ペ や る の方に移ってしまうので、ことばかけのタイミングも十分注意する必要があります。

もし、間違えたら・・・

　間違えさせないことが最も大切ですが、初めて課題を行うときは、子どもの反応を予測しきれずに間違えさせてしまうことがあります。子どもが誤反応を示したときは教材をいったん机上からすべて撤去し、最初からやり直しをします。このとき「違うでしょ」「間違った」などという言葉は決して言わないようにします。「もう一度やろうね」と言って始めるようにします。
　やり直すときは、前の試行でなぜ間違えたのかを十分分析して、方法を改善して学習を行います。次は間違えさせないようにすることが大切です。
　1つの試行が終了したとき、学習の初めと終わりを明確にするために、教材をすべて机上面から撤去し、再び教材を呈示します。

(6)「おなじ」

①子どもの右手を持って、一緒に［たべる］の「動作絵カード」を指さししながら、「これは［たべる］」、「文字カード」 た べ る を上から順に1文字ずつ指さししながら、「これも、［た・べ・る］」と言います。

②子どもの右手を持って、一緒に「動作絵カード」と「文字カード」を指さししながら、「これと、これは、お・な・じ」と言います。「おなじ」と言うときは、両手を援助して、机を3回トントントンとたたきながら、一緒に「お・な・じ」と言うようにします。

(7) 書く

①「［たべる］を書きましょう」と言って、3マスの書字用紙を呈示します。書字用紙は動かないようにクリップボードなどに挟んで置きます。

②手本の「文字カード」 た を左側に呈示して、「［た］を書くよ」と言います。

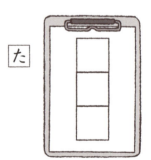

③適切に援助して、［た］を書きます。書くとき、運筆に合わせて、「ここから、よこに、まっすぐ、ストップ、ここから、たてに、まっすぐ、ストップ、ここから、よこに、まっすぐ、ストップ、ここから、よこに、まっすぐ、ストップ」などと、タイミングよく適切なことばかけをします。

④手本の「文字カード」 た を、一度撤去します。

⑤手本の「文字カード」 べ を左側に呈示して、「［べ］を書くよ」と言います。

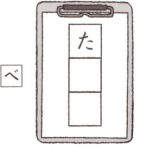

⑥適切に援助して、[べ] を書きます。書くとき、運筆に合わせて、「ここから、ななめにまっすぐ、ストップ、ここから、ななめにまっすぐ、ストップ、てん、てん」などと、タイミングよく適切なことばかけをします。

⑦手本の「文字カード」[べ] を、一度撤去します。

⑧手本の「文字カード」[る] を左側に呈示して、「[る] を書くよ」と言います。

⑨適切に援助して、[る] を書きます。書くとき、運筆に合わせて、「ここから、よこに、まっすぐ、ストップ、ここから、ななめに、まっすぐ、ストップ、ぐるっとおおきくまわって、ちいさくまるく、ストップ」などと、タイミングよく適切なことばかけをします。

⑩「文字カード」[た] と [べ] を再度書字用紙の左横に呈示し、縦に [た] [べ] [る] と並べます。

⑪子どもの左手を援助して、手本の「文字カード」[た] [べ] [る] を上から順に1文字ずつ指さししながら、「これは、[た・べ・る]」と言います。子どもの右手を援助して、書いた文字 [たべる] を上から順に1文字ずつ指さししながら、「これも、[た・べ・る] と言います。子どもの両手を援助して、一緒に、書いた文字、手本の文字を指さししながら、「これと、これは、お・な・じ」と言います。「おなじ」と言うときは、両手を援助して、机を3回トントントンとたたきながら一緒に「お・な・じ」と言うようにします。

(8) 書いた文字を読む

①書いた文字を指導者の口の下に呈示します。書いた文字 [た] を指さししながら「[た] と一緒に言うよ」と言い、一緒に「た」と言います。
書いた文字 [べ] を指さししながら「[べ] と一緒に言うよ」と言い、一緒に「べ」と言います。
書いた文字 [る] を指さししながら「[る] と一緒に言うよ」と言い、一緒に「る」と言います。
書いた文字 [た] [べ] [る] を上から順に指さししながら「[た・べ・る] と続けて言うよ」と言い、「た・べ・る」と一緒に言います。

②心からよくほめます。

発声は一度だけ

　子どもが不明瞭な発声をしたとき、繰り返し何度も発声させている様子をよく見かけます。二度、三度と発声するようにすると、子どもはますます緊張し、声が出なくなり、自信を失ってしまいます。発声は一度だけで、よくほめることがポイントです。どのような発声でも一度だけで、心からよくほめます。発声がないときでも、「じょうずだね」とよくほめます。言い直しをさせないでよくほめると緊張がゆるみ、たくさん声が出るようになります。

③子どもの両手を援助して、パチパチパチと3回手をたたきながら、「で・き・た」と言います。

ことばかけの配慮

　「まちがった」「違う」「本当？」「それでいいの？」等のことばかけは、子どもが迷ったり、自信をなくしたりします。決して使わないようにします。
　「よく見てるね」「それでいいよ」「じょうずだね」「よくできたね」などとことばかけをして、よくほめることが大切です。操作が終わってからほめるだけでなく、操作をしている間にも、状況に応じた適切なことばかけをしてよくほめます。よくほめることが、学習意欲を高め、集中力の持続と自信につながります。

いつも同じことばかけで

　1つの教材で課題を達成するまで、同じ言葉を用いてことばかけを行います。
　日によってことばかけが違ったり、指導者によってことばかけが違ったりすると、子どもは混乱し、できていた課題もできなくなることがあります。ひとつひとつのことばかけを大切にし、指導者が替わる場合は、よく打ち合わせを行うようにしましょう。いつも同じ言葉でことばかけをすることが、課題の理解と定着につながります。

単語構成では順序がポイント

　単語には文字の順序があります。3文字の単語構成では、マス目に上から順に、「文字カード」を入れていくことが最も大切です。
　1文字ずつ読めても、順番がわからない子どもをよく見かけます。
　子どもによっては、た よりも先に べ を選んで2番目のマス目に入れたり、る を選んで、3番目のマス目に入れたりする場合があります。結果として正しいマス目に正しい文字が入っているように見えますが、これは正反応としません。
　［たべる］の単語では、「べ」や「る」を発声してから「た」を発声したり、「べ」や「る」を書いてから「た」を書いたりはしません。必ず上から順に文字を選んで入れるようにします。それが単語を構成するということです。
　間違えさせないように、上から順にマス目をポインティングして子どもの視線をひきつけ、文字を入れる場所を示すようにします。

Part Ⅰ 文の構成の学習

第1章 文の構成の学習に入るために — 動詞の概念形成

Step 2 右から る べ た と呈示(反利き手側後出し)

(1)「動作絵カード」[たべる]の呈示

> Step 1 (1)「動作絵カード」[たべる]の呈示 と同様です。 p.25

(2)「文字カード」る の呈示

①「文字カード」た べ る を入れるマス目を上から順に指さししながら、「ここに [た・べ・る] をつくるよ」と言います。

②単語構成板の右上の手の届かないところに、「文字カード」る を呈示します。「見て」と言い、見たとき「見てるね」と言います。見ないときは、「文字カード」る をポインティングして視線を誘導します。「る」とは言いません。

(3)「文字カード」べ の呈示

①単語構成板の真上の手の届かないところに、「文字カード」べ を呈示します。「見て」と言い、見たとき「見てるね」と言います。見ないときは、「文字カード」べ をポインティングして視線を誘導します。「べ」とは言いません。

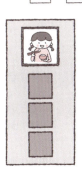

(4)「文字カード」た の呈示

①単語構成板の左上の手の届かないところに、「文字カード」た を呈示します。「見て」と言い、見たとき「見てるね」と言います。見ないときは、「文字カード」た をポインティングして視線を誘導します。「た」とは言いません。

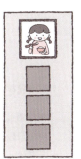

(5)[たべる]の構成

> Step 1 (5)[たべる]の構成 と同様です。 p.26

(6)「おなじ」

> Step 1　(6)「おなじ」 と同様です。……p.28

(7) 書く

> Step 1　(7) 書く と同様です。……p.28

(8) 書いた文字を読む

> Step 1　(8) 書いた文字を読む と同様です。……p.29

Step 3　右から た べ る と呈示（利き手側先出し）

(1)「動作絵カード」[たべる] の呈示

> Step 1　(1)「動作絵カード」[たべる] の呈示 と同様です。……p.25

(2)「文字カード」た の呈示

①「文字カード」た べ る を入れるマス目を上から順に指さししながら、「ここに [た・べ・る] をつくるよ」と言います。

②単語構成板の右上の手の届かないところに、「文字カード」た を呈示します。「見て」と言い、見たとき「見てるね」と言います。見ないときは、「文字カード」た をポインティングして視線を誘導します。「た」とは言いません。

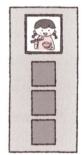

(3)「文字カード」べ の呈示

①単語構成板の真上の手の届かないところに、「文字カード」べ を呈示します。「見て」と言い、見たとき「見てるね」と言います。見ないときは、「文字カード」べ をポインティングして視線を誘導します。「べ」とは言いません。

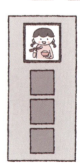

Part I 文の構成の学習

第1章 文の構成の学習に入るために　動詞の概念形成

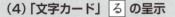

(4)「文字カード」る の呈示

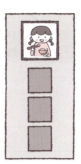

①単語構成板の左上の手の届かないところに、「文字カード」る を呈示します。「見て」と言い、見たとき「見てるね」と言います。見ないときは、「文字カード」る をポインティングして視線を誘導します。「る」とは言いません。

(5)［たべる］の構成

Step 1　(5)［たべる］の構成　と同様です。……p.26

(6)「おなじ」

Step 1　(6)「おなじ」　と同様です。……p.28

(7) 書く

Step 1　(7) 書く　と同様です。……p.28

(8) 書いた文字を読む

Step 1　(8) 書いた文字を読む　と同様です。……p.29

Step 4　左から た べ る と呈示（反利き手側先出し）

(1)「動作絵カード」［たべる］の呈示

Step 1　(1)「動作絵カード」［たべる］の呈示　と同様です。……p.25

(2)「文字カード」た の呈示

①「文字カード」た べ る を入れるマス目を上から順に指さししながら、「ここに［た・べ・る］をつくるよ」と言います。

33

②単語構成板の左上の手の届かないところに、「文字カード」
を呈示します。「見て」と言い、見たとき「見てるね」と言います。見ないときは、「文字カード」た をポインティングして視線を誘導します。「た」とは言いません。

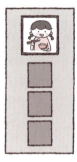

(3)「文字カード」 の呈示

①単語構成板の真上の手の届かないところに、「文字カード」
を呈示します。「見て」と言い、見たとき「見てるね」と言います。見ないときは、「文字カード」べ をポインティングして視線を誘導します。「べ」とは言いません。

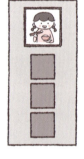

(4)「文字カード」 の呈示

①単語構成板の右上の手の届かないところに、「文字カード」
を呈示します。「見て」と言い、見たとき「見てるね」と言います。見ないときは、「文字カード」 をポインティングして視線を誘導します。「る」とは言いません。

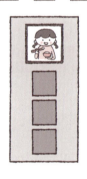

(5)[たべる]の構成

> **Step 1** (5)[たべる]の構成 と同様です。
>
> p.26

(6)「おなじ」

> **Step 1** (6)「おなじ」 と同様です。
>
> p.28

Part I 文の構成の学習

第1章 文の構成の学習に入るために

動詞の概念形成

(7) 書く

Step 1 (7) 書く と同様です。

p.28

(8) 書いた文字を読む

Step 1 (8) 書いた文字を読む と同様です。

p.29

Step 5 ランダムに呈示

3枚の「文字カード」をランダムな配置・順序に呈示します。

ことばかけ等は、 Step 1 に準じます。

p.25

運動機能障害がある場合

運動機能障害がある場合でも、 Step 1 から Step 5 まで、今まで述べた方法と同様に学習します。「文字カード」を視線で選ぶようにすることがポイントです。正しい「文字カード」を視線で選んだ段階で課題は成立しています。子どもの視線をよく見て、適切にことばかけを行うことが大切です。

カードを入れたり、文字を書いたりするのは、子どもの手の運動機能の実態に応じて援助しながら行います。全面的に援助してでも、できる限り一緒に行うことが、学習の定着につながります。

＊形容詞、形容動詞の概念形成の学習も、動詞の概念形成の学習と同様に行います。

第2章

助詞１つを用いた
文の構成

●文節で構成する

　「文」は一般的に主語と述語１つからなり、文字や言葉を用いた表現の一単位です。
基本的には一組の主語と述語で成り立っていますが、主語が省略されることもあります。

＊主語が省略された例：「ごはんを　食べる。」「学校へ　行く。」

　「文章」は、いくつかの文が集まって、まとまった内容を表すものです。「文」や「文章」には多くの場合、助詞が含まれます。助詞にはいろいろな種類があります。使う助詞の種類と数によって、学習の順序を考えます。文章を理解するためには、助詞を用いた文の構成の学習を行うことが大切です。

Part **I** 文の構成の学習

1. 用いる助詞の種類による学習の順序

日常よく使われるものとして次の助詞を考えました。

(1)「を」　　(2)「で」　　(3)「に」　　(4)「が」
(5)「の」　　(6)「と」　　(7)「へ」　　(8)「は」

第1章 3. 文末（述語）の形態による学習の順序 （14ページ）で、述語の形態による学習の順序
は次のようになると述べました。

(1) どうする文 〈述語が動詞（＋助動詞）〉
　　例：「水を　のむ。」
　　　　「水を　のみます。」

(2) なんだ文 〈述語が名詞（＋助動詞）〉
　　例：「犬は　どうぶつだ。」
　　　　「犬は　どうぶつです。」

(3) どんなだ文 〈述語が形容詞、形容動詞（＋助動詞）〉
　　例：「花が　きれいだ。」
　　　　「花が　きれいです。」

したがって、「どうする文」から学習を始めます。そして、助詞「を」用いた文から学習を始め
るのが、最もわかりやすいです。

2. 用いる助詞の数による学習の順序

用いる助詞の数は、少ないほどやさしいです。

(1) 助詞1個を用いる文の構成
　　例：「水を　のむ。」
　　　　「水を　のみます。」

(2) 助詞2個を用いる文の構成
　　例：「コップで　水を　のむ。」
　　　　「コップで　水を　のみます。」

(3) 助詞3個を用いる文の構成
　　例：「おかあさんの　コップで　水を　のむ。」
　　　　「おかあさんの　コップで　水を　のみます。」

第2章 文の構成
助詞1つを用いた文の構成
助詞1つで文節を構成する

37

3. 用いる助詞の用法による学習の順序

1つの助詞には、さまざまな用法があります。同じ助詞でも、用法によって、難易度が異なります。以下は、日常よく使う用法について示してあります。

(1)「を」
①動作の目的・対象をあらわす　　例：「ごはんを　食べる。」「絵を　かく。」
②場所を示す　　　　　　　　　　例：「机を　ふく。」「庭を　はく。」
③動作の起点を示す　　　　　　　例：「電車を　降りる。」「家を　出た。」
④経過する場所を示す　　　　　　例：「橋を　渡る。」「公園を　通る。」

(2)「で」
①場所を示す　　　　　　　　　　例：「校庭で　遊ぶ。」「プールで　泳ぐ。」
②手段（道具）を示す　　　　　　例：「はさみで　切る。」「車で　行く。」
③材料を示す　　　　　　　　　　例：「粘土で　作る。」「いろがみで　作る。」
④原因や理由を示す　　　　　　　例：「風邪で　休む。」「雪で　ころぶ。」
⑤期間や時間を示す　　　　　　　例：「1時間で　できる。」「3時間で　終わる。」
⑥時を示す　　　　　　　　　　　例：「5時で　帰る。」「3月で　卒業する。」
＊導入期には、①〜④の用法を用いるとよいでしょう。

(3)「に」
①場所を示す　　　　　　　　　　例：「家に　いる。」「教室に　ある。」
②目的地を示す　　　　　　　　　例：「学校に　着く。」「駅に　行く。」
③変化の結果を示す　　　　　　　例：「中学生に　なる。」「雪に　なる。」
④相手を示す　　　　　　　　　　例：「お父さんに　頼む。」「先生に　知らせる。」
⑤受け身を示す　　　　　　　　　例：「お母さんに　ほめられる。」「犬に　ほえられる。」
⑥時を示す　　　　　　　　　　　例：「7時に　起きる。」「12時に　食べる。」

(4)「が」
①主語であることを示す　　　　　例：「電車が　来る。」「鳥が　なく。」
②対象を示す　　　　　　　　　　例：「花が　好きだ。」「水が　飲みたい。」

(5)「の」
①所有・所属を示す　　　　　　　例：「ぼくの　カバン」「家の　窓」
②位置の基準を示す　　　　　　　例：「教室の　真ん中」「机の　上」
③場所を示す　　　　　　　　　　例：「仙台の　おばさん」「ホテルの　レストラン」
④時を示す　　　　　　　　　　　例：「3時の　おやつ」「お昼の　12時」
⑤方向・方角を示す　　　　　　　例：「東の　空」「山の　ほう」
⑥原料・材料を示す　　　　　　　例：「木綿の　ハンカチ」「毛糸の　帽子」

Part Ⅰ 文の構成の学習

(6)「と」

①**相手を示す**　　　　　例：「友達と　遊ぶ。」「お父さんと　出かける。」

②**並べて言う**　　　　　例：「机と　いす」「ごはんと　みそ汁」

(7)「へ」

①**方向を示す**　　　　　例：「南へ　向かう。」「２階へ　あがる。」

②**到着点を示す**　　　　例：「バス停へ　着いた。」「家へ　帰る。」

③**動作の対象を示す**　　例：「母へ　送る。」「学校へ　伝える。」

(8)「は」

①**他と区別し、取り出して言う**　例：「ぼくは　勉強する。」「おにいさんは　行かない。」

ここに記述したものは、助詞のすべてではありません。

また、ここに記述した用例も、これらの助詞のすべてのものではありません。

子どもの実態に応じて、学習する助詞の順序、用例の順序を考えるとよいでしょう。

以下、子どもは右利きとして説明します。

4. 「文節カード」による文構成の学習の教材

「文節カード」、つまり　[名詞＋助詞] のカード　と　動詞カード　を用いて文の構成を行う学習です。

第１章 で述べた **5.** 動詞の単語構成の方法とことばかけ　（20ページ）を学習した後に、同じ「動作絵カード」を用いて文構成の学習を行います。

例：「ごはんを　たべる。」

使用する教材

・「文節カード」による [助詞１つの文] の文構成板

・「動作絵カード」[ごはんを　たべる]

・「文節カード」（[名詞＋助詞] のカード）　ごはんを

・「文節カード」（「動詞カード」）　たべる

・書字用紙

・クリップボード

・鉛筆

第2章 文の構成　助詞1つを用いた文節1つで構成する

39

「文節カード」による［助詞1つの文］の文構成板

「文節カード」を入れるところを切り抜いて底板を貼ったもの。
図のサイズを基本とします。

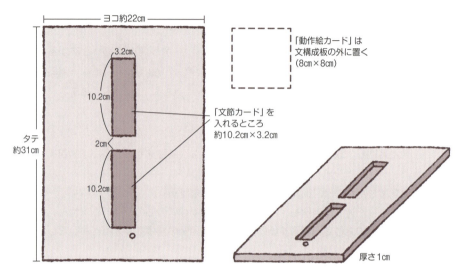

「文節カード」は、取り出しやすいように、入れたときに文構成板から2mm程度出るようにします。そのために枠の深さは8mmにします。

「動詞カード」を入れる枠の下に句点の『 。』を書いておきます。
「動詞カード」に『 。』を書いておくと、それを手がかりにして考えてしまう子どもがいます。したがって、『 。』は、文構成板に書いておくようにします。

動作絵カード

・［ごはんを　たべる］の「動作絵カード」
縦8cm×横8cm×厚さ1cmのカードに、［ごはんを　たべる］動作をしている絵を描いたもの。絵は、子どもが見て、それが何であるかがはっきりわかるように、色・形・輪郭の太さなどに配慮して描きます。「絵カード」の背景は白を基本とします。必要なもの以外は描かないようにします。

［名詞＋助詞］のカード

縦10cm×横3cm×厚さ1cmのカードに「ごはんを」と書いたもの

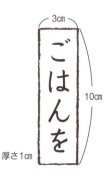

Part I 文の構成の学習

> 動詞カード

縦10cm×横3cm×厚さ1cmのカードに「たべる」と書いたもの

＊「文節カード」の文字は、教科書体の太字がよいです。

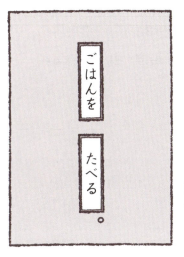

「文節カード」を文構成板に入れたところ

文構成板・「動作絵カード」「文節カード」の材質は、木材が最適ですが、難しい場合は、スチレンボードなどで作成してもよいです。文構成板は、板に3〜5mm程度の角材を切って貼り、枠を作ってもよいでしょう。

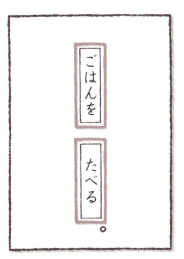

＊「動作絵カード」や「文字カード」の上をブックカバーなどで覆うと、耐久性が増します。
＊「動作絵カード」や「文字カード」を文構成板にマグネットで付くようにすると、立てて学習することもできます。

第2章 助詞1つを用いた文の構成 / 助詞1つ 文節で構成する

41

(書字用紙)

A4の用紙に、(「文節カード」による[助詞１つの文]の文構成板)と同じように枠が書いてあるもの。

p.40

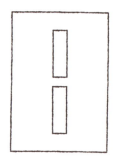

(クリップボード)

・書字用紙が動かないようにするために、クリップボードを用いるとよいです。クリップボードは、A4サイズで、留め金が上に付いているものにします。
（留め金が横に付いていると、文字を書く手や用紙を押さえる手のじゃまになります。）

(鉛筆)

・鉛筆は、子どもの実態に応じて、２Ｂ、４Ｂ、６Ｂなど、使い分けるとよいでしょう。

教材は、子どもの実態に合っていることが、もっとも大切です。子どもの実態に応じて工夫するとよいでしょう。

5. 選択肢の呈示の系統性

「文節カード」を呈示します。そして(「文節カード」による[助詞１つの文]の文構成板)（40ページ）に順序よく「文節カード」を置いて文を構成する学習です。

２文節の文構成の学習では、初めは選択肢を呈示しないで「１対１」の学習から行います。呈示するカードが１つなので、子どもは迷わず答えることができます。「１対１」の学習を通して、学習の方法を理解します。

「１対１」の学習ができるようになったら、２枚のカードを見比べて、文構成板に、１番目の文節から文を構成します。正しい位置に順序よく文節を入れて、文を構成することが大切です。１番目の文節よりも先に２番目の文節を選び、２番目の枠に入れても正反応とはしません。必ず１番目の文節を先に選び、１番目の枠に入れるようにします。必ず順序正しく「文節カード」を入れて文を構成します。そのことが最も大切です。

構成する文節を呈示する位置や呈示する順序によって、難易度が異なります。次のようなスモールステップで学習を進めます。

ここでは、[ごはんを　たべる。]の文で説明します。

Part I 文の構成の学習

第2章 助詞1つを用いた文の構成 — 助詞1つ 文節で構成する

Step 1　1対1（ ごはんを　たべる を1枚ずつ呈示）

① ごはんを を呈示し、文構成板の1番目の枠に入れます。
② たべる を呈示し、文構成板の2番目の枠に入れます。
　カードを1枚ずつ呈示するので、間違えずに学習できます。
　学習の方法を理解するための大切な学習です。

1対1　その1（利き手側から呈示）

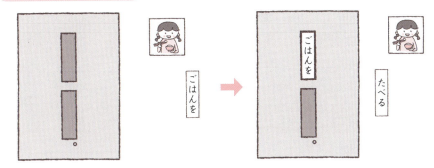

1対1　その2（反利き手側から呈示）

Step 2　左から たべる　ごはんを と呈示（利き手側後出し）

① たべる を呈示します。
② ごはんを を たべる の右側に呈示します。
　ごはんを のカードを利き手側に呈示するので選びやすいです。
　ごはんを のカードを後から呈示するので、記憶に残りやすく、視線が ごはんを のカードにあるときに「ここに入るのはどれですか」と言われるので、選びやすいです。

＊数字は呈示の順番です

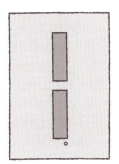

43

Step 3　右から たべる ごはんを と呈示（反利き手側後出し）

① たべる を呈示します。
② ごはんを を たべる の左側に呈示します。
　 ごはんを のカードを後から呈示するので、記憶に残りやすく、視線が ごはんを にあるときに「ここに入るのはどれですか」と言われるので、選びやすいです。
　 ごはんを のカードを反利き手側に呈示するので、 Step 2 より難しいです。

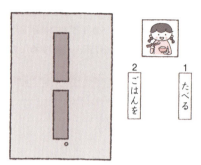

Step 4　右から ごはんを たべる と呈示（利き手側先出し）

① ごはんを を呈示します。
② たべる を ごはんを の左側に呈示します。
　 ごはんを のカードを利き手側に呈示するので取りやすいです。
　 ごはんを を たべる より先に呈示するので、「ここに入るのはどれですか」と言われたときには子どもの視線は たべる にある状態です。
　「これ（ たべる ）ではない、こっち（ ごはんを ）だ」という思考が働いて、視線を ごはんを に戻さなければならないので、後出しより難しいです。

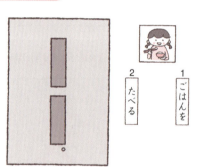

Step 5　左から ごはんを たべる と呈示（反利き手側先出し）

① ごはんを を呈示します。
② たべる を ごはんを の右側に呈示します。
　 ごはんを を たべる より先に呈示するので、「ここに入るのはどれですか」と言われたときには子どもの視線は たべる にある状態です。
　「これ（ たべる ）ではない、こっち（ ごはんを ）だ」という思考が働いて、視線を ごはんを に戻さなければならないので、後出しより難しいです。
　 ごはんを のカードを反利き手側に呈示するので、 Step 4 より難しいです。

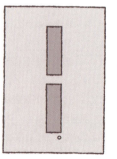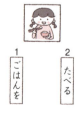

＊ここに述べた選択肢の呈示の系統性は、視機能と手の操作性の観点から考えた学習理論に基づく呈示のスモールステップです。学習順序は子どもの実態に応じて組み替えてもよいでしょう。

Part Ⅰ 文の構成の学習

6. 方法とことばかけ

Step 1　1対1　その1（ ごはんを たべる を利き手側から呈示）

(1)「動作絵カード」の呈示

①文構成板を呈示します。

②[ごはんを　たべる]の「動作絵カード」を、文構成板の右側に呈示します。指導者が「これは、『ごはんを　たべる。』」と言いながら、ごはんを食べる動作をしてみせます。「これは何をしているところですか」とは聞きません。

③「[ごはんを　たべる]と一緒に言うよ」と言って、一緒に「ごはんを　たべる。」と言います。

「動作絵カード」を呈示するとき、「これは何をしているところですか」と聞かないことがポイント

「動作絵カード」を呈示するとき、子どもに「これは何をしているところですか」とは聞きません。子どもが答えられなかったり、間違った答えを言ってしまったりすることがあるからです。初めのうちは、「これは『ごはんを　たべる。』」と、指導者が言います。そして一緒に言うようにします。学習していくうちに、「動作絵カード」を見て、自分から「ごはんを　たべる。」と言うようになります。

(2) 文を読む

①文構成板に、 ごはんを と たべる のカードを入れます。

②「指さししながら一緒に読みましょう」と言い、子どもの右手の人さし指を援助して指さししながら一緒に読みます。「ごはんを　たべる。」

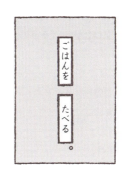

③ ごはんを と たべる のカードを撤去します。

文の読み方のポイント

・指さししながらゆっくり読むようにします。
・文節と文節の間は一呼吸おくようにし、文節の区切りがはっきりわかるようにします。
・指さししているところをしっかり見るようにします。視線が外れたときは読んでいるところをポインティングして「ここ、見て」と言います。見たら「見てるね」と言います。文を覚えてしまい、見ないで発声する子どもが多くみられます。子どもの視線をいつも把握することが大切です。

45

(3) ごはんを の呈示

① ごはんを と たべる を入れる枠を上から順に指さししながら、「ここに、[ごはんを　たべる。]をつくるよ」と言います。

②文構成板の右の空間の右側に、ごはんを のカードを呈示します。

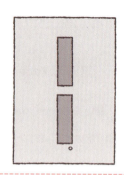

> カードを構成板から離れた位置に呈示すると、構成板に構成することの理解が難しい子どもは、構成する枠のすぐ右側にカードを呈示して学習します。
> 以下、第3章から第7章の「1対1」の学習についても、同様です。

③「指さししながら一緒に読みましょう」と言い、子どもの右手の人さし指を援助して、指さししながら一緒に読みます。「ごはんを」。

④ ごはんを のカードを入れる枠を指さししながら、「ここに入るのはどれですか」と言います。

⑤ ごはんを のカードを見た瞬間、ごはんを のカードをポインティングしながら「そうだね、これだね」と言います。見ないときは、待たずに ごはんを のカードをポインティングして「ここ、見て」と言い、視線を誘導します。ごはんを を見た瞬間、ごはんを のカードをポインティングしながら、「そうだね、これだね」と言います。

⑥ ごはんを のカードをポインティングして「これを」、1番目の枠をポインティングして「ここに入れるよ」と言います。

⑦1番目の枠に ごはんを のカードを一緒に入れます。

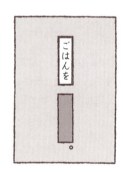

(4) たべる の呈示

①文構成板の右の空間の左側に たべる のカードを呈示します。

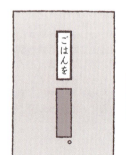

② 「指さししながら一緒に読みましょう」と言い、子どもの右手の人さし指を援助して、指さししながら一緒に読みます。「たべる」。

③ たべる のカードを入れる枠を指さししながら、「ここに入るのはどれですか」と言います。

④ たべる のカードを見た瞬間、 たべる のカードをポインティングしながら、「そうだね、これだね」と言います。見ないときは、待たずに たべる のカードをポインティングして「ここ、見て」と言い、視線を誘導します。 たべる を見た瞬間、 たべる のカードをポインティングしながら、「そうだね、これだね」と言います。

⑤ たべる のカードをポインティングして「これを」、2番目の枠をポインティングして「ここに入れるよ」と言います。

⑥ 2番目の枠に たべる のカードを一緒に入れます。

⑦ 「よくできたね」と心からほめます。

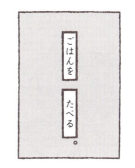

カードは正しい位置に

　カードは、入れる場所を間違えないようにします。間違った場所に入れてから訂正していては、定着しません。初めから正しい枠に入れるよう、よく見せながら援助して入れるようにします。

心からよくほめることが大切

　課題が終了したときだけでなく、途中でも何度でもよくほめることが大切です。そのことが、集中力を増し、学習意欲を高めることにつながります。また、指導者と子どものコミュニケーションを図り、信頼関係を増すことになります。「がんばってるね」「よく見てるね」「上手だね」などとたくさんことばかけするとよいでしょう。

(5)「おなじ」

①子どもの右手を持って、一緒に［ごはんを　たべる］の「動作絵カード」を指さししながら、「これは『ごはんを　たべる。』」、 ごはんを　 たべる のカードを上から順に1文字ずつ指さししながら、「これも、『ごはんを　たべる。』」と言います。

②子どもの右手を持って、一緒に「動作絵カード」と構成した文を指さししながら、「これと、これは、お・な・じ」と言います。「おなじ」と言うときは、両手を援助して、机を3回トントントンとたたきながら、一緒に「お・な・じ」と言うようにします。

(6) 書く

① 「[ごはんを　たべる。]を書きましょう」と言って、書字用紙を呈示します。書字用紙は動かないようにクリップボードなどに挟んで置きます。

② 手本のカード ごはんを を左側に呈示して、「[ごはんを]を書くよ」と言います。

③ 一緒に [ごはんを] を書きます。
　一人で枠の中にバランスよく書ける場合は、一人で書いてもよいでしょう。

バランスよく整った字を一人で書くのが難しい場合は

　バランスよく整った字を一人で書くのが難しい場合は、子どもの手を援助して書くようにします。運筆に合わせて「ここから、よこに、まっすぐ、ストップ」など、適切なことばかけをします。子どもの手を援助して書くとき、書いている字が隠れないように、子どもが右利きの場合は、指導者の左手で援助するようにします。援助して枠の中に整った字を書くことが大切です。
　枠の中にバランスよく書けない場合は、枠の代わりに文字数に合わせたマス目を用意してもよいでしょう。

書きやすい位置に用紙を動かす

　子どものひじが軽く伸びている位置が、最も文字が書きやすいです。用紙を動かさずに書いていると、文字を書く位置が子どもに近づいてきて書きにくくなります。用紙を動かして、いつも書きやすい位置で書くようにするのがポイントです。

④手本のカード ごはんを を、撤去します。

⑤手本のカード たべる を左側に呈示して、「今度は[たべる]を書くよ」と言います。

⑥一緒に[たべる]を書きます。
　一人で枠の中にバランスよく書ける場合は、一人で書いてもよいでしょう。

⑦「最後に[まる]を書くよ」と言って、一緒に句点を書きます。

⑧手本のカード たべる を、撤去します。

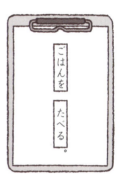

文を書く意味について

　文構成をしたあとは、必ず構成した文を書きます。
　ここでの書字は、書字能力の向上を図ることが目的ではありません。文の構成が定着するために書くようにしています。

(7) 書いた文を読む

①書いた文を呈示します。

②書いた文を指導者が指さししながら、「[ごはんを　たべる。]と一緒に読むよ」と言います。

③[ごはんを　たべる。]を、子どもの手を援助して一緒に上から順に指さししながら「ごはんを　たべる。」と一緒に読みます。文節と文節の間は一呼吸おくようにし、文節の区切りがはっきりわかるようにします。

④「上手に読めたね」などと、心からよくほめます。

Step 1 1対1 その2（ ごはんを たべる を反利き手側から呈示）

(1)「動作絵カード」の呈示

> Step 1 1対1 その1 　(1)「動作絵カード」の呈示　と同様です。
> ………… p.45

(2) 文を読む

> Step 1 1対1 その1 　(2) 文を読む　と同様です。
> ………… p.45

(3) ごはんを の呈示

① ごはんを と たべる を入れる枠を上から順に指さししながら、「ここに、[ごはんを　たべる。]をつくるよ」と言います。

② 文構成板の右の空間の左側に、ごはんを のカードを呈示します。

③「指さししながら一緒に読みましょう」と言い、子どもの右手の人さし指を援助して、指さししながら一緒に読みます。「ごはんを」。

④ ごはんを のカードを入れる枠を指さししながら、「ここに入るのはどれですか」と言います。

⑤ ごはんを のカードを見た瞬間、ごはんを のカードをポインティングしながら「そうだね、これだね」と言います。見ないときは、待たずに ごはんを のカードをポインティングして「ここ、見て」と言い、視線を誘導します。ごはんを を見た瞬間、ごはんを のカードをポインティングしながら、「そうだね、これだね」と言います。

⑥ ごはんを のカードをポインティングして「これを」、1番目の枠をポインティングして「ここに入れるよ」と言います。

⑦ 1番目の枠に ごはんを のカードを一緒に入れます。

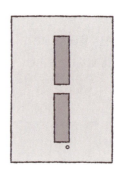

(4) たべる の呈示

① 文構成板の右の空間の右側に たべる のカードを呈示します。

② 「指さししながら一緒に読みましょう」と言い、子どもの右手の人さし指を援助して、指さししながら一緒に読みます。「たべる」。

③ たべる のカードを入れる枠を指さししながら、「ここに入るのはどれですか」と言います。

④ たべる のカードを見た瞬間、 たべる のカードをポインティングしながら、「そうだね、これだね」と言います。見ないときは、待たずに たべる のカードをポインティングして「ここ、見て」と言い、視線を誘導します。 たべる を見た瞬間、 たべる のカードをポインティングしながら、「そうだね、これだね」と言います。

⑤ たべる のカードをポインティングして「これを」、2番目の枠をポインティングして「ここに入れるよ」と言います。

⑥ 2番目の枠に たべる のカードを一緒に入れます。

⑦ 「よくできたね」と心からほめます。

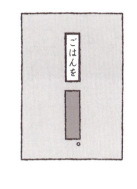

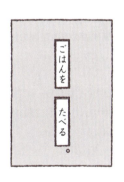

(5) 「おなじ」

Step 1　1対1 その1 （5）「おなじ」 と同様です。

p.47

(6) 書く

Step 1　1対1 その1 （6）書く と同様です。

p.48

(7) 書いた文を読む

Step 1　1対1 その1 （7）書いた文を読む と同様です。

p.49

Step 2　左から たべる　ごはんを と呈示（利き手側後出し）

(1)「動作絵カード」の呈示

> Step 1　1対1 その1　(1)「動作絵カード」の呈示　と同様です。
> p.45

(2) 文を読む

> Step 1　1対1 その1　(2) 文を読む　と同様です。
> p.45

(3) たべる の呈示

① ごはんを と たべる を入れる枠を上から順に指さししながら、「ここに、[ごはんを　たべる。]をつくるよ」と言います。

② 文構成板の右の空間の左側に、 たべる のカードを呈示します。

③「指さししながら一緒に読みましょう」と言い、子どもの右手の人さし指を援助して、指さししながら一緒に読みます。「たべる」。

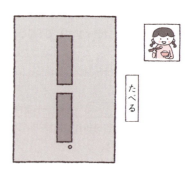

(4) ごはんを の呈示

① たべる のカードの右側に ごはんを のカードを呈示します。

②「指さししながら一緒に読みましょう」と言い、子どもの右手の人さし指を援助して、指さししながら一緒に読みます。「ごはんを」。

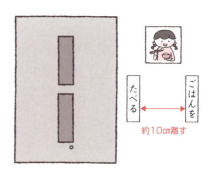

約10㎝離す

(5) ごはんを を入れる

① ごはんを のカードを入れる枠を指さししながら、「ここに入るのはどれですか」と言います。

② ごはんを のカードを見た瞬間、 ごはんを のカードをポインティングしながら「そうだね、これだね」と言います。見ないときは、待たずに ごはんを のカードをポインティングして「ここ、見て」と言い、視線を誘導します。 ごはんを を見た瞬間、 ごはんを のカードをポインティングしながら、「そうだね、これだね」と言います。

③ ごはんを のカードをポインティングして「これを」、1番目の枠をポインティングして「ここに入れるよ」と言います。

④ 1番目の枠に ごはんを のカードを一緒に入れます。

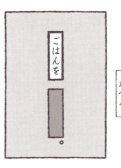

(6) たべる を入れる

① たべる のカードを入れる枠を指さししながら、「ここに入るのはどれですか」と言います。

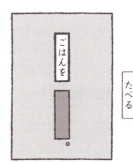

② たべる のカードを見た瞬間、 たべる のカードをポインティングしながら、「そうだね、これだね」と言います。見ないときは、待たずに たべる のカードをポインティングして「ここ、見て」と言い、視線を誘導します。 たべる を見た瞬間、 たべる のカードをポインティングしながら、「そうだね、これだね」と言います。

③ たべる のカードをポインティングして「これを」、2番目の枠をポインティングして「ここに入れるよ」と言います。

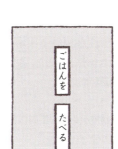

④ 2番目の枠に たべる のカードを一緒に入れます。

⑤ 「よくできたね」と心からほめます。

(7)「おなじ」

Step 1 1対1 その1 (5)「おなじ」 と同様です。

p.47

(8) 書く

> Step 1 1対1 その1 (6) 書く と同様です。 ········· p.48

(9) 書いた文を読む

> Step 1 1対1 その1 (7) 書いた文を読む と同様です。 ········· p.49

Step 3 右から たべる ごはんを と呈示（反利き手側後出し）

(1)「動作絵カード」の呈示

> Step 1 1対1 その1 (1)「動作絵カード」の呈示 と同様です。 ········· p.45

(2) 文を読む

> Step 1 1対1 その1 (2) 文を読む と同様です。 ········· p.45

(3) たべる の呈示

① ごはんを と たべる を入れる枠を上から順に指さし しながら、「ここに、［ごはんを　たべる。］をつくるよ」 と言います。

② 文構成板の右の空間の右側に、 たべる のカードを呈 示します。

③「指さししながら一緒に読みましょう」と言い、子どもの 右手の人さし指を援助して、指さししながら一緒に読み ます。「たべる」。

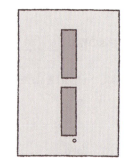

54

Part I 文の構成の学習

第2章 助詞1つを用いた文の構成 — 助詞1つ文節で構成する

(4) ごはんを の呈示

① たべる のカードの左側に ごはんを のカードを呈示します。

② 「指さししながら一緒に読みましょう」と言い、子どもの右手の人さし指を援助して、指さししながら一緒に読みます。「ごはんを」。

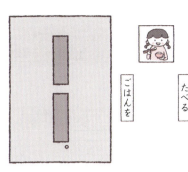

(5) ごはんを を入れる

Step 2 (5) ごはんを を入れる と同様です。 …… p.52

(6) たべる を入れる

Step 2 (6) たべる を入れる と同様です。 …… p.53

(7)「おなじ」

Step 1 1対1 その1 (5)「おなじ」 と同様です。 …… p.47

(8) 書く

Step 1 1対1 その1 (6) 書く と同様です。 …… p.48

(9) 書いた文を読む

Step 1 1対1 その1 (7) 書いた文を読む と同様です。 …… p.49

Step 4 右から ごはんを たべる と呈示（利き手側先出し）

(1)「動作絵カード」の呈示

Step 1 1対1 その1 (1)「動作絵カード」の呈示 と同様です。 …… p.45

(2) 文を読む

> Step 1 1対1 その1 (2) 文を読む と同様です。
> ┈┈┈┈┈┈┈┈┈┈┈┈┈┈┈┈┈┈ p.45

(3) ごはんを の呈示

① ごはんを と たべる を入れる枠を上から順に指さししながら、「ここに、[ごはんを　たべる。]をつくるよ」と言います。

② 文構成板の右の空間の右側に、ごはんを のカードを呈示します。

③ 「指さししながら一緒に読みましょう」と言い、子どもの右手の人さし指を援助して、指さししながら一緒に読みます。「ごはんを」。

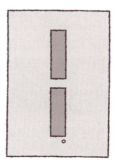

(4) たべる の呈示

① ごはんを のカードの左側に たべる のカードを呈示します。

② 「指さししながら一緒に読みましょう」と言い、子どもの右手の人さし指を援助して、指さししながら一緒に読みます。「たべる」。

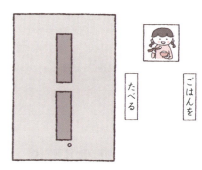

(5) ごはんを を入れる

> Step 2 (5) ごはんを を入れる と同様です。
> ┈┈┈┈┈┈┈┈┈┈┈┈┈┈┈┈┈┈ p.52

(6) たべる を入れる

> Step 2 (6) たべる を入れる と同様です。
> ┈┈┈┈┈┈┈┈┈┈┈┈┈┈┈┈┈┈ p.53

Part Ⅰ 文の構成の学習

(7)「おなじ」

> Step 1 1対1 その1 (5)「おなじ」 と同様です。
>
> p.47

(8) 書く

> Step 1 1対1 その1 (6) 書く と同様です。
>
> p.48

(9) 書いた文を読む

> Step 1 1対1 その1 (7) 書いた文を読む と同様です。
>
> p.49

Step 5 左から ごはんを たべる と呈示(反利き手側先出し)

(1)「動作絵カード」の呈示

> Step 1 1対1 その1 (1)「動作絵カード」の呈示 と同様です。
>
> p.45

(2) 文を読む

> Step 1 1対1 その1 (2) 文を読む と同様です。
>
> p.45

(3) ごはんを の呈示

① ごはんを と たべる を入れる枠を上から順に指さししながら、「ここに、[ごはんを　たべる。]をつくるよ」と言います。

②文構成板の右の空間の左側に、 ごはんを のカードを呈示します。

③「指さししながら一緒に読みましょう」と言い、子どもの右手の人さし指を援助して、指さししながら一緒に読みます。「ごはんを」。

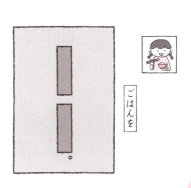

第2章 助詞1つを用いた文の構成

助詞1つ文節で構成する

57

(4) たべる の呈示

① ごはんを のカードの右側に たべる のカードを呈示します。

② 「指さししながら一緒に読みましょう」と言い、子どもの右手の人さし指を援助して、指さししながら一緒に読みます。「たべる」。

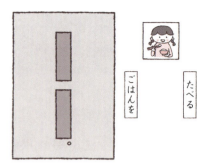

(5) ごはんを を入れる

Step 2 (5) ごはんを を入れる と同様です。　　　p.52

(6) たべる を入れる

Step 2 (6) たべる を入れる と同様です。　　　p.53

(7) 「おなじ」

Step 1 1対1 その1　(5)「おなじ」 と同様です。　　　p.47

(8) 書く

Step 1 1対1 その1　(6) 書く と同様です。　　　p.48

(9) 書いた文を読む

Step 1 1対1 その1　(7) 書いた文を読む と同様です。　　　p.49

カードをよく見ないで取ってしまう場合には

ごはんを や たべる のカードを呈示するやいなや、よく見ないで手を伸ばしてくる子どもがいます。そのような場合には、カードを文構成板の上方の子どもの手が届かないところに呈示するようにします。

そして、カードをよく見て、見比べて選ぶようにします。カードを入れる枠を指さしながら「ここに入るのはどれですか」と言います。正選択肢のカードを見た瞬間、そのカードをポインティングしながら、「そうだね、これだね」と言います。そして、カードを子どもの右手に近づけます。

よく見せること、間違ったカードに手を触れさせないことがとても大切です。

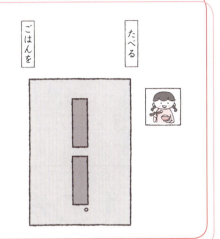

運動機能障害がある場合

運動機能障害がある場合でも、Step 1 から Step 5 まで、今まで述べた方法と同様に学習します。「文節カード」を視線で選ぶようにすることがポイントです。正しい「文節カード」を視線で選んだ段階で課題は成立しています。子どもの視線をよく見て適切にことばかけを行うことが大切です。

カードを入れたり、文字を書いたりするのは、子どもの手の運動機能の実態に応じて援助しながら行います。全面的に援助してでも、できる限り一緒に行うことが、学習の定着につながります。

第**3**章

助詞１つを用いた
文の構成

●単語と助詞で構成する

　第２章では、助詞が１つ含まれた文の構成を、「文節カード」（ [名詞 ＋助詞] のカード 　 動詞カード ）で行う方法で学習しました。

　「文節カード」を使って、助詞１つの文の構成ができるようになったら、続けて、「単語カード」と助詞のカード（ 名詞カード 　 助詞カード 　 動詞カード ）で文の構成の学習を行います。

例： [ごはんを 　 たべる]（「文節カード」による構成）

　　 [ごはん 　 を 　 たべる]（「単語カード」と「助詞カード」による構成）

　「文節カード」を用いた文構成の学習と、「単語カード」と「助詞カード」を用いた文構成の学習を通して、文を構成する基礎的な力が育ち、助詞の使い方がわかるようになります。また、これらの学習は、日常会話の中で助詞を使って話をするようになることにつながります。

＊助詞も単語の１つですが、ここではわかりやすく、「名詞カード」「動詞カード」を「単語カード」、「助詞のカード」を「助詞カード」と称して表記します。

60

Part I 文の構成の学習

1. 「単語カード」と「助詞カード」による文構成の学習の教材

第2章の[「文節カード」による文構成]で学習した文を使って、「単語カード」と「助詞カード」、つまり 名詞カード 助詞カード 動詞カード で文構成の学習を行います。

例：「ごはん　を　たべる。」

使用する教材

- 「単語カード」と「助詞カード」による[助詞1つの文]の文構成板
- 「動作絵カード」：[ごはんを　たべる]
- 「名詞カード」： ごはん
- 「助詞カード」： を
- 「動詞カード」： たべる
- 書字用紙
- クリップボード
- 鉛筆

[「単語カード」と「助詞カード」による[助詞1つの文]の文構成板]

「単語カード」と「助詞カード」を入れるところを切り抜いて底板を貼ったもの。
図のサイズを基本とします。

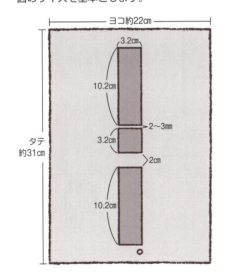

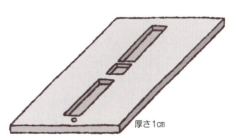

「動作絵カード」は
文構成板の外に置く
（8cm×8cm）

「単語カード」と「助詞カード」は、取り出しやすいように、入れたときに文構成板から2mm程度出るようにします。そのために枠の深さは8mmにします。

「動詞カード」を入れる枠の下に句点の『 。』を書いておきます。
「動詞カード」に『 。』を書いておくと、それを手がかりにして考えてしまう子どもがいます。
したがって、『 。』は、文構成板に書いておくようにします。

第3章　文の構成　助詞1つを用いた文の構成　助詞1つ単語と助詞で構成する

61

(動作絵カード)

・[ごはんを　たべる]の「動作絵カード」
縦8cm×横8cm×厚さ1cmのカードに、[ごはんを　たべる]動作をしている絵を描いたもの。絵は、子どもが見て、それが何であるかがはっきりわかるように、色・形・輪郭の太さなどに配慮して描きます。「絵カード」の背景は白を基本とします。必要なもの以外は描かないようにします。

(名詞カード)

縦10cm×横3cm×厚さ1cmのカードに「ごはん」と書いたもの

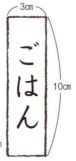

(助詞カード)

縦3cm×横3cm×厚さ1cmのカードに「を」と書いたもの

(動詞カード)

縦10cm×横3cm×厚さ1cmのカードに「たべる」と書いたもの

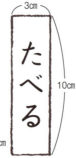

＊「単語カード」「助詞カード」の文字は、教科書体の太字がよいです。

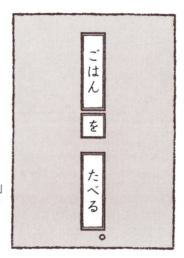

「単語カード」「助詞カード」を文構成板に入れたところ

Part Ⅰ 文の構成の学習

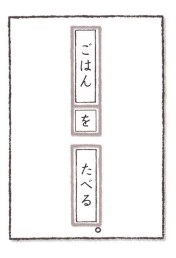

文構成板・「単語カード」「助詞カード」の材質は、木材が最適ですが、難しい場合は、スチレンボードなどで作成してもよいです。板に3～5㎜程度の角材を切って貼り、枠を作ってもよいでしょう。

＊「動作絵カード」や「単語カード」「助詞カード」の上をブックカバーなどで覆うと、耐久性が増します。
＊「動作絵カード」や「単語カード」「助詞カード」を文構成板にマグネットで付くようにすると、立てて学習することもできます。

（書字用紙）

A4の用紙に、(「単語カード」と「助詞カード」による［助詞1つの文］の文構成板)と同じように枠が書いてあるもの。
単語と助詞の間は線で区切るようにします。

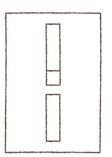

（クリップボード）

・書字用紙が動かないようにするために、クリップボードを用いるとよいです。クリップボードは、A4サイズで、留め金が上に付いているものにします。
（留め金が横に付いていると、文字を書く手や用紙を押さえる手のじゃまになります。）

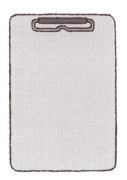

（鉛筆）

・鉛筆は、子どもの実態に応じて、2B、4B、6Bなど、使い分けるとよいでしょう。

教材は、子どもの実態に合っていることが、もっとも大切です。子どもの実態に応じて工夫するとよいでしょう。

第3章 助詞1つを用いた文の構成

助詞1つと単語と助詞で構成する

2. 選択肢の呈示の系統性

「名詞カード」「助詞カード」「動詞カード」を呈示します。そして、「単語カード」と「助詞カード」による［助詞１つの文］の文構成板 に順序よくカードを置いて文を構成する学習です。

２文節の文構成の学習と同様に、初めは選択肢を呈示しないで「１対１」の学習から行います。呈示するカードが１つなので、子どもは迷わず答えることができます。「１対１」の学習を通して、学習の方法を理解します。

「１対１」の学習ができるようになったら、３枚のカードを見比べて、文構成板に１番目の単語から文を構成する方法で学習します。文構成では、正しい位置に順序よく単語や助詞を入れて、文を構成することが大切です。１番目のカードよりも先に２番目や３番目のカードを選び、２番目や３番目の枠に入れても正反応とはしません。１番目のカードを先に選び、１番目の枠に入れるようにします。必ず順序正しく「単語カード」、「助詞カード」を入れて文を構成します。そのことが最も大切です。

構成する「単語カード」、「助詞カード」を呈示する位置や呈示する順序によって、難易度が異なります。次のようなスモールステップで学習を進めます。

ここでは、［ごはん　を　たべる。］の文で説明します。

Step 1　1対1（ ごはん を たべる を1枚ずつ呈示）

① ごはん を呈示し、構成板の１番目の枠に入れます。
② を を呈示し、構成板の２番目の枠に入れます。
③ たべる を呈示し、構成板の３番目の枠に入れます。

カードを１枚ずつ呈示するので、間違えずに学習できます。
学習の方法を理解するための大切な学習です。

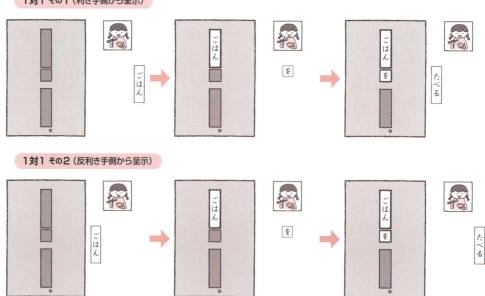

64

Part I 文の構成の学習

Step 2　左から たべる を ごはん と呈示（利き手側後出し）

① たべる を呈示します。
② を を たべる の右側に呈示します。
③ ごはん を を の右側に呈示します。
　たべる を ごはん と並んでいるので、利き手側から一方向に順に「ごはん」「を」「たべる」と選ぶことができます。 ごはん のカードを利き手側に呈示するので選びやすいです。 ごはん のカードを最後に呈示するので、記憶に残りやすく、視線が ごはん のカードにあるときに「ここに入るのはどれですか」と言われるので、選びやすいです。

*数字は呈示の順番です

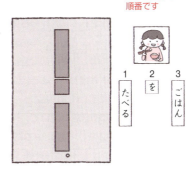

Step 3　右から たべる を ごはん と呈示（反利き手側後出し）

① たべる を呈示します。
② を を たべる の左側に呈示します。
③ ごはん を を の左側に呈示します。
　ごはん を たべる と並んでいるので、反利き手側から一方向に順に文字を選ぶことができます。 ごはん のカードを最後に呈示するので、記憶に残りやすく、視線が ごはん のカードにあるときに「ここに入るのはどれですか」と言われるので、選びやすいです。
　1番目のカード ごはん を反利き手側に呈示するので、Step 2 より難しいです。

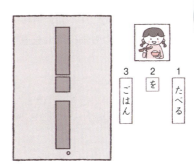

Step 4　右から ごはん を たべる と呈示（利き手側先出し）

① ごはん を呈示します。
② を を ごはん の左側に呈示します。
③ たべる を を の左側に呈示します。
　ごはん のカードを利き手側に呈示するので取りやすいです。
　ごはん を最初に呈示するので、「ここに入るのはどれですか」と言われたときには子どもの視線は たべる にある状態です。「これ（ たべる ）ではない、こっち（ ごはん ）だ」という思考が働いて、視線を ごはん に戻さなければならないので、後出しより難しいです。

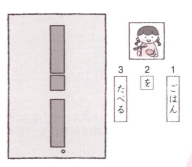

第3章　助詞1つを用いた文の構成

助詞1つ　単語と助詞で構成する

> **Step 5** 左から ごはん を たべる と呈示（反利き手側先出し）

① ごはん を呈示します。
② を を ごはん の右側に呈示します。
③ たべる を を の右側に呈示します。

　ごはん を最初に呈示するので、「ここに入るのはどれですか」と言われたときには子どもの視線は たべる にある状態です。「これ（ たべる ）ではない、こっち（ ごはん ）だ」という思考が働いて、視線を ごはん に戻さなければならないので、後出しより難しいです。
　ごはん のカードを反利き手側に呈示するので Step 4 より難しいです。

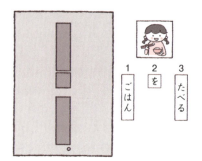

> **Step 6** ランダムに呈示

「単語カード」「助詞カード」の呈示の位置（配置）や呈示の順序は、Step 2 ～ Step 5 で述べたもののほかに何通りもあります。子どもの実態に応じて、工夫して行うとよいでしょう。

3. 方法とことばかけ

> **Step 1** 1対1 その1（ ごはん を たべる を利き手側から呈示）

（1）「動作絵カード」の呈示

①文構成板を呈示します。

②［ごはんを　たべる］の「動作絵カード」を、文構成板の右側に呈示します。指導者が「これは、『ごはんを　たべる。』」と言いながら、ごはんを食べる動作をしてみせます。「これは何をしているところですか」とは聞きません。

③「［ごはんを　たべる］と一緒に言うよ」と言って、一緒に「ごはんを　たべる。」と言います。

**「動作絵カード」を呈示するとき、
「これは何をしているところですか」と聞かないことがポイント**

　「動作絵カード」を呈示するとき、子どもに「これは何をしているところですか」とは聞きません。子どもが答えられなかったり、間違った答えを言ってしまったりすることがあるからです。初めのうちは、「これは『ごはんを　たべる。』」と、指導者が言います。そして一緒に言うようにします。学習していくうちに、「動作絵カード」を見て、自分から「ごはんを　たべる。」と言うようになります。

(2) 文を読む

① 文構成板に、 ごはん を たべる のカードを入れます。

② 「指さししながら一緒に読みましょう」と言い、子どもの右手の人さし指を援助して、指さししながら一緒に読みます。「ごはん　を　たべる。」

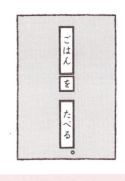

文の読み方のポイント

・指さししながらゆっくり読むようにします。
・名詞、助詞、動詞の間は一呼吸おくようにします。助詞「を」は、少し大きめの声で発声して、はっきり意識できるようにします。
・指さししているところをしっかり見るようにします。視線が外れたときは読んでいるところをポインティングして「ここ、見て」と言います。見たら「見てるね」と言います。文を覚えてしまい、見ないで発声する子どもが多くみられます。子どもの視線をいつも把握することが大切です。

(3) ごはん の呈示

① ごはん を たべる を入れる枠を上から順に指さししながら、「ここに、[ごはん　を　たべる。]をつくるよ」と言います。

② 文構成板の右の空間の右側に、 ごはん のカードを呈示します。

③ 「指さししながら一緒に読みましょう」と言い、子どもの右手の人さし指を援助して、指さししながら一緒に読みます。「ごはん」。

④ ごはん のカードを入れる枠を指さししながら、「ここに入るのはどれですか」と言います。

⑤ ごはん のカードを見た瞬間、 ごはん のカードをポインティングしながら、「そうだね、これだね」と言います。見ないときは、待たずに ごはん のカードをポインティングして「ここ、見て」と言い、視線を誘導します。 ごはん を見た瞬間、 ごはん のカードをポインティングしながら、「そうだね、これだね」と言います。

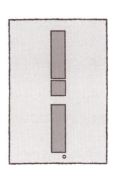

⑥ ごはん のカードをポインティングして「これを」、1番目の枠をポインティングして「ここに入れるよ」と言います。

⑦ 1番目の枠に ごはん のカードを一緒に入れます。

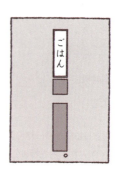

(4) を の呈示

① 文構成板の右の空間の中央に、を のカードを呈示します。

②「指さししながら一緒に読みましょう」と言い、子どもの右手の人さし指を援助して指さししながら一緒に読みます。「を」。

③ を のカードを入れる枠を指さししながら、「ここに入るのはどれですか」と言います。

④ を のカードを見た瞬間、を のカードをポインティングしながら、「そうだね、これだね」と言います。見ないときは、待たずに を のカードをポインティングして「ここ、見て」と言い、視線を誘導します。を を見た瞬間、を のカードをポインティングしながら、「そうだね、これだね」と言います。

⑤ を のカードをポインティングして「これを」、2番目の枠をポインティングして「ここに入れるよ」と言います。

⑥ 2番目の枠に を のカードを一緒に入れます。

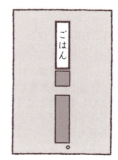

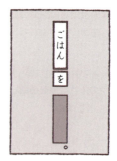

(5) たべる の呈示

① 文構成板の右の空間の左側に、たべる のカードを呈示します。

②「指さししながら一緒に読みましょう」と言い、子どもの右手の人さし指を援助して、指さししながら一緒に読みます。「たべる」。

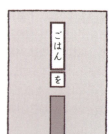

③ たべる のカードを入れる枠を指さししながら、「ここに入るのはどれですか」と言います。

④ たべる のカードを見た瞬間、 たべる のカードをポインティングしながら、「そうだね、これだね」と言います。見ないときは、待たずに たべる のカードをポインティングして「ここ、見て」と言い、視線を誘導します。 たべる を見た瞬間、 たべる のカードをポインティングしながら、「そうだね、これだね」と言います。

⑤ たべる のカードをポインティングして「これを」、3番目の枠をポインティングして「ここに入れるよ」と言います。

⑥ 3番目の枠に たべる のカードを一緒に入れます。

⑦「よくできたね」と心からほめます。

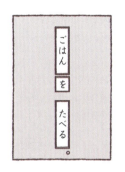

カードは正しい位置に

　カードは、入れる場所を間違えないようにします。間違った場所に入れてから訂正していては、定着しません。初めから正しい枠に入れるよう、よく見せながら援助して入れるようにします。

心からよくほめることが大切

　課題が終了したときだけでなく、途中でも何度でもよくほめることが大切です。そのことが、集中力を増し、学習意欲を高めることにつながります。また、指導者と子どものコミュニケーションを図り、信頼関係を増すことになります。「がんばってるね」「よく見てるね」「上手だね」などとたくさんことばかけするとよいでしょう。

(6)「おなじ」

① 子どもの右手を持って、一緒に[ごはんを　たべる]の「動作絵カード」を指さししながら、「これは『ごはんを　たべる。』」、 ごはん を たべる のカードを上から順に1文字ずつ指さししながら、「これも、『ごはん　を　たべる。』」と言います。

② 子どもの右手を持って、一緒に「動作絵カード」と構成した文を指さししながら、「これと、これは、お・な・じ」と言います。「おなじ」と言うときは、両手を援助して、机を3回トントントンとたたきながら、一緒に「お・な・じ」と言うようにします。

(7) 書く

① 「［ごはん　を　たべる。］を書きましょう」と言って、書字用紙を呈示します。書字用紙は動かないようにクリップボードなどに挟んで置きます。

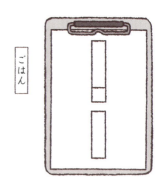

② 手本のカード ごはん を左側に呈示して、「［ごはん］を書くよ」と言います。

③ 一緒に［ごはん］を書きます。
　一人で枠の中にバランスよく書ける場合は、一人で書いてもよいでしょう。

バランスよく整った字を一人で書くのが難しい場合は

　バランスよく整った字を一人で書くのが難しい場合は、子どもの手を援助して書くようにします。運筆に合わせて「ここから、よこに、まっすぐ、ストップ」など、適切なことばかけをします。子どもの手を援助して書くとき、書いている字が隠れないように、子どもが右利きの場合は、指導者の左手で援助するようにします。援助して枠の中に整った字を書くことが大切です。
　枠の中にバランスよく書けない場合は、枠の代わりに文字数に合わせたマス目を用意してもよいでしょう。

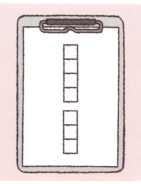

書きやすい位置に用紙を動かす

　子どものひじが軽く伸びている位置が、最も文字が書きやすいです。用紙を動かさずに書いていると、文字を書く位置が子どもに近づいてきて書きにくくなります。用紙を動かして、いつも書きやすい位置で書くようにするのがポイントです。

④ 手本のカード ごはん を、撤去します。

⑤ 手本のカード を を左側に呈示して、「［を］を書くよ」と言います。

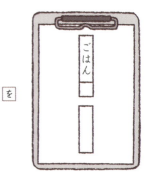

⑥ 一緒に［を］を書きます。
　一人で枠の中にバランスよく書ける場合は、一人で書いてもよいでしょう。

⑦手本のカード を を、撤去します。

⑧手本のカード たべる を左側に呈示して、「[たべる]を書くよ」と言います。

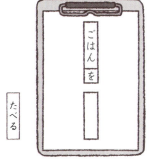

⑨一緒に [たべる] を書きます。
　一人で枠の中にバランスよく書ける場合は、一人で書いてもよいでしょう。

⑩「最後に [まる] を書くよ」と言って、一緒に句点を書きます。

⑪手本のカード たべる を、撤去します。

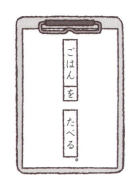

文を書く意味について

　文構成をしたあとは、必ず構成した文を書きます。
　ここでの書字は、書字能力の向上を図ることが目的ではありません。文の構成が定着するために書くようにしています。

(8) 書いた文を読む

①書いた文を呈示します。

②書いた文を指導者が指さししながら、「[ごはん　を　たべる。] と一緒に読むよ」と言います。

③ [ごはん　を　たべる。] を、子どもの手を援助して一緒に上から順に指さししながら「ごはん　を　たべる。」と一緒に読みます。名詞、助詞、動詞の間は一呼吸おくようにします。
　助詞「を」は、少し大きめの声で発声して、はっきり意識できるようにします。

④「上手に言えたね」などと、心からよくほめます。

Step 1　1対1 その2（ ごはん を たべる を反利き手側から呈示）

(1)「動作絵カード」の呈示

> Step 1　1対1 その1　(1)「動作絵カード」の呈示　と同様です。 …… p.66

(2) 文を読む

> Step 1　1対1 その1　(2) 文を読む　と同様です。 …… p.67

(3) ごはん の呈示

① ごはん を たべる を入れる枠を上から順に指さししながら、「ここに、[ごはん　を　たべる。]をつくるよ」と言います。

② 文構成板の右の空間の左側に、 ごはん のカードを呈示します。

③「指さししながら一緒に読みましょう」と言い、子どもの右手の人さし指を援助して、指さししながら一緒に読みます。「ごはん」。

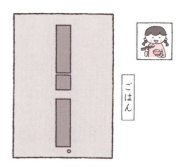

④ ごはん のカードを入れる枠を指さししながら、「ここに入るのはどれですか」と言います。

⑤ ごはん のカードを見た瞬間、 ごはん のカードをポインティングしながら、「そうだね、これだね」と言います。見ないときは、待たずに ごはん のカードをポインティングして「ここ、見て」と言い、視線を誘導します。 ごはん を見た瞬間、 ごはん のカードをポインティングしながら、「そうだね、これだね」と言います。

⑥ ごはん のカードをポインティングして「これを」、1番目の枠をポインティングして「ここに入れるよ」と言います。

⑦ 1番目の枠に ごはん のカードを一緒に入れます。

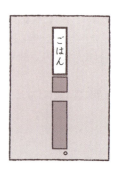

Part I 文の構成の学習

(4) を の呈示

① 文構成板の右の空間の中央に、を のカードを呈示します。

② 「指さししながら一緒に読みましょう」と言い、子どもの右手の人さし指を援助して指さししながら一緒に読みます。「を」。

③ を のカードを入れる枠を指さししながら、「ここに入るのはどれですか」と言います。

④ を のカードを見た瞬間、を のカードをポインティングしながら、「そうだね、これだね」と言います。見ないときは、待たずに を のカードをポインティングして「ここ、見て」と言い、視線を誘導します。を を見た瞬間、を のカードをポインティングしながら、「そうだね、これだね」と言います。

⑤ を のカードをポインティングして「これを」、2番目の枠をポインティングして「ここに入れるよ」と言います。

⑥ 2番目の枠に を のカードを一緒に入れます。

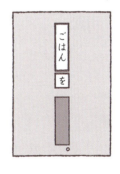

第3章 助詞1つを用いた文の構成

助詞1つ 単語と助詞で構成する

(5) たべる の呈示

① 文構成板の右の空間の右側に、たべる のカードを呈示します。

② 「指さししながら一緒に読みましょう」と言い、子どもの右手の人さし指を援助して、指さししながら一緒に読みます。「たべる」。

③ たべる のカードを入れる枠を指さししながら、「ここに入るのはどれですか」と言います。

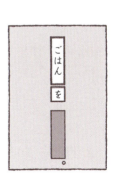

④ たべる のカードを見た瞬間、 たべる のカードをポインティングしながら、「そうだね、これだね」と言います。見ないときは、待たずに たべる のカードをポインティングして「ここ、見て」と言い、視線を誘導します。 たべる を見た瞬間、 たべる のカードをポインティングしながら、「そうだね、これだね」と言います。

⑤ たべる のカードをポインティングして「これを」、3番目の枠をポインティングして「ここに入れるよ」と言います。

⑥ 3番目の枠に たべる のカードを一緒に入れます。

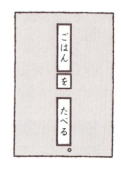

⑦ 「よくできたね」と心からほめます。

(6)「おなじ」

> Step 1 1対1 その1 (6)「おなじ」 と同様です。
>
> p.69

(7) 書く

> Step 1 1対1 その1 (7) 書く と同様です。
>
> p.70

(8) 書いた文を読む

> Step 1 1対1 その1 (8) 書いた文を読む と同様です。
>
> p.71

Step 2 左から たべる を ごはん と呈示（利き手側後出し）

(1)「動作絵カード」の呈示

> Step 1 1対1 その1 (1)「動作絵カード」の呈示 と同様です。
>
> p.66

Part I 文の構成の学習

(2) 文を読む

> Step 1 　1対1 その1 　(2) 文を読む　と同様です。 　p.67

(3) たべる の呈示

① ごはん を たべる を入れる枠を上から順に指さししながら、「ここに、[ごはん　を　たべる。]をつくるよ」と言います。

② 文構成板の右の空間の左側に、 たべる のカードを呈示します。

③ 「指さししながら一緒に読みましょう」と言い、子どもの右手の人さし指を援助して、指さししながら一緒に読みます。「たべる」。

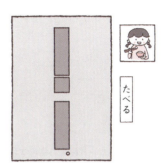

(4) を の呈示

① たべる のカードの右側、中央に、 を のカードを呈示します。

② 「指さししながら一緒に読みましょう」と言い、子どもの右手の人さし指を援助して、指さししながら一緒に読みます。「を」。

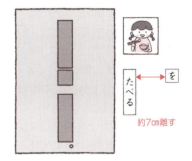

約7cm離す

(5) ごはん の呈示

① を のカードの右側に、 ごはん のカードを呈示します。

② 「指さししながら一緒に読みましょう」と言い、子どもの右手の人さし指を援助して、指さししながら一緒に読みます。「ごはん」。

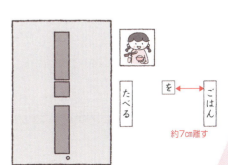

約7cm離す

第3章 助詞1つを用いた文の構成
助詞1つ 単語と助詞で構成する

(6) ごはん を入れる

① ごはん のカードを入れる枠を指さししながら、「ここに入るのはどれですか」と言います。

② ごはん のカードを見た瞬間、 ごはん のカードをポインティングしながら、「そうだね、これだね」と言います。見ないときは、待たずに ごはん のカードをポインティングして「ここ、見て」と言い、視線を誘導します。 ごはん を見た瞬間、 ごはん のカードをポインティングしながら、「そうだね、これだね」と言います。

③ ごはん のカードをポインティングして「これを」、1番目の枠をポインティングして「ここに入れるよ」と言います。

④ 1番目の枠に ごはん のカードを一緒に入れます。

(7) を を入れる

① を のカードを入れる枠を指さししながら、「ここに入るのはどれですか」と言います。

② を のカードを見た瞬間、 を のカードをポインティングしながら「そうだね、これだね」と言います。見ないときは、待たずに を のカードをポインティングして「ここ、見て」と言い、視線を誘導します。 を を見た瞬間、 を のカードをポインティングしながら、「そうだね、これだね」と言います。

③ を のカードをポインティングして「これを」、2番目の枠をポインティングして「ここに入れるよ」と言います。

④ 2番目の枠に を のカードを一緒に入れます。

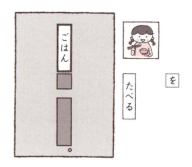

(8) たべる を入れる

① たべる のカードを入れる枠を指さししながら、「ここに入るのはどれですか」と言います。

② たべる のカードを見た瞬間、 たべる のカードをポインティングしながら、「そうだね、これだね」と言います。見ないときは、待たずに たべる のカードをポインティングして「ここ、見て」と言い、視線を誘導します。 たべる を見た瞬間、 たべる のカードをポインティングしながら、「そうだね、これだね」と言います。

③ たべる のカードをポインティングして「これを」、3番目の枠をポインティングして「ここに入れるよ」と言います。

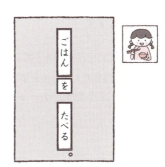

④ 3番目の枠に たべる のカードを一緒に入れます。

(9)「おなじ」

> **Step 1** 1対1 その1　(6)「おなじ」 と同様です。
>
> p.69

(10) 書く

> **Step 1** 1対1 その1　(7) 書く と同様です。
>
> p.70

(11) 書いた文を読む

> **Step 1** 1対1 その1　(8) 書いた文を読む と同様です。
>
> p.71

Step 3　右から たべる を ごはん と呈示（反利き手側後出し）

(1)「動作絵カード」の呈示

> **Step 1** 1対1 その1　(1)「動作絵カード」の呈示 と同様です。
>
> p.66

(2) 文を読む

> **Step 1** 1対1 その1　(2) 文を読む と同様です。
>
> p.67

(3) たべる の呈示

① ごはん を たべる を入れる枠を上から順に指さししながら、「ここに、[ごはん　を　たべる。]をつくるよ」と言います。

②文構成板の右の空間の右側に、 たべる のカードを呈示します。

③「指さししながら一緒に読みましょう」と言い、子どもの右手の人さし指を援助して、指さししながら一緒に読みます。「たべる」。

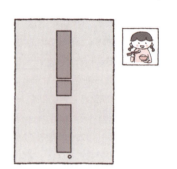

(4) を の呈示

① たべる のカードの左側に、 を のカードを呈示します。

②「指さししながら一緒に読みましょう」と言い、子どもの右手の人さし指を援助して、指さししながら一緒に読みます。「を」。

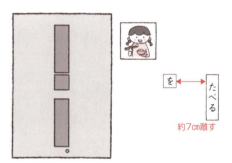

約7cm離す

(5) ごはん の呈示

① を のカードの左側に、 ごはん のカードを呈示します。

②「指さししながら一緒に読みましょう」と言い、子どもの右手の人さし指を援助して、指さししながら一緒に読みます。「ごはん」。

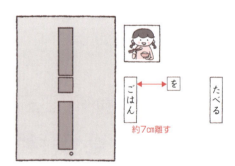

約7cm離す

(6) ごはん を入れる

Step 2 (6) ごはん を入れる と同様です。

p.76

Part I 文の構成の学習

(7) 　を│ を入れる

> Step 2 **(7)** 　を│ を入れる　と同様です。
>
> p.76

(8) 　たべる│ を入れる

> Step 2 **(8)** 　たべる│ を入れる　と同様です。
>
> p.76

(9) 「おなじ」

> Step 1 1対1 その1 **(6)**「おなじ」　と同様です。
>
> p.69

(10) 書く

> Step 1 1対1 その1 **(7)** 書く　と同様です。
>
> p.70

(11) 書いた文を読む

> Step 1 1対1 その1 **(8)** 書いた文を読む　と同様です。
>
> p.71

Step 4 右から│ ごはん │ を │ たべる │と呈示（利き手側先出し）

(1)「動作絵カード」の呈示

> Step 1 1対1 その1 **(1)**「動作絵カード」の呈示　と同様です。
>
> p.66

(2) 文を読む

> Step 1 1対1 その1 **(2)** 文を読む　と同様です。
>
> p.67

(3) │ ごはん │ の呈示

① │ ごはん │ を │ たべる │ を入れる枠を上から順に指
さししながら、「ここに、［ごはん　を　たべる。］をつ
くるよ」と言います。

79

②文構成板の右の空間の右側に、ごはん のカードを呈示します。

③「指さししながら一緒に読みましょう」と言い、子どもの右手の人さし指を援助して、指さししながら一緒に読みます。「ごはん」。

(4) を の呈示

① ごはん のカードの左側、中央に、を のカードを呈示します。

②「指さししながら一緒に読みましょう」と言い、子どもの右手の人さし指を援助して、指さししながら一緒に読みます。「を」。

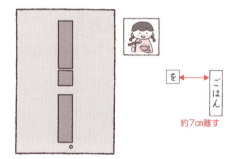

(5) たべる の呈示

① を のカードの左側に、たべる のカードを呈示します。

②「指さししながら一緒に読みましょう」と言い、子どもの右手の人さし指を援助して、指さししながら一緒に読みます。「たべる」。

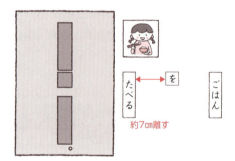

(6) ごはん を入れる

Step 2　(6) ごはん を入れる と同様です。

.... p.76

(7) を を入れる

Step 2　(7) を を入れる と同様です。

.... p.76

(8) たべる を入れる

Step 2　(8) たべる を入れる と同様です。

.... p.76

Part I 文の構成の学習

(9)「おなじ」

> Step 1　1対1 その1　(6)「おなじ」　と同様です。
>
> p.69

(10) 書く

> Step 1　1対1 その1　(7) 書く　と同様です。
>
> p.70

(11) 書いた文を読む

> Step 1　1対1 その1　(8) 書いた文を読む　と同様です。
>
> p.71

Step 5　左から ごはん を たべる と呈示（反利き手側先出し）

(1)「動作絵カード」の呈示

> Step 1　1対1 その1　(1)「動作絵カード」の呈示　と同様です。
>
> p.66

(2) 文を読む

> Step 1　1対1 その1　(2) 文を読む　と同様です。
>
> p.67

(3) ごはん の呈示

① ごはん を たべる を入れる枠を上から順に指さししながら、「ここに、[ごはん　を　たべる。]をつくるよ」と言います。

② 文構成板の右の空間の左側に、 ごはん のカードを呈示します。

③「指さししながら一緒に読みましょう」と言い、子どもの右手の人さし指を援助して、指さししながら一緒に読みます。「ごはん」。

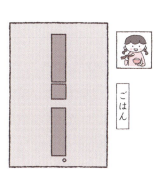

第3章　助詞1つを用いた文の構成

助詞1つ 単語と助詞で構成する

(4) を の呈示

① ごはん のカードの右側、中央に、 を のカードを呈示します。

② 「指さししながら一緒に読みましょう」と言い、子どもの右手の人さし指を援助して、指さししながら一緒に読みます。「を」。

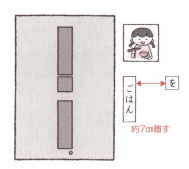

(5) たべる の呈示

① を のカードの右側に、 たべる のカードを呈示します。

② 「指さししながら一緒に読みましょう」と言い、子どもの右手の人さし指を援助して、指さししながら一緒に読みます。「たべる」。

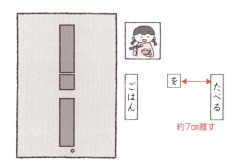

(6) ごはん を入れる

> Step 2 　(6) ごはん を入れる 　と同様です。
> p.76

(7) を を入れる

> Step 2 　(7) を を入れる 　と同様です。
> p.76

(8) たべる を入れる

> Step 2 　(8) たべる を入れる 　と同様です。
> p.76

(9) 「おなじ」

> Step 1 　1対1 その1 　(6) 「おなじ」 　と同様です。
> p.69

(10) 書く

> Step 1 　1対1 その1 　(7) 書く 　と同様です。
> p.70

（11）書いた文を読む

Step 1 1対1 その1 （8）書いた文を読む と同様です。

p.71

Step 6 ランダムに呈示

3枚の「単語カード」「助詞カード」をランダムな位置（配置）・順序に呈示します。

ことばかけ等は、**Step 1** 〜 **Step 5** に準じます。

p.66

カードを呈示する位置（配置）や順序は、何通りもあります。子どもの実態に応じて工夫して行うとよいでしょう。

カードをよく見ないで取ってしまう場合には

カードを呈示するやいなや、よく見ないで手を伸ばしてくる子どもがいます。そのような場合には、カードを文構成板の上方の子どもの手が届かないところに呈示するようにします。

そして、カードをよく見て、見比べて選ぶようにします。カードを入れる枠を指さしながら「ここに入るのはどれですか」と言います。正選択肢のカードを見た瞬間、そのカードをポインティングしながら、「そうだね、これだね」と言います。そして、カードを子どもの右手に近づけます。よく見せること、間違ったカードに手を触れさせないことがとても大切です。

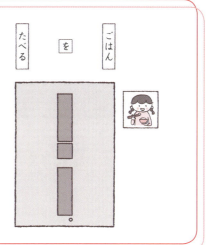

運動機能障害がある場合

運動機能障害がある場合でも、**Step 1** から **Step 5** まで、今まで述べた方法と同様に学習します。「単語カード」や「助詞カード」を視線で選ぶようにすることがポイントです。正しいカードを視線で選んだ段階で課題は成立しています。子どもの視線をよく見て適切にことばかけを行うことが大切です。

カードを入れたり、文字を書いたりすることは、子どもの手の運動機能の実態に応じて援助しながら行います。全面的に援助してでも、できる限り一緒に行うことが、学習の定着につながります。

第4章

助詞２つを用いた 文の構成

●文節で構成する

　助詞１つの文の構成の学習で、「文節での構成」と「単語と助詞とで構成」ができるようになったら、助詞を１つ増やし、助詞２つを用いた文の構成の学習に入ります。

　助詞２つの文の構成でも、「どうする文」で、「生活文」から学習します。子どもが経験したことがある内容がわかりやすいです。助詞２つの文でも、初めは「文節カード」で文を構成する学習から行います。

　以下、子どもは右利きとして説明します。

Part I 文の構成の学習

1. 「文節カード」による文構成の教材

「文節カード」、つまり ［名詞＋助詞］のカード　［名詞＋助詞］のカード　動詞カード を用いて文の構成を行う学習です。

例：「えんぴつで　じを　かく。」

使用する教材

- 「文節カード」による［助詞2つの文］の文構成板
- 「動作絵カード」：［えんぴつで　じを　かく］
- 「文節カード」（［名詞＋助詞］のカード）：えんぴつで　じを
- 「文節カード」（動詞カード）：かく
- 書字用紙
- クリップボード
- 鉛筆

「文節カード」による［助詞2つの文］の文構成板

「文節カード」を入れるところを切り抜いて底板を貼ったもの。
図のサイズを基本とします。

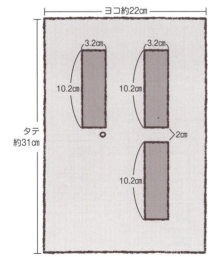

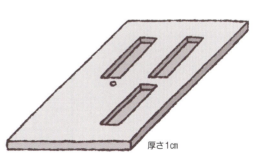

「文節カード」は、取り出しやすいように、入れたときに文構成板から2㎜程度出るようにします。そのために枠の深さは8㎜にします。

「動詞カード」を入れる枠の下に句点の『　。』を書いておきます。
「動詞カード」に『　。』を書いておくと、それを手がかりにして考えてしまう子どもがいます。
したがって、『　。』は、文構成板に書いておくようにします。

- 動作絵カード
・［えんぴつで　じを　かく］の「動作絵カード」
縦 8 ㎝×横 8 ㎝×厚さ 1 ㎝のカードに、［えんぴつで　じを　かく］動作をしている絵を描いたもの。絵は、子どもが見て、それが何であるかがはっきりわかるように、色・形・輪郭の太さなどに配慮して描きます。「絵カード」の背景は白を基本とします。必要なもの以外は描かないようにします。

- ［名詞＋助詞］のカード
縦 10 ㎝×横 3 ㎝×厚さ 1 ㎝のカードに「えんぴつで」「じを」と書いたもの

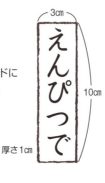 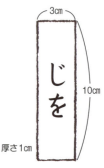

- 動詞カード
縦 10 ㎝×横 3 ㎝×厚さ 1 ㎝のカードに「かく」と書いたもの

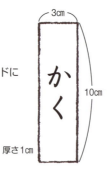

＊「文節カード」の文字は、教科書体の太字がよいです。

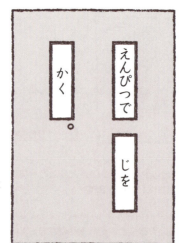

「文節カード」を文構成板に入れたところ

Part I 文の構成の学習

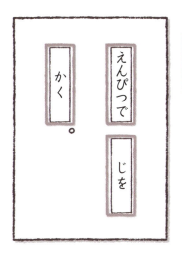

文構成板・「動作絵カード」「文節カード」の材質は、木材が最適ですが、難しい場合は、スチレンボードなどで作成してもよいです。板に3〜5㎜程度の角材を切って貼り、枠を作ってもよいでしょう。

＊「動作絵カード」や「文節カード」の上をブックカバーなどで覆うと、耐久性が増します。
＊「動作絵カード」や「文節カード」を文構成板にマグネットで付くようにすると、立てて学習することもできます。

第4章 助詞2つを用いた文の構成
助詞2つ 文節で構成する

書字用紙

A4の用紙に、「文節カード」による［助詞2つの文］の文構成板と同じように枠が書いてあるもの。

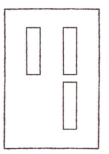

クリップボード

・書字用紙が動かないようにするために、クリップボードを用いるとよいです。クリップボードは、A4サイズで、留め金が上に付いているものにします。
（留め金が横に付いていると、文字を書く手や用紙を押さえる手のじゃまになります。）

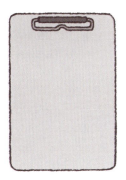

鉛筆

・鉛筆は、子どもの実態に応じて、2B、4B、6Bなど、使い分けるとよいでしょう。

教材は、子どもの実態に合っていることが、もっとも大切です。子どもの実態に応じて工夫するとよいでしょう。

2. 選択肢の呈示の系統性

「文節カード」を呈示します。そして、（「文節カード」による［助詞2つの文］の文構成板）に順序よく「文節カード」を置いて文を構成する学習です。

3文節の文構成の学習でも、初めは選択肢を呈示しないで「1対1」の学習から行います。呈示するカードが1つなので、子どもは迷わず答えることができます。「1対1」の学習を通して、学習の方法を理解します。

「1対1」の学習ができるようになったら、3枚のカードを見比べて、文構成板に、1番目の文節から文を構成します。正しい位置に順序よく文節を入れて文を構成することが大切です。1番目の文節よりも先に2番目、3番目の文節を選び、2番目、3番目の枠に入れても正反応とはしません。1番目の文節を先に選び、1番目の枠に入れるようにします。必ず順序正しく「文節カード」を入れて文を構成します。そのことが最も大切です。

構成する文節を呈示する位置や呈示する順序によって、難易度が異なります。次のようなスモールステップで学習を進めます。

ここでは、［えんぴつで　じを　かく。］の文で説明します。

Step 1 1対1（ えんぴつで ｜ じを ｜ かく を1枚ずつ呈示）
その1 利き手側から呈示、その2 反利き手側から呈示

① えんぴつで を呈示し、構成板の1番目の枠に入れます。
② じを を呈示し、構成板の2番目の枠に入れます。
③ かく を呈示し、構成板の3番目の枠に入れます。
カードを1枚ずつ呈示するので、間違えずに学習できます。
学習の方法を理解するための大切な学習です。

Step 2 左から かく ｜ じを ｜ えんぴつで と呈示（利き手側後出し）

① かく を呈示します。
② じを を かく の右側に呈示します。
③ えんぴつで を じを の右側に呈示します。
えんぴつで のカードを利き手側に呈示するので選びやすいです。
えんぴつで のカードを後から呈示するので、記憶に残りやすく、視線が えんぴつで のカードにあるときに「ここに入るのはどれですか」と言われるので、選びやすいです。

Part I 文の構成の学習

Step 3　右から [かく] [じを] [えんぴつで] と呈示（反利き手側後出し）

① [かく] を呈示します。
② [じを] を [かく] の左側に呈示します。
③ [えんぴつで] を [じを] の左側に呈示します。
　[えんぴつで] のカードを後から呈示するので、記憶に残りやすく、また視線が [えんぴつで] にあるときに「ここに入るのはどれですか」と言われるので、選びやすいです。
　[えんぴつで] のカードを反利き手側に呈示するので、(Step 2) より難しいです。

Step 4　右から [えんぴつで] [じを] [かく] と呈示（利き手側先出し）

① [えんぴつで] を呈示します。
② [じを] を [えんぴつで] の左側に呈示します。
③ [かく] を [じを] の左側に呈示します。
　[えんぴつで] のカードを利き手側に呈示するので取りやすいです。
　「ここに入るのはどれですか」と言われたときには子どもの視線は [かく] にある状態です。
　「これ（ [かく] ）ではない、こっち（ [えんぴつで] ）だ」という思考が働いて、視線を [えんぴつで] に戻さなければならないので、後出しより難しいです。

Step 5　左から [えんぴつで] [じを] [かく] と呈示（反利き手側先出し）

① [えんぴつで] を呈示します。
② [じを] を [えんぴつで] の右側に呈示します。
③ [かく] を [じを] の右側に呈示します。
　「ここに入るのはどれですか」と言われたときには子どもの視線は [かく] にある状態です。
　「これ（ [かく] ）ではない、こっち（ [えんぴつで] ）だ」という思考が働いて、視線を [えんぴつで] に戻さなければならないので、後出しより難しいです。
　[えんぴつで] のカードを反利き手側に呈示するので、(Step 4) より難しいです。

*ここに述べた選択肢の呈示の系統性は、視機能と手の操作性の観点から考えた学習理論に基づく呈示のスモールステップです。学習順序は子どもの実態に応じて組み替えてもよいでしょう。

Step 6　ランダムに呈示

　「文節カード」の呈示の位置（配置）や呈示の順序は、(Step 2) ～ (Step5) で述べたもののほかに何通りもあります。子どもの実態に応じて、工夫して行うとよいでしょう。

第4章　助詞2つを用いた文の構成
助詞2つで構成する文節で構成する

89

3. 方法とことばかけ

Step 1　1対1　その1（ えんぴつで ｜ じを ｜ かく を利き手側から呈示）

(1)「動作絵カード」の呈示

①文構成板を呈示します。

②［えんぴつで　じを　かく］の「動作絵カード」を、文構成板の右側に呈示します。指導者が「これは、『えんぴつで　じを　かく。』」と言いながら、えんぴつで字を書く動作をしてみせます。「これは何をしているところですか」とは聞きません。

③「［えんぴつで　じを　かく］と一緒に言うよ」と言って、一緒に「えんぴつで　じを　かく。」と言います。

「動作絵カード」を呈示するとき、「これは何をしているところですか」と聞かないことがポイント

「動作絵カード」を呈示するとき、子どもに「これは何をしているところですか」とは聞きません。子どもが答えられなかったり、間違った答えを言ってしまったりすることがあるからです。初めのうちは、「これは『えんぴつで　じを　かく。』」と、指導者が言います。そして一緒に言うようにします。学習していくうちに、「動作絵カード」を見て、自分から「えんぴつで　じを　かく。」と言うようになります。

(2) 文を読む

①文構成板に、 えんぴつで ｜ じを ｜ かく のカードを入れます。

②「指さししながら一緒に読みましょう」と言い、子どもの右手の人さし指を援助して、指さししながら一緒に読みます。「えんぴつで　じを　かく。」

③ えんぴつで ｜ じを ｜ かく のカードを撤去します。

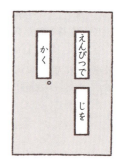

文の読み方のポイント

・指さししながらゆっくり読むようにします。
・文節と文節の間は一呼吸おくようにし、文節の区切りがはっきりわかるようにします。
・指さししているところをしっかり見るようにします。視線が外れたときは読んでいるところをポインティングして「ここ、見て」と言います。見たら「見てるね」と言います。文を覚えてしまい、見ないで発声する子どもが多くみられます。子どもの視線をいつも把握することが大切です。

Part I 文の構成の学習

(3) えんぴつで の呈示

① えんぴつで　じを　かく　を入れる枠を上から順に指さししながら、「ここに、[えんぴつで　じを　かく。]をつくるよ」と言います。

② 文構成板の右の空間の右側に、えんぴつで のカードを呈示します。

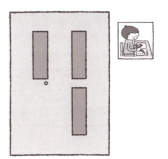

③ 「指さししながら一緒に読みましょう」と言い、子どもの右手の人さし指を援助して、指さししながら一緒に読みます。「えんぴつで」。

④ えんぴつで のカードを入れる枠を指さししながら、「ここに入るのはどれですか」と言います。

⑤ えんぴつで のカードを見た瞬間、えんぴつで のカードをポインティングしながら「そうだね、これだね」と言います。見ないときは、待たずに えんぴつで のカードをポインティングして「ここ、見て」と言い、視線を誘導します。えんぴつで を見た瞬間、えんぴつで のカードをポインティングしながら「そうだね、これだね」と言います。

⑥ えんぴつで のカードをポインティングして「これを」、1番目の枠をポインティングして「ここに入れるよ」と言います。

⑦ 1番目の枠に えんぴつで のカードを一緒に入れます。

(4) じを の呈示

① 文構成板の右の空間の中央に、じを のカードを呈示します。

② 「指さししながら一緒に読みましょう」と言い、子どもの右手の人さし指を援助して、指さししながら一緒に読みます。「じを」。

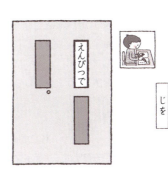

第4章 助詞2つを用いた文の構成

助詞2つ 文節で構成する

91

③ じを のカードを入れる枠を指さししながら、「ここに入るのはどれですか」と言います。

④ じを のカードを見た瞬間、 じを のカードをポインティングしながら「そうだね、これだね」と言います。見ないときは、待たずに じを のカードをポインティングして「ここ、見て」と言い、視線を誘導します。 じを を見た瞬間、 じを のカードをポインティングしながら、「そうだね、これだね」と言います。

⑤ じを のカードをポインティングして「これを」、2番目の枠をポインティングして「ここに入れるよ」と言います。

⑥2番目の枠に じを のカードを一緒に入れます。

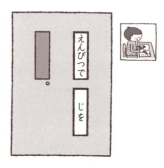

(5) かく の呈示

①文構成板の右の空間の左側に、 かく のカードを呈示します。

②「指さししながら一緒に読みましょう」と言い、子どもの右手の人さし指を援助して、指さししながら一緒に読みます。「かく」。

③ かく のカードを入れる枠を指さししながら、「ここに入るのはどれですか」と言います。

④ かく のカードを見た瞬間、 かく のカードをポインティングしながら、「そうだね、これだね」と言います。見ないときは、待たずに かく のカードをポインティングして「ここ、見て」と言い、視線を誘導します。 かく を見た瞬間、 かく のカードをポインティングしながら、「そうだね、これだね」と言います。

⑤ かく のカードをポインティングして「これを」、3番目の枠をポインティングして「ここに入れるよ」と言います。

Part I 文の構成の学習

⑥3番目の枠に かく のカードを一緒に入れます。

⑦「よくできたね」と心からほめます。

カードは正しい位置に

カードは、入れる場所を間違えないようにします。間違った場所に入れてから訂正していては、定着しません。初めから正しい枠に入れるよう、よく見せながら援助して入れるようにします。

心からよくほめることが大切

課題が終了したときだけでなく、途中でも何度でもよくほめることが大切です。そのことが、集中力を増し、学習意欲を高めることにつながります。また、指導者と子どものコミュニケーションを図り、信頼関係を増すことになります。「がんばってるね」「よく見てるね」「上手だね」などとたくさんことばかけするとよいでしょう。

(6)「おなじ」

①子どもの右手を持って、一緒に [えんぴつで じを かく] の「動作絵カード」を指さししながら、「これは『えんぴつで じを かく。』」、 えんぴつで じを かく のカードを上から順に1文字ずつ指さししながら、「これも、『えんぴつで じを かく。』」と言います。

②子どもの右手を持って、一緒に「動作絵カード」と構成した文を指さししながら、「これと、これは、お・な・じ」と言います。「おなじ」と言うときは、両手を援助して、机を3回トントントンとたたきながら、一緒に「お・な・じ」と言うようにします。

(7) 書く

①「[えんぴつで じを かく。] を書きましょう」と言って、書字用紙を呈示します。書字用紙は動かないようにクリップボードなどに挟んで置きます。

②手本のカード えんぴつで を左側に呈示して、「[えんぴつで] を書くよ」と言います。

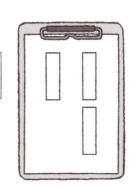

③一緒に［えんぴつで］を書きます。
　一人で枠の中にバランスよく書ける場合は、一人で書いてもよいでしょう。

バランスよく整った字を一人で書くのが難しい場合は

　バランスよく整った字を一人で書くのが難しい場合は、子どもの手を援助して書くようにします。運筆に合わせて「ここから、よこに、まっすぐ、ストップ」など、適切なことばかけをします。子どもの手を援助して書くとき、書いている字が隠れないように、子どもが右利きの場合は、指導者の左手で援助するようにします。援助して枠の中に整った字を書くことが大切です。
　枠の中にバランスよく書けない場合は、枠の代わりに文字数に合わせたマス目を用意してもよいでしょう。

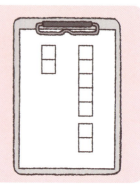

書きやすい位置に用紙を動かす

　子どものひじが軽く伸びている位置が、最も文字が書きやすいです。用紙を動かさずに書いていると、文字を書く位置が子どもに近づいてきて書きにくくなります。用紙を動かして、いつも書きやすい位置で書くようにするのがポイントです。

④手本のカード えんぴつで を、撤去します。

⑤手本のカード じを を左側に呈示して、「［じを］を書くよ」と言います。

⑥一緒に［じを］を書きます。
　一人で枠の中にバランスよく書ける場合は、一人で書いてもよいでしょう。

⑦手本のカード じを を、撤去します。

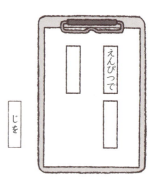

⑧手本のカード かく を左側に呈示して、「［かく］を書くよ」と言います。

⑨一緒に［かく］を書きます。
　一人で枠の中にバランスよく書ける場合は、一人で書いてもよいでしょう。

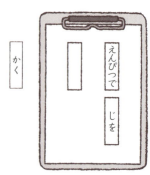

Part I 文の構成の学習

⑩「最後に［まる］を書くよ」と言って、一緒に句点を書きます。

⑪手本のカード かく を、撤去します。

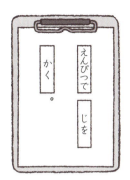

文を書く意味について

文構成をしたあとは、必ず構成した文を書きます。
ここでの書字は、書字能力の向上を図ることが目的ではありません。文の構成が定着するために書くようにしています。

(8) 書いた文を読む

①書いた文を呈示します。

②書いた文を指導者が指さししながら、「［えんぴつで　じを　かく。］と一緒に読むよ」と言います。

③［えんぴつで　じを　かく。］を、子どもの手を援助して一緒に上から順に指さししながら「えんぴつで　じを　かく。」と一緒に読みます。文節と文節の間は一呼吸おくようにし、文節の区切りがはっきりわかるようにします。

④「上手に読めたね」などと、心からよくほめます。

Step 1　1対1 その2 （ えんぴつで　じを　かく を反利き手側から呈示）

(1)「動作絵カード」の呈示

Step 1　1対1 その1　(1)「動作絵カード」の呈示　と同様です。
………………………………………………………………………… p.90

(2) 文を読む

Step 1　1対1 その1　(2) 文を読む　と同様です。
………………………………………………………………………… p.90

第4章　助詞2つを用いた文の構成　助詞2つ文節で構成する

(3) えんぴつで の呈示

① えんぴつで　じを　かく　を入れる枠を上から順に指さししながら、「ここに、[えんぴつで　じを　かく。]をつくるよ」と言います。

② 文構成板の右の空間の左側に、えんぴつで のカードを呈示します。

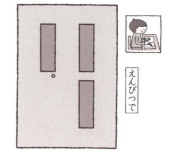

③ 「指さししながら一緒に読みましょう」と言い、子どもの右手の人さし指を援助して、指さししながら一緒に読みます。「えんぴつで」。

④ えんぴつで のカードを入れる枠を指さししながら、「ここに入るのはどれですか」と言います。

⑤ えんぴつで のカードを見た瞬間、えんぴつで のカードをポインティングしながら「そうだね、これだね」と言います。見ないときは、待たずに えんぴつで のカードをポインティングして「ここ、見て」と言い、視線を誘導します。えんぴつで を見た瞬間、えんぴつで のカードをポインティングしながら、「そうだね、これだね」と言います。

⑥ 1番目の枠をポインティングして「ここに入れるよ」と言います。

⑦ 1番目の枠に えんぴつで のカードを一緒に入れます。

(4) じを の呈示

① 文構成板の右の空間の中央に、じを のカードを呈示します。

② 「指さししながら一緒に読みましょう」と言い、子どもの右手の人さし指を援助して、指さししながら一緒に読みます。「じを」。

③ じを のカードを入れる枠を指さししながら、「ここに入るのはどれですか」と言います。

96

④ じを のカードを見た瞬間、 じを のカードをポインティングしながら「そうだね、これだね」と言います。見ないときは、待たずに じを のカードをポインティングして「ここ、見て」と言い、視線を誘導します。 じを を見た瞬間、 じを のカードをポインティングしながら、「そうだね、これだね」と言います。

⑤2番目の枠をポインティングして「ここに入れるよ」と言います。

⑥2番目の枠に じを のカードを一緒に入れます。

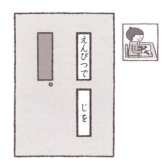

(5) かく の呈示

①文構成板の右の空間の右側に、 かく のカードを呈示します。

②「指さししながら一緒に読みましょう」と言い、子どもの右手の人さし指を援助して、指さししながら一緒に読みます。「かく」。

③ かく のカードを入れる枠を指さししながら、「ここに入るのはどれですか」と言います。

④ かく のカードを見た瞬間、 かく のカードをポインティングしながら「そうだね、これだね」と言います。見ないときは、待たずに かく のカードをポインティングして「ここ、見て」と言い、視線を誘導します。 かく を見た瞬間、 かく のカードをポインティングしながら、「そうだね、これだね」と言います。

⑤3番目の枠をポインティングして「ここに入れるよ」と言います。

⑥3番目の枠に かく のカードを一緒に入れます。

⑦「よくできたね」と心からほめます。

(6)「おなじ」

> Step 1 　1対1 その1 　(6)「おなじ」 と同様です。 …… p.93

(7) 書く

> Step 1 　1対1 その1 　(7) 書く 　と同様です。 …… p.93

(8) 書いた文を読む

> Step 1 　1対1 その1 　(8) 書いた文を読む 　と同様です。 …… p.95

Step 2 　左から かく　 じを　 えんぴつで と呈示（利き手側後出し）

(1)「動作絵カード」の呈示

> Step 1 　1対1 その1 　(1)「動作絵カード」の呈示 　と同様です。 …… p.90

(2) 文を読む

> Step 1 　1対1 その1 　(2) 文を読む 　と同様です。 …… p.90

(3) かく の呈示

① えんぴつで　じを　かく を入れる枠を上から順に指さししながら、「ここに、［えんぴつで　じを　かく。］をつくるよ」と言います。

②文構成板の右の空間の左側に、 かく のカードを呈示します。

③「指さししながら一緒に読みましょう」と言い、子どもの右手の人さし指を援助して、指さししながら一緒に読みます。「かく」。

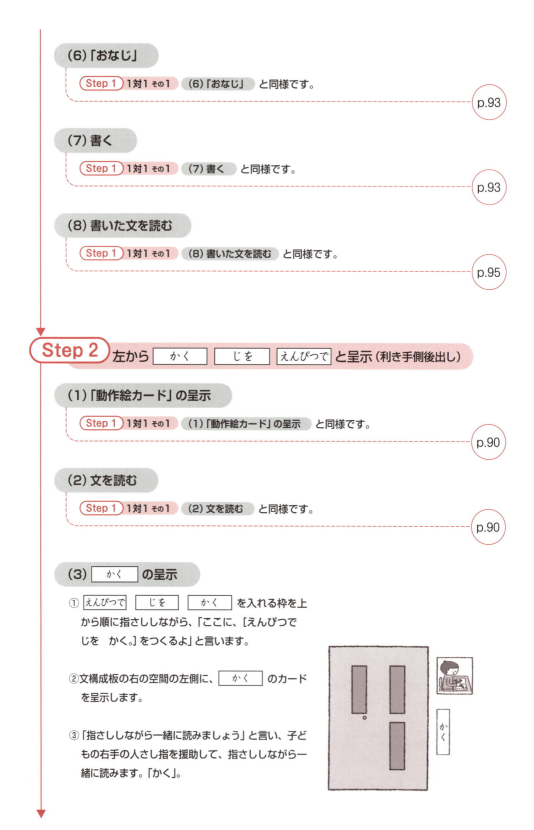

Part I 文の構成の学習

(4) じを の呈示

① かく のカードの右側、中央に、 じを のカードを呈示します。

② 「指さししながら一緒に読みましょう」と言い、子どもの右手の人さし指を援助して、指さししながら一緒に読みます。「じを」。

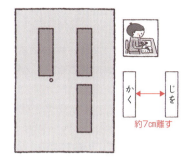

(5) えんぴつで の呈示

① じを のカードの右側に、 えんぴつで のカードを呈示します。

② 「指さししながら一緒に読みましょう」と言い、子どもの右手の人さし指を援助して、指さししながら一緒に読みます。「えんぴつで」。

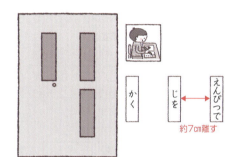

(6) えんぴつで を入れる

① えんぴつで のカードを入れる枠を指さししながら、「ここに入るのはどれですか」と言います。

② えんぴつで のカードを見た瞬間、 えんぴつで のカードをポインティングしながら、「そうだね、これだね」と言います。見ないときは、待たずに えんぴつで のカードをポインティングして「ここ、見て」と言い、視線を誘導します。 えんぴつで を見た瞬間、 えんぴつで のカードをポインティングしながら、「そうだね、これだね」と言います。

③ えんぴつで のカードをポインティングして「これを」、1番目の枠をポインティングして「ここに入れるよ」と言います。

④ 1番目の枠に えんぴつで のカードを一緒に入れます。

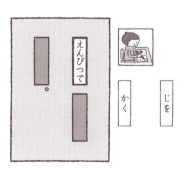

第4章 助詞2つを用いた文の構成

助詞2つ 文節で構成する

99

(7) じを を入れる

① じを のカードを入れる枠を指さししながら、「ここに入るのはどれですか」と言います。

② じを のカードを見た瞬間、 じを のカードをポインティングしながら、「そうだね、これだね」と言います。見ないときは、待たずに じを のカードをポインティングして「ここ、見て」と言い、視線を誘導します。 じを を見た瞬間、 じを のカードをポインティングしながら、「そうだね、これだね」と言います。

③ じを のカードをポインティングして「これを」、2番目の枠をポインティングして「ここに入れるよ」と言います。

④ 2番目の枠に じを のカードを一緒に入れます。

(8) かく を入れる

① かく のカードを入れる枠を指さししながら、「ここに入るのはどれですか」と言います。

② かく のカードを見た瞬間、 かく のカードをポインティングしながら、「そうだね、これだね」と言います。見ないときは、待たずに かく のカードをポインティングして「ここ、見て」と言い、視線を誘導します。 かく を見た瞬間、 かく のカードをポインティングしながら、「そうだね、これだね」と言います。

③ かく のカードをポインティングして「これを」、3番目の枠をポインティングして「ここに入れるよ」と言います。

④ 3番目の枠に かく のカードを一緒に入れます。

Part I 文の構成の学習

⑦「よくできたね」と心からほめます。

(9)「おなじ」

> Step 1 1対1 その1 (6)「おなじ」 と同様です。

p.93

(10) 書く

> Step 1 1対1 その1 (7) 書く と同様です。

p.93

(11) 書いた文を読む

> Step 1 1対1 その1 (8) 書いた文を読む と同様です。

p.95

Step 3 右から かく じを えんぴつで と呈示（反利き手側後出し）

(1)「動作絵カード」の呈示

> Step 1 1対1 その1 (1)「動作絵カード」の呈示 と同様です。

p.90

(2) 文を読む

> Step 1 1対1 その1 (2) 文を読む と同様です。

p.90

(3) かく の呈示

① えんぴつで じを かく を入れる枠を上から順に指さししながら、「ここに、[えんぴつで じを かく。]をつくるよ」と言います。

②文構成板の右の空間の右側に、 かく のカードを呈示します。

③「指さししながら一緒に読みましょう」と言い、子どもの右手の人さし指を援助して、指さししながら一緒に読みます。「かく」。

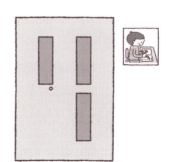

第4章 助詞2つを用いた文の構成
助詞2つ 文節で構成する

(4) じを の呈示

① かく のカードの左側、中央に、じを のカードを呈示します。

② 「指さししながら一緒に読みましょう」と言い、子どもの右手の人さし指を援助して、指さししながら一緒に読みます。「じを」。

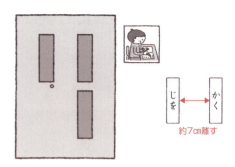

(5) えんぴつで の呈示

① じを のカードの左側に、えんぴつで のカードを呈示します。

② 「指さししながら一緒に読みましょう」と言い、子どもの右手の人さし指を援助して、指さししながら一緒に読みます。「えんぴつで」。

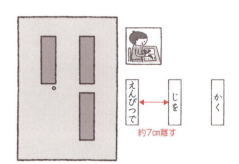

(6) えんぴつで を入れる

> Step 2 (6) えんぴつで を入れる と同様です。 p.99

(7) じを を入れる

> Step 2 (7) じを を入れる と同様です。 p.100

(8) かく を入れる

> Step 2 (8) かく を入れる と同様です。 p.100

(9) 「おなじ」

> Step 1 1対1 その1 (6)「おなじ」 と同様です。 p.93

(10) 書く

> Step 1 1対1 その1 (7) 書く と同様です。 p.93

Part I 文の構成の学習

(11) 書いた文を読む

> Step 1　1対1 その1　(8) 書いた文を読む　と同様です。
>
> p.95

Step 4　右から えんぴつで　じを　かく　と呈示（利き手側先出し）

(1)「動作絵カード」の呈示

> Step 1　1対1 その1　(1)「動作絵カード」の呈示　と同様です。
>
> p.90

(2) 文を読む

> Step 1　1対1 その1　(2) 文を読む　と同様です。
>
> p.90

(3) えんぴつで **の呈示**

① えんぴつで　じを　かく　を入れる枠を上から順に指さししながら、「ここに、[えんぴつで　じを　かく。]をつくるよ」と言います。

② 文構成板の右の空間の右側に、えんぴつで のカードを呈示します。

③「指さししながら一緒に読みましょう」と言い、子どもの右手の人さし指を援助して、指さししながら一緒に読みます。「えんぴつで」。

(4) じを **の呈示**

① えんぴつで のカードの左側、中央に、 じを のカードを呈示します。

②「指さししながら一緒に読みましょう」と言い、子どもの右手の人さし指を援助して、指さししながら一緒に読みます。「じを」。

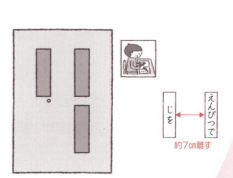

約7cm離す

第4章　助詞2つを用いた文の構成

助詞2つ文節で構成する

(5) かく の呈示

① じを のカードの左側に、 かく のカードを呈示します。

②「指さししながら一緒に読みましょう」と言い、子どもの右手の人さし指を援助して、指さししながら一緒に読みます。「かく」。

(6) えんぴつで を入れる

Step 2 (6) えんぴつで を入れる と同様です。 …… p.99

(7) じを を入れる

Step 2 (7) じを を入れる と同様です。 …… p.100

(8) かく を入れる

Step 2 (8) かく を入れる と同様です。 …… p.100

(9)「おなじ」

Step 1 1対1 その1 (6)「おなじ」 と同様です。 …… p.93

(10) 書く

Step 1 1対1 その1 (7) 書く と同様です。 …… p.93

(11) 書いた文を読む

Step 1 1対1 その1 (8) 書いた文を読む と同様です。 …… p.95

Part Ⅰ 文の構成の学習

Step 5 左から えんぴつで じを かく と呈示（反利き手側先出し）

(1)「動作絵カード」の呈示

> Step 1 1対1 その1 (1)「動作絵カード」の呈示 と同様です。
> p.90

(2) 文を読む

> Step 1 1対1 その1 (2) 文を読む と同様です。
> p.90

(3) えんぴつで の呈示

① えんぴつで じを かく を入れる枠を上から順に指さししながら、「ここに、[えんぴつで じを かく。]をつくるよ」と言います。

② 文構成板の右の空間の左側に、えんぴつで のカードを呈示します。

③「指さししながら一緒に読みましょう」と言い、子どもの右手の人さし指を援助して、指さししながら一緒に読みます。「えんぴつで」。

(4) じを の呈示

① えんぴつで のカードの右側、中央に、じを のカードを呈示します。

②「指さししながら一緒に読みましょう」と言い、子どもの右手の人さし指を援助して、指さししながら一緒に読みます。「じを」。

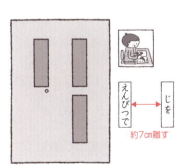

約7cm離す

第4章 助詞2つを用いた文の構成
助詞2つ 文節で構成する

(5) かく の呈示

① じを のカードの右側に、 かく のカードを呈示します。

② 「指さししながら一緒に読みましょう」と言い、子どもの右手の人さし指を援助して、指さししながら一緒に読みます。「かく」。

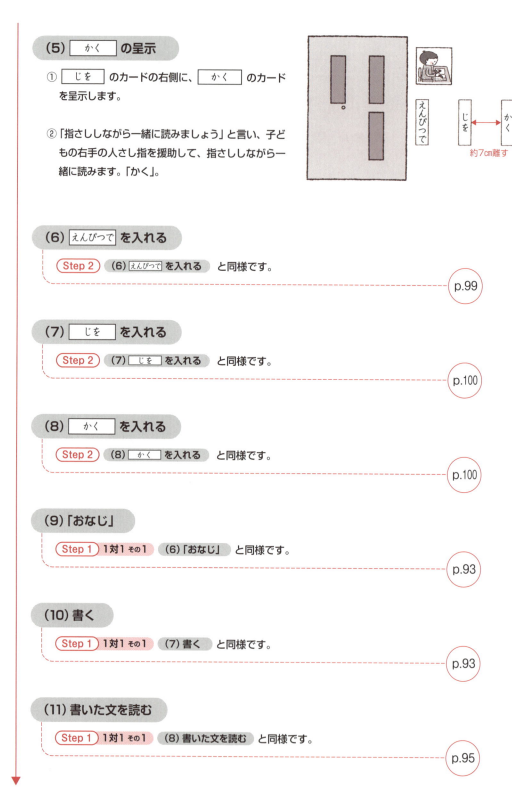

(6) えんぴつで を入れる

Step 2 (6) えんぴつで を入れる と同様です。 ······ p.99

(7) じを を入れる

Step 2 (7) じを を入れる と同様です。 ······ p.100

(8) かく を入れる

Step 2 (8) かく を入れる と同様です。 ······ p.100

(9) 「おなじ」

Step 1 1対1 その1 (6) 「おなじ」 と同様です。 ······ p.93

(10) 書く

Step 1 1対1 その1 (7) 書く と同様です。 ······ p.93

(11) 書いた文を読む

Step 1 1対1 その1 (8) 書いた文を読む と同様です。 ······ p.95

Part I 文の構成の学習

Step 6 ランダムに呈示

3枚の「文節カード」をランダムな位置(配置)・順序に呈示します。

> ことばかけ等は、Step 1 ～ Step 5 に準じます。
> p.90

カードを呈示する位置(配置)や順序は、何通りもあります。子どもの実態に応じて工夫して行うとよいでしょう。

カードをよく見ないで取ってしまう場合には

カードを呈示するやいなや、よく見ないで手を伸ばしてくる子どもがいます。そのような場合には、カードを文構成板の上方の子どもの手が届かないところに呈示するようにします。

そして、カードをよく見て、見比べて選ぶようにします。カードを入れる枠を指さしながら「ここに入るのはどれですか」と言います。正選択肢のカードを見た瞬間、そのカードをポインティングしながら、「そうだね、これだね」と言います。そして、カードを子どもの右手に近づけます。よく見せること、間違ったカードに手を触れさせないことがとても大切です。

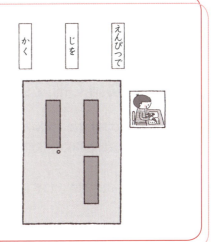

運動機能障害がある場合

運動機能障害がある場合でも、Step 1 から Step 5 まで、今まで述べた方法と同様に学習します。「文節カード」を視線で選ぶようにすることがポイントです。正しいカードを視線で選んだ段階で課題は成立しています。子どもの視線をよく見て適切にことばかけを行うことが大切です。

カードを入れたり、文字を書いたりすることは、子どもの手の運動機能の実態に応じて援助しながら行います。全面的に援助してでも、できる限り一緒に行うことが、学習の定着につながります。

第**5**章

助詞２つを用いた
文の構成

●単語と助詞で構成する

　助詞２つの文の構成が「文節カード」でできるようになったら、続け
て「単語カード」と「助詞カード」で文の構成を行います。

　以下、子どもは右利きとして説明します。

Part I 文の構成の学習

1. 「単語カード」と「助詞カード」による文構成の学習の教材

第4章の[「文節カード」による文構成]で学習した文を使って、「単語カード」3つと「助詞カード」2つで文構成の学習を行います。

例：「えんぴつ　で　じ　を　かく。」

使用する教材

- 「単語カード」と「助詞カード」による[助詞2つの文]の文構成板
- 「動作絵カード」：[えんぴつで　じを　かく]
- 「名詞カード」：えんぴつ　　じ
- 「助詞カード」：で　を
- 「動詞カード」：かく
- 書字用紙　・クリップボード　・鉛筆

「単語カード」と「助詞カード」による[助詞2つの文]の文構成板

「単語カード」と「助詞カード」を入れるところを切り抜いて、底板を貼ったもの。図のサイズを基本とします。

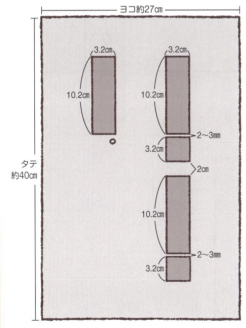

「単語カード」「助詞カード」は、取り出しやすいように、入れたときに文構成板から2mm程度出るようにします。そのために枠の深さは8mmにします。

「動詞カード」を入れる枠の下に句点の『。』を書いておきます。
「動詞カード」に『。』を書いておくと、それを手がかりにして考えてしまう子どもがいます。
したがって、『。』は、文構成板に書いておくようにします。

- 動作絵カード

・[えんぴつで　じを　かく]の「動作絵カード」
縦8cm×横8cm×厚さ1cmのカードに、[えんぴつで　じを　かく]動作をしている絵を描いたもの。絵は、子どもが見て、それが何であるかがはっきりわかるように、色・形・輪郭の太さなどに配慮して描きます。「絵カード」の背景は白を基本とします。必要なもの以外は描かないようにします。

- 名詞カード

縦10cm×横3cm×厚さ1cmのカードに「えんぴつ」「じ」と書いたもの

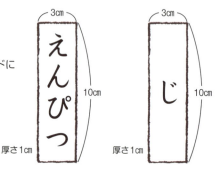

- 助詞カード

縦3cm×横3cm×厚さ1cmのカードに「で」「を」と書いたもの

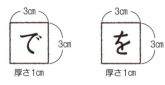

- 動詞カード

縦10cm×横3cm×厚さ1cmのカードに「かく」と書いたもの

＊「単語カード」「助詞カード」は、教科書体の太字がよいです。

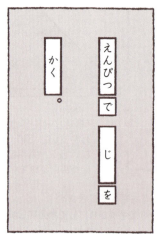

「単語カード」「助詞カード」を文構成板に入れたところ

Part Ⅰ 文の構成の学習

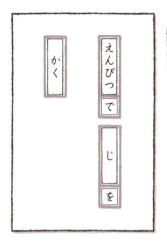

文構成板・「動作絵カード」「単語カード」「助詞カード」の材質は、木材が最適ですが、難しい場合は、スチレンボードなどで作成してもよいです。文構成板は、板に3～5㎜程度の角材を切って貼り、枠を作ってもよいでしょう。

＊「動作絵カード」や「単語カード」「助詞カード」の上をブックカバーなどで覆うと、耐久性が増します。
＊「動作絵カード」や「単語カード」「助詞カード」を文構成板にマグネットで付くようにすると、立てて学習することもできます。

第5章　助詞2つを用いた文の構成　助詞2つ 単語と助詞で構成する

(書字用紙)

A4の用紙に、(「単語カード」と「助詞カード」による[助詞2つの文]の文構成板)と同じように枠が書いてあるもの。
単語と助詞の間は線で区切るようにします。

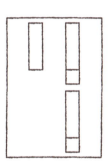

(クリップボード)

・書字用紙が動かないようにするために、クリップボードを用いるとよいです。クリップボードは、A4サイズで、留め金が上に付いているものにします。
（留め金が横に付いていると、文字を書く手や用紙を押さえる手のじゃまになります。）

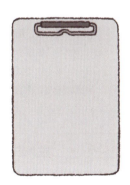

(鉛筆)

・鉛筆は、子どもの実態に応じて、2B、4B、6Bなど、使い分けるとよいでしょう。

教材は、子どもの実態に合っていることが、もっとも大切です。子どもの実態に応じて工夫するとよいでしょう。

111

2. 選択肢の呈示の系統性

「名詞カード」「助詞カード」「動詞カード」を呈示します。そして、（「単語カード」と「助詞カード」による［助詞２つの文］の文構成板）に順序よくカードを置いて文を構成する学習です。

３文節の文構成の学習と同様に、初めは選択肢を呈示しないで「１対１」の学習から行います。呈示するカードが１つなので、子どもは迷わず答えることができます。「１対１」の学習を通して、学習の方法を理解します。

「１対１」の学習ができるようになったら、５枚のカードを見比べて、文構成板に１番目の単語から文を構成する方法で学習します。文構成では、正しい位置に順序よく単語や助詞を入れて、文を構成することが大切です。１番目のカードよりも先に他のカードを選び、その単語や助詞の枠に入れても正反応とはしません。１番目のカードを先に選び、１番目の枠に入れるようにします。必ず順序正しく「単語カード」、「助詞カード」を入れて文を構成します。そのことが最も大切です。

構成する「単語カード」、「助詞カード」を呈示する位置や呈示する順序によって、難易度が異なります。次のようなスモールステップで学習を進めます。

ここでは、［えんぴつ　で　じ　を　かく。］の文で説明します。

Step 1 1対1 (えんぴつ で じ を かく を1枚ずつ呈示)
その1 利き手側から呈示、その2 反利き手側から呈示

① えんぴつ を呈示し、構成板の１番目の枠に入れます。
② で を呈示し、構成板の２番目の枠に入れます。
③ じ を呈示し、構成板の３番目の枠に入れます。
④ を を呈示し、構成板の４番目の枠に入れます。
⑤ かく を呈示し、構成板の５番目の枠に入れます。
　カードを１枚ずつ呈示するので、間違えずに学習できます。
　学習の方法を理解するための大切な学習です。

Step 2 左から かく を じ で えんぴつ と呈示（利き手側後出し）

① かく を呈示します。
② を を かく の右側に呈示します。
③ じ を を の右側に呈示します。
④ で を じ の右側に呈示します。
⑤ えんぴつ を で の右側に呈示します。
　 えんぴつ のカードを利き手側に呈示するので選びやすいです。
　 えんぴつ のカードを後から呈示するので、記憶に残りやすく、視線が えんぴつ のカードにあるときに「ここに入るのはどれですか」と言われるので、選びやすいです。

Part Ⅰ 文の構成の学習

Step 3 右から かく を じ で えんぴつ と呈示（反利き手側後出し）

① かく を呈示します。
② を を かく の左側に呈示します。
③ じ を かく の左側に呈示します。
④ で を じ の左側に呈示します。
⑤ えんぴつ を で の左側に呈示します。
えんぴつ のカードを後から呈示するので、記憶に残りやすく、視線が えんぴつ のカードにあるときに「ここに入るのはどれですか」と言われるので、選びやすいです。
えんぴつ のカードを反利き手側に呈示するので、 Step 2 より難しいです。

Step 4 右から えんぴつ で じ を かく と呈示（利き手側先出し）

① えんぴつ を呈示します。
② で を えんぴつ の左側に呈示します。
③ じ を で の左側に呈示します。
④ を を じ の左側に呈示します。
⑤ かく を を の左側に呈示します。
えんぴつ のカードを利き手側に呈示するので取りやすいです。
「ここに入るのはどれですか」と言われたときには子どもの視線は かく にある状態です。「これ（ かく ）ではない、こっち（ えんぴつ ）だ」という思考が働いて、視線を えんぴつ に戻さなければならないので、後出しより難しいです。

Step 5 左から えんぴつ で じ を かく と呈示（反利き手側先出し）

① えんぴつ を呈示します。
② で を えんぴつ の右側に呈示します。
③ じ を で の右側に呈示します。
④ を を じ の右側に呈示します。
⑤ かく を を の右側に呈示します。
「ここに入るのはどれですか」と言われたときには子どもの視線は かく にある状態です。「これ（ かく ）ではない、こっち（ えんぴつ ）だ」という思考が働いて、視線を えんぴつ に戻さなければならないので、後出しより難しいです。
えんぴつ のカードを反利き手側に呈示するので、 Step 4 より難しいです。

＊ここに述べた選択肢の呈示の系統性は、視機能と手の操作性の観点から考えた学習理論に基づく呈示のスモールステップです。学習順序は子どもの実態に応じて組み替えてもよいでしょう。

第5章 助詞2つを用いた文の構成

助詞2つ 単語と助詞で構成する

113

Step 6 ランダムに呈示

「単語カード」「助詞カード」の呈示の位置（配置）や呈示の順序は、Step 2 〜 Step 5 で述べたもののほかに何通りもあります。子どもの実態に応じて、工夫して行うとよいでしょう。

3. 方法とことばかけ

Step 1 1対1 その1（ えんぴつ で じ を かく を利き手側から呈示）

(1)「動作絵カード」の呈示

①文構成板を呈示します。

②［えんぴつで　じを　かく］の「動作絵カード」を、文構成板の右側に呈示します。指導者が「これは、『えんぴつで　じを　かく。』」と言いながら、えんぴつで字を書く動作をしてみせます。「これは何をしているところですか」とは聞きません。

③「［えんぴつで　じを　かく］と一緒に言うよ」と言って、一緒に「えんぴつで　じを　かく。」と言います。

(2) 文を読む

① 文構成板に、 えんぴつ で じ を かく のカードを入れます。

②「指さししながら一緒に読みましょう」と言い、子どもの右手の人さし指を援助して、指さししながら一緒に読みます。「えんぴつ　で　じ　を　かく。」

③ えんぴつ で じ を かく のカードを撤去します。

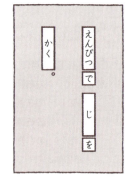

文の読み方のポイント

・指さししながらゆっくり読むようにします。
・名詞、助詞、動詞の間は一呼吸おくようにします。助詞「で」「を」は、少し大きめの声で発声して、はっきり意識できるようにします。
・指さししているところをしっかり見るようにします。視線が外れたときは読んでいるところをポインティングして「ここ、見て」と言います。見たら「見てるね」と言います。文を覚えてしまい、見ないで発声する子どもが多くみられます。子どもの視線をいつも把握することが大切です。

Part I 文の構成の学習

(3) えんぴつ の呈示

① えんぴつ で じ を かく を入れる枠を上から順に指さししながら、「ここに、[えんぴつ で じ を かく。]をつくるよ」と言います。

② 文構成板の右の空間の右側に、えんぴつ のカードを呈示します。

③ 「指さししながら一緒に読みましょう」と言い、子どもの右手の人さし指を援助して、指さししながら一緒に読みます。「えんぴつ」。

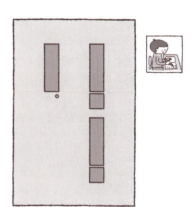

④ えんぴつ のカードを入れる枠を指さししながら、「ここに入るのはどれですか」と言います。

⑤ えんぴつ のカードを見た瞬間、えんぴつ のカードをポインティングしながら「そうだね、これだね」と言います。見ないときは、待たずに えんぴつ のカードをポインティングして「ここ、見て」と言い、視線を誘導します。えんぴつ を見た瞬間、えんぴつ のカードをポインティングしながら、「そうだね、これだね」と言います。

⑥ えんぴつ のカードをポインティングして「これを」、1番目の枠をポインティングして「ここに入れるよ」と言います。

⑦ 1番目の枠に えんぴつ のカードを一緒に入れます。

(4) で の呈示

① 文構成板の右の空間の えんぴつ を出した位置の左側に、で のカードを呈示します。

② 「指さししながら一緒に読みましょう」と言い、子どもの右手の人さし指を援助して、指さししながら一緒に読みます。「で」。

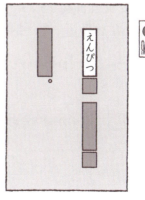

第5章 助詞2つを用いた文の構成
助詞2つ 単語と助詞で構成する

③ で のカードを入れるマス目を指さししながら、「ここに入るのはどれですか」と言います。

④ で のカードを見た瞬間、で のカードをポインティングしながら、「そうだね、これだね」と言います。見ないときは、待たずに で のカードをポインティングして「ここ、見て」と言い、視線を誘導します。 で を見た瞬間、で のカードをポインティングしながら、「そうだね、これだね」と言います。

⑤ で のカードをポインティングして「これを」、2番目の枠をポインティングして「ここに入れるよ」と言います。

⑥ 2番目の枠に で のカードを一緒に入れます。

(5) じ の呈示

① 文構成板の右の空間の で を出した位置の左側に、 じ のカードを呈示します。

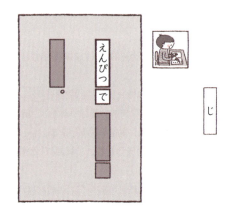

② 「指さししながら一緒に読みましょう」と言い、子どもの右手の人さし指を援助して、指さししながら一緒に読みます。「じ」。

③ じ のカードを入れる枠を指さししながら、「ここに入るのはどれですか」と言います。

④ じ のカードを見た瞬間、じ のカードをポインティングしながら「そうだね、これだね」と言います。見ないときは、待たずに じ のカードをポインティングして「ここ、見て」と言い、視線を誘導します。 じ を見た瞬間、じ のカードをポインティングしながら、「そうだね、これだね」と言います。

⑤ じ のカードをポインティングして「これを」、3番目の枠をポインティングして「ここに入れるよ」と言います。

⑥ 3番目の枠に じ のカードを一緒に入れます。

Part I 文の構成の学習

(6) を の呈示

① 文構成板の右の空間の じ を出した位置の左側に、 を のカードを呈示します。

② 「指さししながら一緒に読みましょう」と言い、子どもの右手の人さし指を援助して、指さししながら一緒に読みます。「を」。

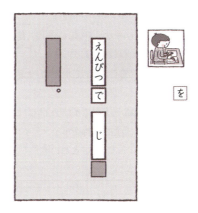

③ を のカードを入れるマス目を指さししながら、「ここに入るのはどれですか」と言います。

④ を のカードを見た瞬間、 を のカードをポインティングしながら、「そうだね、これだね」と言います。見ないときは、待たずに を のカードをポインティングして「ここ、見て」と言い、視線を誘導します。 を を見た瞬間、 を のカードをポインティングしながら、「そうだね、これだね」と言います。

⑤ を のカードをポインティングして「これを」、4番目の枠をポインティングして「ここに入れるよ」と言います。

⑥ 4番目の枠に を のカードを一緒に入れます。

(7) かく の呈示

① 文構成板の右の空間の を を出した位置の左側に、 かく のカードを呈示します。

② 「指さししながら一緒に読みましょう」と言い、子どもの右手の人さし指を援助して、指さししながら一緒に読みます。「かく」。

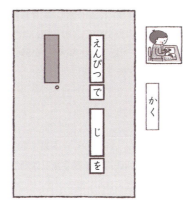

③ かく のカードを入れる枠を指さししながら、「ここに入るのはどれですか」と言います。

第5章 文の構成 助詞2つを用いた文の構成 助詞2つ単語と助詞で構成する

117

④ かく のカードを見た瞬間、 かく のカードをポインティングしながら「そうだね、これだね」と言います。見ないときは、待たずに かく のカードをポインティングして「ここ、見て」と言い、視線を誘導します。 かく を見た瞬間、 かく のカードをポインティングしながら、「そうだね、これだね」と言います。

⑤ かく のカードをポインティングして「これを」、5番目の枠をポインティングして「ここに入れるよ」と言います。

⑥5番目の枠に かく のカードを一緒に入れます。

⑦「よくできたね」と心からほめます。

(8)「おなじ」

①子どもの右手を持って、一緒に [えんぴつで じを かく] の「動作絵カード」を指さししながら、「これは『えんぴつ で じ を かく。』」、 えんぴつ で じ を かく のカードを上から順に1文字ずつ指さししながら、「これも、『えんぴつ で じ を かく。』」と言います。

②子どもの右手を持って、一緒に「動作絵カード」と構成した文を指さししながら、「これと、これは、お・な・じ」と言います。「おなじ」と言うときは、両手を援助して、机を3回トントントンとたたきながら、一緒に「お・な・じ」と言うようにします。

(9) 書く

①「[えんぴつで じを かく。] を書きましょう」と言って、書字用紙を呈示します。書字用紙は動かないようにクリップボードなどに挟んで置きます。

②手本のカード えんぴつ を左側に呈示して、「[えんぴつ] を書くよ」と言います。

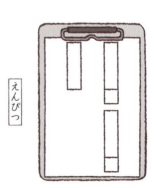

③一緒に [えんぴつ] を書きます。
　一人で枠の中にバランスよく書ける場合は、一人で書いてもよいでしょう。

バランスよく整った字を一人で書くのが難しい場合は

　バランスよく整った字を一人で書くのが難しい場合は、子どもの手を援助して書くようにします。運筆に合わせて「ここから、よこに、まっすぐ、ストップ」など、適切なことばかけをします。子どもの手を援助して書くとき、書いている字が隠れないように、子どもが右利きの場合は、指導者の左手で援助するようにします。援助して枠の中に整った字を書くことが大切です。
　枠の中にバランスよく書けない場合は、枠の代わりに文字数に合わせたマス目を用意してもよいでしょう。

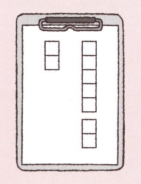

書きやすい位置に用紙を動かす

　子どものひじが軽く伸びている位置が、最も文字が書きやすいです。用紙を動かさずに書いていると、文字を書く位置が子どもに近づいてきて書きにくくなります。用紙を動かして、いつも書きやすい位置で書くようにするのがポイントです。

④手本のカード えんぴつ を、撤去します。

⑤手本のカード で を左側に呈示して、「[で] を書くよ」と言います。

⑥一緒に [で] を書きます。
　一人で枠の中にバランスよく書ける場合は、一人で書いてもよいでしょう。

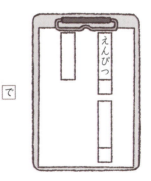

⑦手本のカード で を、撤去します。

⑧手本のカード じ を左側に呈示して、「[じ] を書くよ」と言います。

⑨一緒に [じ] を書きます。
　一人で枠の中にバランスよく書ける場合は、一人で書いてもよいでしょう。

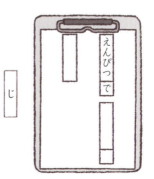

⑩手本のカード じ を、撤去します。

⑪手本のカード を を左側に呈示して、「[を] を書くよ」と言います。

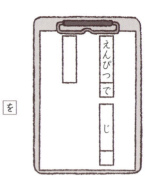

⑫一緒に [を] を書きます。
　一人で枠の中にバランスよく書ける場合は、一人で書いてもよいでしょう。

⑬手本のカード を を、撤去します。

⑭手本のカード かく を左側に呈示して、「[かく] を書くよ」と言います。

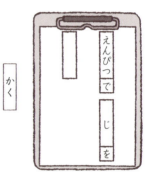

⑮一緒に [かく] を書きます。
　一人で枠の中にバランスよく書ける場合は、一人で書いてもよいでしょう。

⑯「最後に [まる] を書くよ」と言って、一緒に句点を書きます。

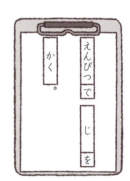

⑰手本のカード かく を、撤去します。

(10) 書いた文を読む

①書いた文を呈示します。

②書いた文を指導者が指さししながら、「[えんぴつ　で　じ　を　かく。] と一緒に読むよ」と言います。

③[えんぴつ　で　じ　を　かく。] を、子どもの手を援助して一緒に上から順に指さししながら「えんぴつ　で　じ　を　かく。」と一緒に読みます。名詞、助詞、動詞の間は一呼吸おくようにします。助詞「で」「を」は、少し大きめの声で発声して、はっきり意識できるようにします。

④「上手に読めたね」などと、心からよくほめます。

Part Ⅰ 文の構成の学習

Step 1　1対1 その2（ えんぴつ で じ を かく を反利き手側から呈示）

(1)「動作絵カード」の呈示

　Step 1　1対1 その1　(1)「動作絵カード」の呈示　と同様です。……… p.114

(2) 文を読む

　Step 1　1対1 その1　(2) 文を読む　と同様です。……… p.114

(3) えんぴつ の呈示

① えんぴつ で じ を かく を入れる枠を上から順に指さししながら、「ここに、[えんぴつ　で　じ　を　かく。]をつくるよ」と言います。

② 文構成板の右の空間の左側に、 えんぴつ のカードを呈示します。

③「指さししながら一緒に読みましょう」と言い、子どもの右手の人さし指を援助して、指さししながら一緒に読みます。「えんぴつ」。

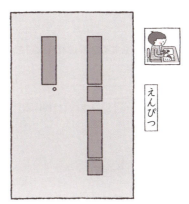

④ えんぴつ のカードを入れる枠を指さししながら、「ここに入るのはどれですか」と言います。

⑤ えんぴつ のカードを見た瞬間、 えんぴつ のカードをポインティングしながら「そうだね、これだね」と言います。見ないときは、待たずに えんぴつ のカードをポインティングして「ここ、見て」と言い、視線を誘導します。 えんぴつ を見た瞬間、 えんぴつ のカードをポインティングしながら、「そうだね、これだね」と言います。

⑥ えんぴつ のカードをポインティングして「これを」、1番目の枠をポインティングして「ここに入れるよ」と言います。

⑦ 1番目の枠に えんぴつ のカードを一緒に入れます。

第5章　助詞2つを用いた文の構成／助詞2つ　単語と助詞で構成する

121

(4) で の呈示

①文構成板の右の空間の えんぴつ を出した位置の右側に、で のカードを呈示します。

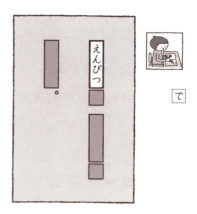

②「指さししながら一緒に読みましょう」と言い、子どもの右手の人さし指を援助して、指さししながら一緒に読みます。「で」。

③ で のカードを入れるマス目を指さししながら、「ここに入るのはどれですか」と言います。

④ で のカードを見た瞬間、で のカードをポインティングしながら、「そうだね、これだね」と言います。見ないときは、待たずに で のカードをポインティングして「ここ、見て」と言い、視線を誘導します。で を見た瞬間、で のカードをポインティングしながら、「そうだね、これだね」と言います。

⑤ で のカードをポインティングして「これを」、2番目の枠をポインティングして「ここに入れるよ」と言います。

⑥2番目の枠に で のカードを一緒に入れます。

(5) じ の呈示

①文構成板の右の空間の で を出した位置の右側に、じ のカードを呈示します。

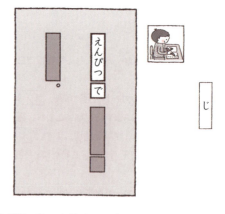

②「指さししながら一緒に読みましょう」と言い、子どもの右手の人さし指を援助して、指さししながら一緒に読みます。「じ」。

③ じ のカードを入れる枠を指さししながら、「ここに入るのはどれですか」と言います。

④ じ のカードを見た瞬間、 じ のカードをポインティングしながら「そうだね、これだね」と言います。見ないときは、待たずに じ のカードをポインティングして「ここ、見て」と言い、視線を誘導します。 じ を見た瞬間、 じ のカードをポインティングしながら、「そうだね、これだね」と言います。

⑤ じ のカードをポインティングして「これを」、3番目の枠をポインティングして「ここに入れるよ」と言います。

⑥3番目の枠に じ のカードを一緒に入れます。

(6) を の呈示

①文構成板の右の空間の じ を出した位置の右側に、 を のカードを呈示します。

②「指さししながら一緒に読みましょう」と言い、子どもの右手の人さし指を援助して、指さししながら一緒に読みます。「を」。

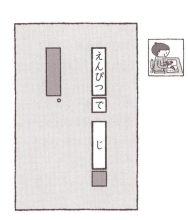

③ を のカードを入れるマス目を指さししながら、「ここに入るのはどれですか」と言います。

④ を のカードを見た瞬間、 を のカードをポインティングしながら、「そうだね、これだね」と言います。見ないときは、待たずに を のカードをポインティングして「ここ、見て」と言い、視線を誘導します。 を を見た瞬間、 を のカードをポインティングしながら、「そうだね、これだね」と言います。

⑤ を のカードをポインティングして「これを」、4番目の枠をポインティングして「ここに入れるよ」と言います。

⑥4番目の枠に を のカードを一緒に入れます。

(7) かく の呈示

① 文構成板の右の空間の を を出した位置の右側に、 かく のカードを呈示します。

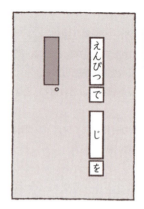

② 「指さししながら一緒に読みましょう」と言い、子どもの右手の人さし指を援助して、指さししながら一緒に読みます。「かく」。

③ かく のカードを入れる枠を指さししながら、「ここに入るのはどれですか」と言います。

④ かく のカードを見た瞬間、 かく のカードをポインティングしながら「そうだね、これだね」と言います。見ないときは、待たずに かく のカードをポインティングして「ここ、見て」と言い、視線を誘導します。 かく を見た瞬間、 かく のカードをポインティングしながら、「そうだね、これだね」と言います。

⑤ かく のカードをポインティングして「これを」、5番目の枠をポインティングして「ここに入れるよ」と言います。

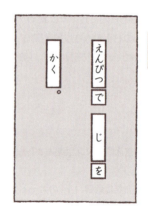

⑥ 5番目の枠に かく のカードを一緒に入れます。

⑦ 「よくできたね」と心からほめます。

(8) 「おなじ」

> **Step 1** 1対1 その1 (8) 「おなじ」 と同様です。 ……… p.118

(9) 書く

> **Step 1** 1対1 その1 (9) 書く と同様です。 ……… p.118

(10) 書いた文を読む

> **Step 1** 1対1 その1 (10) 書いた文を読む と同様です。 ……… p.120

Part I 文の構成の学習

Step 2 左から かく を じ で えんぴつ と呈示（利き手側後出し）

(1)「動作絵カード」の呈示

> Step 1 1対1 その1 (1)「動作絵カード」の呈示 と同様です。
> p.114

(2) 文を読む

> Step 1 1対1 その1 (2) 文を読む と同様です。
> p.114

(3) かく の呈示

① えんぴつ で じ を かく を入れる枠を上から順に指さししながら、「ここに、[えんぴつ で じ を かく。] をつくるよ」と言います。

② 文構成板の右の空間の左側に、 かく のカードを呈示します。

③ 「指さししながら一緒に読みましょう」と言い、子どもの右手の人さし指を援助して、指さししながら一緒に読みます。「かく」。

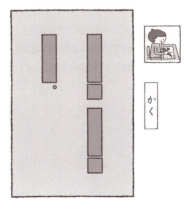

(4) を の呈示

① かく のカードの右側に、 を のカードを呈示します。

② 「指さししながら一緒に読みましょう」と言い、子どもの右手の人さし指を援助して、指さししながら一緒に読みます。「を」。

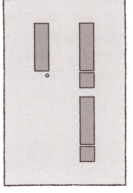

＊カードとカードの間は、子どもが見てわかりやすいように間隔をあけます。

第5章 文の構成　助詞2つを用いた文の構成

助詞2　単語と助詞で構成する

(5) じ の呈示

① を のカードの右側に、 じ のカードを呈示します。

②「指さししながら一緒に読みましょう」と言い、子どもの右手の人さし指を援助して、指さししながら一緒に読みます。「じ」。

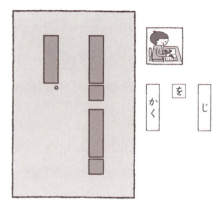

(6) で の呈示

① じ のカードの右側に、 で のカードを呈示します。

②「指さししながら一緒に読みましょう」と言い、子どもの右手の人さし指を援助して、指さししながら一緒に読みます。「で」。

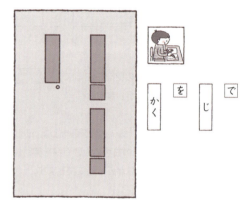

(7) えんぴつ の呈示

① で のカードの右側に、 えんぴつ のカードを呈示します。

②「指さししながら一緒に読みましょう」と言い、子どもの右手の人さし指を援助して、指さししながら一緒に読みます。「えんぴつ」。

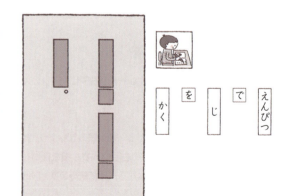

Part I 文の構成の学習

(8) えんぴつ を入れる

① えんぴつ のカードを入れる枠を指さししながら、「ここに入るのはどれですか」と言います。

② えんぴつ のカードを見た瞬間、えんぴつ のカードをポインティングしながら、「そうだね、これだね」と言います。見ないときは、待たずに えんぴつ のカードをポインティングして「ここ、見て」と言い、視線を誘導します。えんぴつ を見た瞬間、えんぴつ のカードをポインティングしながら、「そうだね、これだね」と言います。

③ えんぴつ のカードをポインティングして「これを」、1番目の枠をポインティングして「ここに入れるよ」と言います。

④ 1番目の枠に えんぴつ のカードを一緒に入れます。

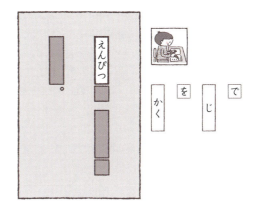

(9) で を入れる

① で のカードを入れる枠を指さししながら、「ここに入るのはどれですか」と言います。

② で のカードを見た瞬間、で のカードをポインティングしながら、「そうだね、これだね」と言います。見ないときは、待たずに で のカードをポインティングして「ここ、見て」と言い、視線を誘導します。で を見た瞬間、で のカードをポインティングしながら、「そうだね、これだね」と言います。

③ で のカードをポインティングして「これを」、2番目の枠をポインティングして「ここに入れるよ」と言います。

④ 2番目の枠に で のカードを一緒に入れます。

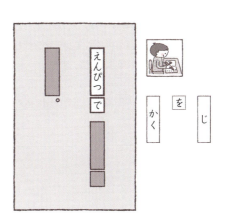

(10) じ を入れる

① じ のカードを入れる枠を指さししながら、「ここに入るのはどれですか」と言います。

② じ のカードを見た瞬間、 じ のカードをポインティングしながら、「そうだね、これだね」と言います。見ないときは、待たずに じ のカードをポインティングして「ここ、見て」と言い、視線を誘導します。 じ を見た瞬間、 じ のカードをポインティングしながら、「そうだね、これだね」と言います。

③ じ のカードをポインティングして「これを」、3番目の枠をポインティングして「ここに入れるよ」と言います。

④3番目の枠に じ のカードを一緒に入れます。

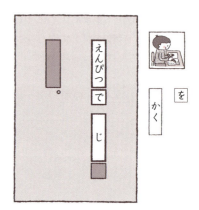

(11) を を入れる

① を のカードを入れる枠を指さししながら、「ここに入るのはどれですか」と言います。

② を のカードを見た瞬間、 を のカードをポインティングしながら、「そうだね、これだね」と言います。見ないときは、待たずに を のカードをポインティングして「ここ、見て」と言い、視線を誘導します。 を を見た瞬間、 を のカードをポインティングしながら、「そうだね、これだね」と言います。

③ を のカードをポインティングして「これを」、4番目の枠をポインティングして「ここに入れるよ」と言います。

④4番目の枠に を のカードを一緒に入れます。

Part I 文の構成の学習

(12) かく を入れる

① かく のカードを入れる枠を指さししながら、「ここに入るのはどれですか」と言います。

② かく のカードを見た瞬間、 かく のカードをポインティングしながら、「そうだね、これだね」と言います。見ないときは、待たずに かく のカードをポインティングして「ここ、見て」と言い、視線を誘導します。 かく を見た瞬間、 かく のカードをポインティングしながら、「そうだね、これだね」と言います。

③ かく のカードをポインティングして「これを」、5番目の枠をポインティングして「ここに入れるよ」と言います。

④5番目の枠に かく のカードを一緒に入れます。

⑤「よくできたね」と心からほめます。

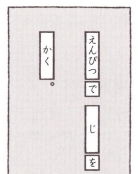

えんぴつでじをかく。

(13)「おなじ」

> **Step 1** 1対1 その1 (8)「おなじ」 と同様です。
> p.118

(14) 書く

> **Step 1** 1対1 その1 (9) 書く と同様です。
> p.118

(15) 書いた文を読む

> **Step 1** 1対1 その1 (10) 書いた文を読む と同様です。
> p.120

Step 3 右から かく を じ で えんぴつ と呈示（反利き手側後出し）

(1)「動作絵カード」の呈示

Step 1 1対1 その1 (1)「動作絵カード」の呈示 と同様です。 p.114

(2) 文を読む

Step 1 1対1 その1 (2) 文を読む と同様です。 p.114

(3) かく の呈示

① えんぴつ で じ を かく を入れる枠を上から順に指さししながら、「ここに、[えんぴつ で じ を かく。] をつくるよ」と言います。

② 文構成板の右の空間の右側に、 かく のカードを呈示します。

③「指さししながら一緒に読みましょう」と言い、子どもの右手の人さし指を援助して、指さししながら一緒に読みます。「かく」。

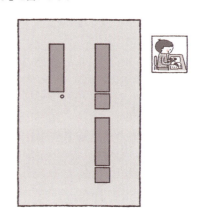

(4) を の呈示

① かく のカードの左側に、 を のカードを呈示します。

② 「指さししながら一緒に読みましょう」と言い、子どもの右手の人さし指を援助して、指さししながら一緒に読みます。「を」。

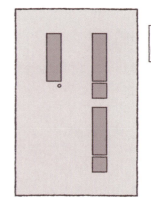

＊カードとカードの間は、子どもが見てわかりやすいように間隔をあけます。

Part Ⅰ 文の構成の学習

(5) じ の呈示

① を のカードの左側に、 じ のカードを呈示します。

② 「指さししながら一緒に読みましょう」と言い、子どもの右手の人さし指を援助して、指さししながら一緒に読みます。「じ」。

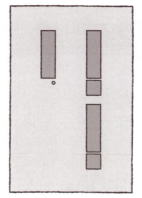

(6) で の呈示

① じ のカードの左側に、 で のカードを呈示します。

② 「指さししながら一緒に読みましょう」と言い、子どもの右手の人さし指を援助して、指さししながら一緒に読みます。「で」。

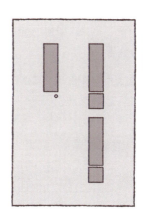

(7) えんぴつ の呈示

① で のカードの左側に、 えんぴつ のカードを呈示します。

② 「指さししながら一緒に読みましょう」と言い、子どもの右手の人さし指を援助して、指さししながら一緒に読みます。「えんぴつ」。

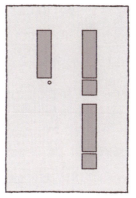

第5章 助詞2つを用いた文の構成

助詞2つ 単語と助詞で構成する

(8) えんぴつ を入れる

Step 2　(8) えんぴつ を入れる　と同様です。
……… p.127

(9) で を入れる

Step 2　(9) で を入れる　と同様です。
……… p.127

(10) じ を入れる

Step 2　(10) じ を入れる　と同様です。
……… p.128

(11) を を入れる

Step 2　(11) を を入れる　と同様です。
……… p.128

(12) かく を入れる

Step 2　(12) かく を入れる　と同様です。
……… p.129

(13) 「おなじ」

Step 1　1対1 その1　(8)「おなじ」　と同様です。
……… p.118

(14) 書く

Step 1　1対1 その1　(9) 書く　と同様です。
……… p.118

(15) 書いた文を読む

Step 1　1対1 その1　(10) 書いた文を読む　と同様です。
……… p.120

Part I 文の構成の学習

Step 4 右から えんぴつ で じ を かく と呈示（利き手側先出し）

（1）「動作絵カード」の呈示

> Step 1 1対1 その1 （1）「動作絵カード」の呈示 と同様です。 …… p.114

（2）文を読む

> Step 1 1対1 その1 （2）文を読む と同様です。 …… p.114

（3）えんぴつ の呈示

① えんぴつ で じ を かく を入れる枠を上から順に指さししながら、「ここに、［えんぴつ で じ を かく。］をつくるよ」と言います。

② 文構成板の右の空間の右側に、えんぴつ のカードを呈示します。

③「指さししながら一緒に読みましょう」と言い、子どもの右手の人さし指を援助して、指さししながら一緒に読みます。「えんぴつ」。

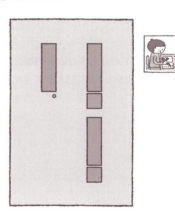

（4）で の呈示

① えんぴつ のカードの左側に、で のカードを呈示します。

② 「指さししながら一緒に読みましょう」と言い、子どもの右手の人さし指を援助して、指さししながら一緒に読みます。「で」。

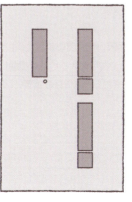

＊カードとカードの間は、子どもが見てわかりやすいように間隔をあけます。

第5章 助詞2つを用いた文の構成　助詞2つ　単語と助詞で構成する

(5) 　じ　 の呈示

① で のカードの左側に、 じ のカードを呈示します。

② 「指さししながら一緒に読みましょう」と言い、子どもの右手の人さし指を援助して、指さししながら一緒に読みます。「じ」。

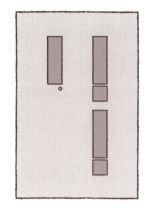

(6) を の呈示

① じ のカードの左側に、 を のカードを呈示します。

② 「指さししながら一緒に読みましょう」と言い、子どもの右手の人さし指を援助して、指さししながら一緒に読みます。「を」。

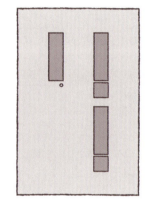

(7) かく の呈示

① を のカードの左側に、 かく のカードを呈示します。

② 「指さししながら一緒に読みましょう」と言い、子どもの右手の人さし指を援助して、指さししながら一緒に読みます。「かく」。

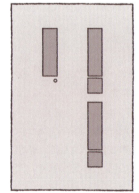

Part I 文の構成の学習

(8) えんぴつ を入れる

Step 2 (8) えんぴつ を入れる と同様です。

p.127

(9) で を入れる

Step 2 (9) で を入れる と同様です。

p.127

(10) じ を入れる

Step 2 (10) じ を入れる と同様です。

p.128

(11) を を入れる

Step 2 (11) を を入れる と同様です。

p.128

(12) かく を入れる

Step 2 (12) かく を入れる と同様です。

p.129

(13) 「おなじ」

Step 1 1対1 その1 (8)「おなじ」 と同様です。

p.118

(14) 書く

Step 1 1対1 その1 (9) 書く と同様です。

p.118

(15) 書いた文を読む

Step 1 1対1 その1 (10) 書いた文を読む と同様です。

p.120

第5章 助詞2つを用いた文の構成

助詞2つ 単語と助詞で構成する

135

Step 5 左から えんぴつ で じ を かく と呈示（反利き手側先出し）

(1) 「動作絵カード」の呈示

> Step 1 1対1 その1　(1)「動作絵カード」の呈示　と同様です。
> p.114

(2) 文を読む

> Step 1 1対1 その1　(2) 文を読む　と同様です。
> p.114

(3) えんぴつ の呈示

① えんぴつ で じ を かく を入れる枠を上から順に指さししながら、「ここに、[えんぴつ で じ を かく。]をつくるよ」と言います。

② 文構成板の右の空間の左側に、えんぴつ のカードを呈示します。

③ 「指さししながら一緒に読みましょう」と言い、子どもの右手の人さし指を援助して、指さししながら一緒に読みます。「えんぴつ」。

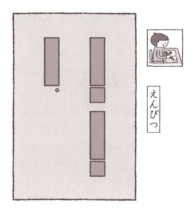

(4) で の呈示

① えんぴつ のカードの右側に、で のカードを呈示します。

② 「指さししながら一緒に読みましょう」と言い、子どもの右手の人さし指を援助して、指さししながら一緒に読みます。「で」。

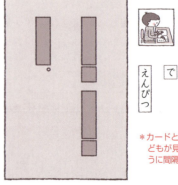

＊カードとカードの間は、子どもが見てわかりやすいように間隔をあけます。

Part I 文の構成の学習

(5) じ の呈示

① で のカードの右側に、じ のカードを呈示します。

② 「指さししながら一緒に読みましょう」と言い、子どもの右手の人さし指を援助して、指さししながら一緒に読みます。「じ」。

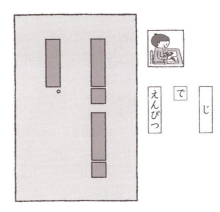

(6) を の呈示

① じ のカードの右側に、を のカードを呈示します。

② 「指さししながら一緒に読みましょう」と言い、子どもの右手の人さし指を援助して、指さししながら一緒に読みます。「を」。

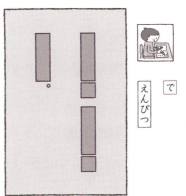

(7) かく の呈示

① を のカードの右側に、かく のカードを呈示します。

② 「指さししながら一緒に読みましょう」と言い、子どもの右手の人さし指を援助して、指さししながら一緒に読みます。「かく」。

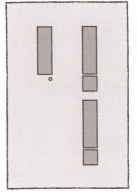

第5章 助詞2つを用いた文の構成

助詞2つ 単語と助詞で構成する

(8) えんぴつ を入れる

Step 2 (8) えんぴつ を入れる と同様です。

p.127

(9) で を入れる

Step 2 (9) で を入れる と同様です。

p.127

(10) じ を入れる

Step 2 (10) じ を入れる と同様です。

p.128

(11) を を入れる

Step 2 (11) を を入れる と同様です。

p.128

(12) かく を入れる

Step 2 (12) かく を入れる と同様です。

p.129

(13)「おなじ」

Step 1 1対1 その1 (8)「おなじ」 と同様です。

p.118

(14) 書く

Step 1 1対1 その1 (9) 書く と同様です。

p.118

(15) 書いた文を読む

Step 1 1対1 その1 (10) 書いた文を読む と同様です。

p.120

138

Part Ⅰ 文の構成の学習

Step 6 ランダムに呈示

5枚の「単語カード」「助詞カード」をランダムな位置（配置）・順序に呈示します。

ことばかけ等は、Step 1 〜 Step 5 に準じます。
p.114

カードを呈示する位置（配置）や順序は、何通りもあります。子どもの実態に応じて工夫して行うとよいでしょう。

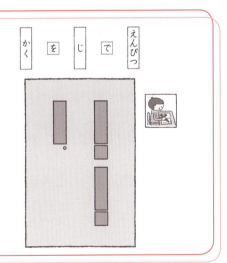

カードをよく見ないで取ってしまう場合には

　カードを呈示するやいなや、よく見ないで手を伸ばしてくる子どもがいます。そのような場合には、カードを文構成板の上方の子どもの手が届かないところに呈示するようにします。

　そして、カードをよく見て、見比べて選ぶようにします。カードを入れる枠を指さしながら「ここに入るのはどれですか」と言います。正選択肢のカードを見た瞬間、そのカードをポインティングしながら、「そうだね、これだね」と言います。そして、カードを子どもの右手に近づけます。よく見せること、間違ったカードに手を触れさせないことがとても大切です。

運動機能障害がある場合

　運動機能障害がある場合でも、Step 1 から Step 5 まで、今まで述べた方法と同様に学習します。「単語カード」や「助詞カード」を視線で選ぶようにすることがポイントです。正しいカードを視線で選んだ段階で課題は成立しています。子どもの視線をよく見て適切にことばかけを行うことが大切です。

　カードを入れたり、文字を書いたりすることは、子どもの手の運動機能の実態に応じて援助しながら行います。全面的に援助してでも、できる限り一緒に行うことが、学習の定着につながります。

第6章

助詞3つを用いた
文の構成

●文節で構成する

　助詞2つの文の構成の学習で、「文節での構成」と「単語と助詞とで構成」ができるようになったら、助詞を1つ増やし、助詞3つを用いた文の構成の学習に入ります。

　助詞3つの文の構成でも、「どうする文」で、「生活文」から学習します。子どもが経験したことがある内容にするとわかりやすいです。助詞3つの文でも、初めは「文節カード」で文を構成する学習から行います。

　以下、子どもは右利きとして説明します。

Part Ⅰ 文の構成の学習

1. 「文節カード」による文構成の学習の教材

「文節カード」、つまり ［名詞＋助詞］のカード ［名詞＋助詞］のカード ［名詞＋助詞］のカード 動詞カード を用いて文の構成を行う学習です。

例：「ぼくの　こっぷで　みずを　のむ。」

使用する教材

- 「文節カード」による［助詞３つの文］の文構成板
- 「動作絵カード」：［ぼくの　こっぷで　みずを　のむ］
- 「文節カード」（［名詞＋助詞］のカード）： ぼくの　こっぷで　みずを
- 「文節カード」（動詞カード）： のむ
- 書字用紙　・クリップボード　・鉛筆

「文節カード」による［助詞３つの文］の文構成板

「文節カード」を入れるところを切り抜いて底板を貼ったもの。
図のサイズを基本とします。

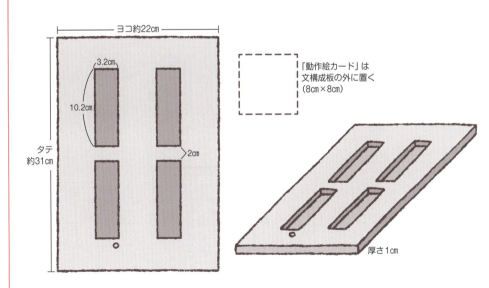

「動作絵カード」は文構成板の外に置く（8cm×8cm）

厚さ1cm

「文節カード」は、取り出しやすいように、入れたときに文構成板から２㎜程度出るようにします。そのために枠の深さは８㎜にします。

「動詞カード」を入れる枠の下に句点の『　。』を書いておきます。
「動詞カード」に『　。』を書いておくと、それを手がかりにして考えてしまう子どもがいます。
したがって、『　。』は、文構成板に書いておくようにします。

第6章　文の構成　助詞３つを用いた文節で構成する文節３つ

141

- 動作絵カード
  ・［ぼくの　こっぷで　みずを　のむ］の「動作絵カード」
  縦8cm×横8cm×厚さ1cmのカードに、［ぼくの　こっぷで　みずを　のむ］動作をしている絵を描いたもの。絵は、子どもが見て、それが何であるかがはっきりわかるように、色・形・輪郭の太さなどに配慮して描きます。「絵カード」の背景は白を基本とします。必要なもの以外は描かないようにします。

- ［名詞＋助詞］のカード
  縦10cm×横3cm×厚さ1cmのカードに「ぼくの」、「こっぷで」、「みずを」と書いたもの

 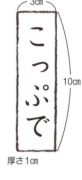 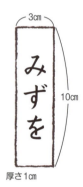

- 動詞カード
  縦10cm×横3cm×厚さ1cmのカードに「のむ」と書いたもの

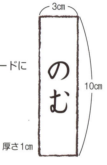

＊「文節カード」は、白地に黒の文字で、教科書体がよいです。

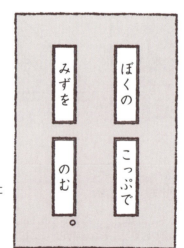

「文節カード」を文構成板に入れたところ

Part I 文の構成の学習

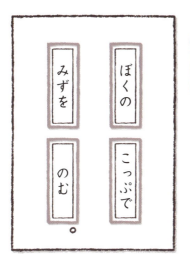

文構成板・「動作絵カード」「文節カード」の材質は、木材が最適ですが、難しい場合は、スチレンボードなどで作成してもよいです。文構成板は、板に3〜5㎜程度の角材を切って貼り、枠を作ってもよいでしょう。

* 「動作絵カード」や「文節カード」の上をブックカバーなどで覆うと、耐久性が増します。
* 「動作絵カード」や「文節カード」を文構成板にマグネットで付くようにすると、立てて学習することもできます。

(書字用紙)

A4の用紙に、(「文節カード」による［助詞3つの文］の文構成板)と同じように枠が書いてあるもの。

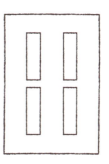

(クリップボード)

・書字用紙が動かないようにするために、クリップボードを用いるとよいです。クリップボードは、A4サイズで、留め金が上に付いているものにします。
（留め金が横に付いていると、文字を書く手や用紙を押さえる手のじゃまになります。）

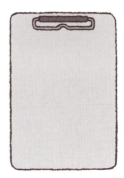

(鉛筆)

・鉛筆は、子どもの実態に応じて、2B、4B、6Bなど、使い分けるとよいでしょう。

教材は、子どもの実態に合っていることが、もっとも大切です。子どもの実態に応じて工夫するとよいでしょう。

第6章 助詞3つを用いた文の構成
助詞3つ 文節で構成する

143

2. 選択肢の呈示の系統性

「文節カード」を呈示します。そして、 (「文節カード」による [助詞３つの文] の文構成板) に順序よく「文節カード」を置いて文を構成する学習です。

３文節の文構成の学習でも、初めは選択肢を呈示しないで「１対１」の学習から行います。呈示するカードが１つなので、子どもは迷わず答えることができます。「１対１」の学習を通して、学習の方法を理解します。

「１対１」の学習ができるようになったら、４枚のカードを見比べて、文構成板に、１番目の文節から文を構成します。正しい位置に順序よく文節を入れて文を構成することが大切です。１番目の文節よりも先に他の文節を選び、その文節の枠に入れても正反応とはしません。１番目の文節を先に選び、１番目の枠に入れるようにします。必ず順序正しく「文節カード」を入れて文を構成します。そのことが最も大切です。

構成する文節を呈示する位置や呈示する順序によって、難易度が異なります。次のようなスモールステップで学習を進めます。

ここでは、[ぼくの　こっぷで　みずを　のむ。] の文で説明します。

Step 1 1対1 (ぼくの こっぷで みずを のむ を１枚ずつ呈示)
その１ 利き手側から呈示、その２ 反利き手側から呈示

① ぼくの を呈示し、構成板の１番目の枠に入れます。
② こっぷで を呈示し、構成板の２番目の枠に入れます。
③ みずを を呈示し、構成板の３番目の枠に入れます。
④ のむ を呈示し、構成板の４番目の枠に入れます。

カードを１枚ずつ呈示するので、間違えずに学習できます。
学習の方法を理解するための大切な学習です。

Step 2 左から のむ みずを こっぷで ぼくの と呈示 (利き手側後出し)

① のむ を呈示します。
② みずを を のむ の右側に呈示します。
③ こっぷで を みずを の右側に呈示します。
④ ぼくの を こっぷで の右側に呈示します。

ぼくの のカードを利き手側に呈示するので選びやすいです。
ぼくの のカードを後から呈示するので、記憶に残りやすく、視線が ぼくの のカードにあるときに「ここに入るのはどれですか」と言われるので、選びやすいです。

Step 3 右から のむ みずを こっぷで ぼくの と呈示 (反利き手側後出し)

① のむ を呈示します。

Part Ⅰ 文の構成の学習

② みずを を のむ の左側に呈示します。

③ こっぷで を みずを の左側に呈示します。

④ ぼくの を こっぷで の左側に呈示します。

　ぼくの のカードを後から呈示するので、記憶に残りやすく、視線が ぼくの のカードにあるときに「ここに入るのはどれですか」と言われるので、選びやすいです。

　ぼくの のカードを反利き手側に呈示するので、 Step 2 より難しいです。

Step 4 　右から ぼくの こっぷで みずを のむ と呈示（利き手側先出し）

① ぼくの を呈示します。

② こっぷで を ぼくの の左側に呈示します。

③ みずを を こっぷで の左側に呈示します。

④ のむ を みずを の左側に呈示します。

　「ここに入るのはどれですか」と言われたときには子どもの視線は のむ にある状態です。「これ（ のむ ）ではない、こっち（ ぼくの ）だ」という思考が働いて、視線を ぼくの に戻さなければならないので、後出しより難しいです。

Step 5 　左から ぼくの こっぷで みずを のむ と呈示（反利き手側先出し）

① ぼくの を呈示します。

② こっぷで を ぼくの の右側に呈示します。

③ みずを を こっぷで の右側に呈示します。

④ のむ を みずを の右側に呈示します。

　「ここに入るのはどれですか」と言われたときには子どもの視線は のむ にある状態です。「これ（ のむ ）ではない、こっち（ ぼくの ）だ」という思考が働いて、視線を ぼくの に戻さなければならないので、後出しより難しいです。

　ぼくの のカードを反利き手側に呈示するので、 Step 4 より難しいです。

＊ここに述べた選択肢の呈示の系統性は、視機能と手の操作性の観点から考えた学習理論に基づく呈示のスモールステップです。学習順序は子どもの実態に応じて組み替えてもよいでしょう。

Step 6 　ランダムに呈示

　「文節カード」の呈示の位置（配置）や呈示の順序は、 Step 2 ～ Step 5 で述べたもののほかに何通りもあります。子どもの実態に応じて、工夫して行うとよいでしょう。

3. 方法とことばかけ

Step 1 1対1 その1（ ぼくの こっぷで みずを のむ を利き手側から呈示）

(1)「動作絵カード」の呈示

①文構成板を呈示します。

②[ぼくの　こっぷで　みずを　のむ]の「動作絵カード」を、文構成板の右側に呈示します。指導者が「これは、『ぼくの　こっぷで　みずを　のむ。』」と言いながら、コップで水を飲む動作をしてみせます。「これは何をしているところですか」とは聞きません。

③「[ぼくの　こっぷで　みずを　のむ]と一緒に言うよ」と言って、一緒に「ぼくの　こっぷで　みずを　のむ。」と言います。

> 「動作絵カード」を呈示するとき、
> 「これは何をしているところですか」と聞かないことがポイント
>
> 「動作絵カード」を呈示するとき、子どもに「これは何をしているところですか」とは聞きません。子どもが答えられなかったり、間違った答えを言ってしまったりすることがあるからです。初めのうちは、「これは『ぼくの　こっぷで　みずを　のむ。』」と、指導者が言います。そして一緒に言うようにします。学習していくうちに、「動作絵カード」を見て、自分から「ぼくの　こっぷで　みずを　のむ。」と言うようになります。

(2) 文を読む

①文構成板に、 ぼくの こっぷで みずを のむ のカードを入れます。

②「指さししながら一緒に読みましょう」と言い、子どもの右手の人さし指を援助して、指さししながら一緒に読みます。「ぼくの　こっぷで　みずを　のむ。」

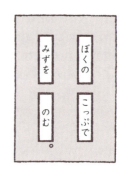

③ ぼくの こっぷで みずを のむ のカードを撤去します。

> 文の読み方のポイント
>
> ・指さししながらゆっくり読むようにします。
> ・文節と文節の間は一呼吸おくようにし、文節の区切りがはっきりわかるようにします。
> ・指さししているところをしっかり見るようにします。視線が外れたときは読んでいるところをポインティングして「ここ、見て」と言います。見たら「見てるね」と言います。文を覚えてしまい、見ないで発声する子どもが多くみられます。子どもの視線をいつも把握することが大切です。

Part I 文の構成の学習

(3) ぼくの の呈示

① ぼくの こっぷで みずを のむ を入れる枠を上から順に指さししながら、「ここに、[ぼくの こっぷで みずを のむ。]をつくるよ」と言います。

② 文構成板の右の空間の右側に、 ぼくの のカードを呈示します。

③ 「指さししながら一緒に読みましょう」と言い、子どもの右手の人さし指を援助して、指さししながら一緒に読みます。「ぼくの」。

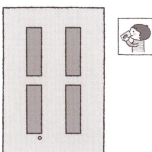

④ ぼくの のカードを入れる枠を指さししながら、「ここに入るのはどれですか」と言います。

⑤ ぼくの のカードを見た瞬間、 ぼくの のカードをポインティングしながら「そうだね、これだね」と言います。見ないときは、待たずに ぼくの のカードをポインティングして「ここ、見て」と言い、視線を誘導します。 ぼくの を見た瞬間、 ぼくの のカードをポインティングしながら、「そうだね、これだね」と言います。

⑥ ぼくの のカードをポインティングして「これを」、1番目の枠をポインティングして「ここに入れるよ」と言います。

⑦ 1番目の枠に ぼくの のカードを一緒に入れます。

(4) こっぷで の呈示

① 文構成板の右の空間の ぼくの のカードを呈示した位置の左側に、 こっぷで のカードを呈示します。

② 「指さししながら一緒に読みましょう」と言い、子どもの右手の人さし指を援助して、指さししながら一緒に読みます。「こっぷで」。

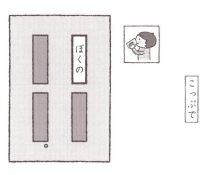

③ こっぷで のカードを入れる枠を指さししながら、「ここに入るのはどれですか」と言います。

④ こっぷで のカードを見た瞬間、 こっぷで のカードをポインティングしながら、「そうだね、これだね」と言います。見ないときは、待たずに こっぷで のカードをポインティングして「ここ、見て」と言い、視線を誘導します。 こっぷで を見た瞬間、 こっぷで のカードをポインティングしながら、「そうだね、これだね」と言います。

⑤ こっぷで のカードをポインティングして「これを」、2番目の枠をポインティングして「ここに入れるよ」と言います。

⑥ 2番目の枠に こっぷで のカードを一緒に入れます。

(5) みずを の呈示

① 文構成板の右の空間の こっぷで のカードを呈示した位置の左側に、 みずを のカードを呈示します。

② 「指さししながら一緒に読みましょう」と言い、子どもの右手の人さし指を援助して、指さししながら一緒に読みます。「みずを」。

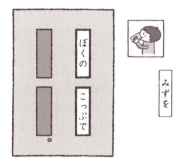

③ みずを のカードを入れる枠を指さししながら、「ここに入るのはどれですか」と言います。

④ みずを のカードを見た瞬間、 みずを のカードをポインティングしながら、「そうだね、これだね」と言います。見ないときは、待たずに みずを のカードをポインティングして「ここ、見て」と言い、視線を誘導します。 みずを を見た瞬間、 みずを のカードをポインティングしながら、「そうだね、これだね」と言います。

⑤ みずを のカードをポインティングして「これを」、3番目の枠をポインティングして「ここに入れるよ」と言います。

⑥ 3番目の枠に みずを のカードを一緒に入れます。

(6) のむ の呈示

① 文構成板の右の空間の みずを のカードを呈示した位置の左側に、 のむ のカードを呈示します。

②「指さししながら一緒に読みましょう」と言い、子どもの右手の人さし指を援助して、指さししながら一緒に読みます。「のむ」。

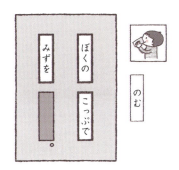

③ のむ のカードを入れる枠を指さししながら、「ここに入るのはどれですか」と言います。

④ のむ のカードを見た瞬間、 のむ のカードをポインティングしながら、「そうだね、これだね」と言います。見ないときは、待たずに のむ のカードをポインティングして「ここ、見て」と言い、視線を誘導します。 のむ を見た瞬間、 のむ のカードをポインティングしながら、「そうだね、これだね」と言います。

⑤ のむ のカードをポインティングして「これを」、4番目の枠をポインティングして「ここに入れるよ」と言います。

⑥4番目の枠に のむ のカードを一緒に入れます。

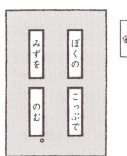

⑦「よくできたね」と心からほめます。

(7)「おなじ」

①子どもの右手を持って、一緒に [ぼくの こっぷで みずを のむ] の「動作絵カード」を指さししながら、「これは『ぼくの こっぷで みずを のむ。』」、 ぼくの こっぷで みずを のむ のカードを上から順に1文字ずつ指さししながら、「これも、『ぼくの こっぷで みずを のむ。』」と言います。

②子どもの右手を持って、一緒に「動作絵カード」と構成した文を指さししながら、「これと、これは、お・な・じ」と言います。「おなじ」と言うときは、両手を援助して、机を3回トントントンとたたきながら、一緒に「お・な・じ」と言うようにします。

(8) 書く

① 「[ぼくの　こっぷで　みずを　のむ。] を書きましょう」と言って、書字用紙を呈示します。書字用紙は動かないようにクリップボードなどに挟んで置きます。

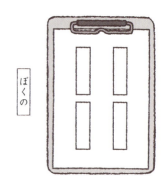

② 手本のカード ぼくの を左側に呈示して、「[ぼくの] を書くよ」と言います。

③ 一緒に [ぼくの] を書きます。
　一人で枠の中にバランスよく書ける場合は、一人で書いてもよいでしょう。

バランスよく整った字を一人で書くのが難しい場合は

　バランスよく整った字を一人で書くのが難しい場合は、子どもの手を援助して書くようにします。運筆に合わせて「ここから、よこに、まっすぐ、ストップ」など、適切なことばかけをします。子どもの手を援助して書くとき、書いている字が隠れないように、子どもが右利きの場合は、指導者の左手で援助するようにします。援助して枠の中に整った字を書くことが大切です。
　枠の中にバランスよく書けない場合は、枠の代わりに文字数に合わせたマス目を用意してもよいでしょう。

書きやすい位置に用紙を動かす

　子どものひじが軽く伸びている位置が、最も文字が書きやすいです。用紙を動かさずに書いていると、文字を書く位置が子どもに近づいてきて書きにくくなります。用紙を動かして、いつも書きやすい位置で書くようにするのがポイントです。

④ 手本のカード ぼくの を、撤去します。

⑤ 手本のカード こっぷで を左側に呈示して、「[こっぷで] を書くよ」と言います。

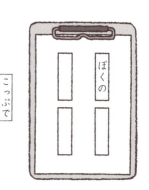

⑥ 一緒に [こっぷで] を書きます。
　一人で枠の中にバランスよく書ける場合は、一人で書いてもよいでしょう。

⑦手本のカード こっぷで を、撤去します。

⑧手本のカード みずを を左側に呈示して、「[みずを]を書くよ」と言います。

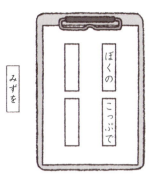

⑨一緒に [みずを] を書きます。
　一人で枠の中にバランスよく書ける場合は、一人で書いてもよいでしょう。

⑩手本のカード みずを を、撤去します。

⑪手本のカード のむ を左側に呈示して、「[のむ] を書くよ」と言います。

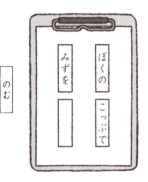

⑫一緒に [のむ] を書きます。
　一人で枠の中にバランスよく書ける場合は、一人で書いてもよいでしょう。

⑬「最後に [まる] を書くよ」と言って、一緒に句点を書きます。

⑭手本のカード のむ を、撤去します。

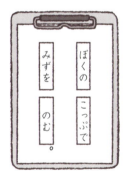

(9) 書いた文を読む

①書いた文を呈示します。

②書いた文を指導者が指さししながら、「[ぼくの　こっぷで　みずを　のむ。] と一緒に読むよ」と言います。

③[ぼくの　こっぷで　みずを　のむ。] を、子どもの手を援助して一緒に上から順に指さししながら「ぼくの　こっぷで　みずを　のむ。」と一緒に読みます。文節と文節の間は一呼吸おくようにし、文節の区切りがはっきりわかるようにします。

④「上手に読めたね」などと、心からよくほめます。

Step 1 1対1 その2（ ぼくの こっぷで みずを のむ を反利き手側から呈示）

(1)「動作絵カード」の呈示

Step 1 1対1 その1　(1)「動作絵カード」の呈示　と同様です。
……………………………………………………………………… p.146

(2) 文を読む

Step 1 1対1 その1　(2) 文を読む　と同様です。
……………………………………………………………………… p.146

(3) ぼくの の呈示

① ぼくの こっぷで みずを のむ を入れる枠を上から順に指さししながら、「ここに、[ぼくの　こっぷで　みずを　のむ。] をつくるよ」と言います。

② 文構成板の右の空間の左側に、ぼくの のカードを呈示します。

③「指さししながら一緒に読みましょう」と言い、子どもの右手の人さし指を援助して、指さししながら一緒に読みます。「ぼくの」。

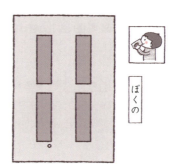

④ ぼくの のカードを入れる枠を指さししながら、「ここに入るのはどれですか」と言います。

⑤ ぼくの のカードを見た瞬間、ぼくの のカードをポインティングしながら「そうだね、これだね」と言います。見ないときは、待たずに ぼくの のカードをポインティングして「ここ、見て」と言い、視線を誘導します。ぼくの を見た瞬間、ぼくの のカードをポインティングしながら、「そうだね、これだね」と言います。

⑥ ぼくの のカードをポインティングして「これを」、1番目の枠をポインティングして「ここに入れるよ」と言います。

⑦ 1番目の枠に ぼくの のカードを一緒に入れます。

Part I 文の構成の学習

(4) こっぷで の呈示

①文構成板の右の空間の ぼくの を出した位置の右側に、 こっぷで のカードを呈示します。

② 「指さししながら一緒に読みましょう」と言い、子どもの右手の人さし指を援助して、指さししながら一緒に読みます。「こっぷで」。

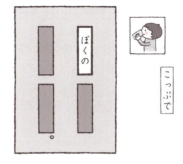

③ こっぷで のカードを入れる枠を指さししながら、「ここに入るのはどれですか」と言います。

④ こっぷで のカードを見た瞬間、 こっぷで のカードをポインティングしながら、「そうだね、これだね」と言います。見ないときは、待たずに こっぷで のカードをポインティングして「ここ、見て」と言い、視線を誘導します。 こっぷで を見た瞬間、 こっぷで のカードをポインティングしながら、「そうだね、これだね」と言います。

⑤ こっぷで のカードをポインティングして「これを」、2番目の枠をポインティングして「ここに入れるよ」と言います。

⑥2番目の枠に こっぷで のカードを一緒に入れます。

(5) みずを の呈示

①文構成板の右の空間の こっぷで を出した位置の右側に、 みずを のカードを呈示します。

② 「指さししながら一緒に読みましょう」と言い、子どもの右手の人さし指を援助して、指さししながら一緒に読みます。「みずを」。

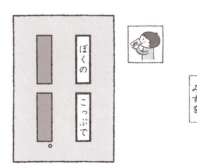

③ みずを のカードを入れる枠を指さししながら、「ここに入るのはどれですか」と言います。

第6章 助詞3つを用いた文の構成　助詞3つ文節で構成する

153

④ みずを のカードを見た瞬間、 みずを のカードをポインティングしながら「そうだね、これだね」と言います。見ないときは、待たずに みずを のカードをポインティングして「ここ、見て」と言い、視線を誘導します。 みずを を見た瞬間、 みずを のカードをポインティングしながら、「そうだね、これだね」と言います。

⑤ みずを のカードをポインティングして「これを」、3番目の枠をポインティングして「ここに入れるよ」と言います。

⑥ 3番目の枠に みずを のカードを一緒に入れます。

(6) のむ の呈示

① 文構成板の右の空間の みずを を出した位置の右側に、 のむ のカードを呈示します。

② 「指さししながら一緒に読みましょう」と言い、子どもの右手の人さし指を援助して、指さししながら一緒に読みます。「のむ」。

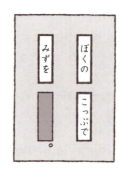

③ のむ のカードを入れる枠を指さししながら、「ここに入るのはどれですか」と言います。

④ のむ のカードを見た瞬間、 のむ のカードをポインティングしながら、「そうだね、これだね」と言います。見ないときは、待たずに のむ のカードをポインティングして「ここ、見て」と言い、視線を誘導します。 のむ を見た瞬間、 のむ のカードをポインティングしながら、「そうだね、これだね」と言います。

⑤ のむ のカードをポインティングして「これを」、4番目の枠をポインティングして「ここに入れるよ」と言います。

⑥ 4番目の枠に のむ のカードを一緒に入れます。

⑦ 「よくできたね」と心からほめます。

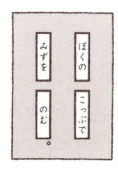

Part I 文の構成の学習

(7)「おなじ」

> Step 1 1対1 その1 (7)「おなじ」 と同様です。
>
> p.149

(8) 書く

> Step 1 1対1 その1 (8) 書く と同様です。
>
> p.150

(9) 書いた文を読む

> Step 1 1対1 その1 (9) 書いた文を読む と同様です。
>
> p.151

Step 2 左から のむ みずを こっぷで ぼくの と呈示（利き手側後出し）

(1)「動作絵カード」の呈示

> Step 1 1対1 その1 (1)「動作絵カード」の呈示 と同様です。
>
> p.146

(2) 文を読む

> Step 1 1対1 その1 (2) 文を読む と同様です。
>
> p.146

(3) のむ の呈示

① ぼくの こっぷで みずを のむ を入れる枠を上から順に指さししながら、「ここに、[ぼくの こっぷで みずを のむ。]をつくるよ」と言います。

②文構成板の右の空間の左側に、 のむ のカードを呈示します。

③「指さししながら一緒に読みましょう」と言い、子どもの右手の人さし指を援助して、指さししながら一緒に読みます。「のむ」。

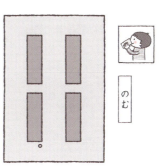

第6章 助詞3つを用いた文の構成
助詞3つ 文節で構成する

(4) みずを の呈示

① のむ のカードの右側に、 みずを のカードを呈示します。

② 「指さししながら一緒に読みましょう」と言い、子どもの右手の人さし指を援助して、指さししながら一緒に読みます。「みずを」。

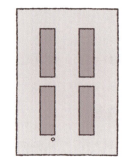

＊カードとカードの間は、子どもが見てわかりやすいように間隔をあけます。

(5) こっぷで の呈示

① みずを のカードの右側に、 こっぷで のカードを呈示します。

② 「指さししながら一緒に読みましょう」と言い、子どもの右手の人さし指を援助して、指さししながら一緒に読みます。「こっぷで」。

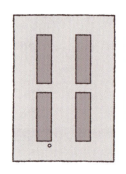

(6) ぼくの の呈示

① こっぷで のカードの右側に、 ぼくの のカードを呈示します。

② 「指さししながら一緒に読みましょう」と言い、子どもの右手の人さし指を援助して、指さししながら一緒に読みます。「ぼくの」。

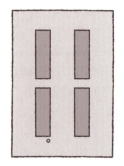

Part I 文の構成の学習

(7) ぼくの を入れる

① ぼくの のカードを入れる枠を指さししながら、「ここに入るのはどれですか」と言います。

② ぼくの のカードを見た瞬間、ぼくの のカードをポインティングしながら、「そうだね、これだね」と言います。見ないときは、待たずに ぼくの のカードをポインティングして「ここ、見て」と言い、視線を誘導します。ぼくの を見た瞬間、ぼくの のカードをポインティングしながら、「そうだね、これだね」と言います。

③ ぼくの のカードをポインティングして「これを」、1番目の枠をポインティングして「ここに入れるよ」と言います。

④ 1番目の枠に ぼくの のカードを一緒に入れます。

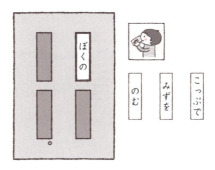

(8) こっぷで を入れる

① こっぷで のカードを入れる枠を指さししながら、「ここに入るのはどれですか」と言います。

② こっぷで のカードを見た瞬間、こっぷで のカードをポインティングしながら、「そうだね、これだね」と言います。見ないときは、待たずに こっぷで のカードをポインティングして「ここ、見て」と言い、視線を誘導します。こっぷで を見た瞬間、こっぷで のカードをポインティングしながら、「そうだね、これだね」と言います。

③ こっぷで のカードをポインティングして「これを」、2番目の枠をポインティングして「ここに入れるよ」と言います。

④ 2番目の枠に こっぷで のカードを一緒に入れます。

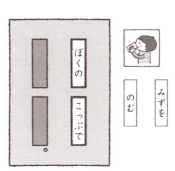

(9) みずを を入れる

① みずを のカードを入れる枠を指さししながら、「ここに入るのはどれですか」と言います。

② みずを のカードを見た瞬間、 みずを のカードをポインティングしながら、「そうだね、これだね」と言います。見ないときは、待たずに みずを のカードをポインティングして「ここ、見て」と言い、視線を誘導します。 みずを を見た瞬間、 みずを のカードをポインティングしながら、「そうだね、これだね」と言います。

③ みずを のカードをポインティングして「これを」、3番目の枠をポインティングして「ここに入れるよ」と言います。

④ 3番目の枠に みずを のカードを一緒に入れます。

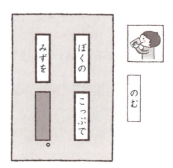

(10) のむ を入れる

① のむ のカードを入れる枠を指さししながら、「ここに入るのはどれですか」と言います。

② のむ のカードを見た瞬間、 のむ のカードをポインティングしながら、「そうだね、これだね」と言います。見ないときは、待たずに のむ のカードをポインティングして「ここ、見て」と言い、視線を誘導します。 のむ を見た瞬間、 のむ のカードをポインティングしながら、「そうだね、これだね」と言います。

③ のむ のカードをポインティングして「これを」、4番目の枠をポインティングして「ここに入れるよ」と言います。

④ 4番目の枠に のむ のカードを一緒に入れます。

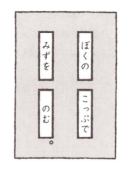

Part I 文の構成の学習

(11)「おなじ」

> Step 1 1対1 その1 (7)「おなじ」 と同様です。
>
> p.149

(12) 書く

> Step 1 1対1 その1 (8) 書く と同様です。
>
> p.150

(13) 書いた文を読む

> Step 1 1対1 その1 (9) 書いた文を読む と同様です。
>
> p.151

Step 3 右から のむ みずを こっぷで ぼくの と呈示（反利き手側後出し）

(1)「動作絵カード」の呈示

> Step 1 1対1 その1 (1)「動作絵カード」の呈示 と同様です。
>
> p.146

(2) 文を読む

> Step 1 1対1 その1 (2) 文を読む と同様です。
>
> p.146

(3) のむ の呈示

① ぼくの こっぷで みずを のむ を入れる枠を上から順に指さししながら、「ここに、[ぼくの こっぷで みずを のむ。]をつくるよ」と言います。

②文構成板の右の空間の右側に、 のむ のカードを呈示します。

③「指さししながら一緒に読みましょう」と言い、子どもの右手の人さし指を援助して、指さししながら一緒に読みます。「のむ」。

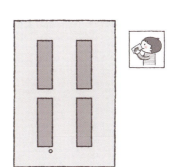

第6章 助詞3つを用いた文の構成 / 助詞3つ文節で構成する

(4) みずを の呈示

① のむ のカードの左側に、 みずを のカードを呈示します。

② 「指さししながら一緒に読みましょう」と言い、子どもの右手の人さし指を援助して、指さししながら一緒に読みます。「みずを」。

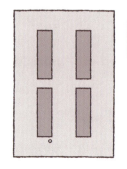

＊カードとカードの間は、子どもが見てわかりやすいように間隔をあけます。

(5) こっぷで の呈示

① みずを のカードの左側に、 こっぷで のカードを呈示します。

② 「指さししながら一緒に読みましょう」と言い、子どもの右手の人さし指を援助して、指さししながら一緒に読みます。「こっぷで」。

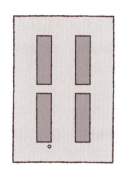

(6) ぼくの の呈示

① こっぷで のカードの左側に、 ぼくの のカードを呈示します。

② 「指さししながら一緒に読みましょう」と言い、子どもの右手の人さし指を援助して、指さししながら一緒に読みます。「ぼくの」。

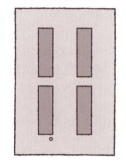

Part I 文の構成の学習

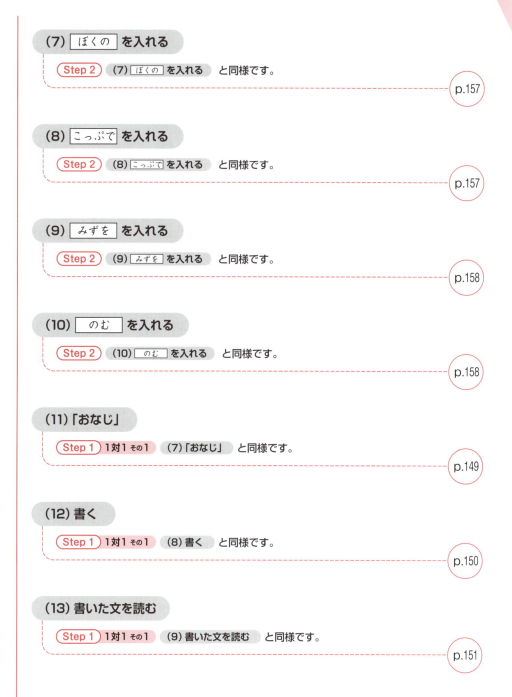

(7) ぼくの を入れる

Step 2 (7) ぼくの を入れる と同様です。 p.157

(8) こっぷで を入れる

Step 2 (8) こっぷで を入れる と同様です。 p.157

(9) みずを を入れる

Step 2 (9) みずを を入れる と同様です。 p.158

(10) のむ を入れる

Step 2 (10) のむ を入れる と同様です。 p.158

(11) 「おなじ」

Step 1 1対1 その1 (7)「おなじ」 と同様です。 p.149

(12) 書く

Step 1 1対1 その1 (8) 書く と同様です。 p.150

(13) 書いた文を読む

Step 1 1対1 その1 (9) 書いた文を読む と同様です。 p.151

第6章 助詞3つを用いた文の構成 — 助詞3つ 文節で構成する

Step 4 右から ぼくの こっぷで みずを のむ と呈示（利き手側先出し）

(1)「動作絵カード」の呈示

> Step 1 1対1 その1 (1)「動作絵カード」の呈示 と同様です。
> p.146

(2) 文を読む

> Step 1 1対1 その1 (2) 文を読む と同様です。
> p.146

(3) ぼくの の呈示

① ぼくの こっぷで みずを のむ を入れる枠を上から順に指さししながら、「ここに、[ぼくの　こっぷで　みずを　のむ。]をつくるよ」と言います。

② 文構成板の右の空間の右側に、ぼくの のカードを呈示します。

③「指さししながら一緒に読みましょう」と言い、子どもの右手の人さし指を援助して、指さししながら一緒に読みます。「ぼくの」。

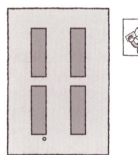

(4) こっぷで の呈示

① ぼくの のカードの左側に、こっぷで のカードを呈示します。

②「指さししながら一緒に読みましょう」と言い、子どもの右手の人さし指を援助して、指さししながら一緒に読みます。「こっぷで」。

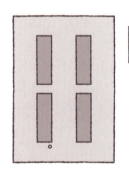

＊カードとカードの間は、子どもが見てわかりやすいように間隔をあけます。

Part I 文の構成の学習

(5) みずを の呈示

① こっぷで のカードの左側に、 みずを のカードを呈示します。

② 「指さししながら一緒に読みましょう」と言い、子どもの右手の人さし指を援助して、指さししながら一緒に読みます。「みずを」。

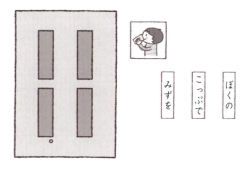

(6) のむ の呈示

① みずを のカードの左側に、 のむ のカードを呈示します。

② 「指さししながら一緒に読みましょう」と言い、子どもの右手の人さし指を援助して、指さししながら一緒に読みます。「のむ」。

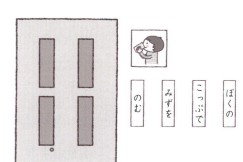

(7) ぼくの を入れる

Step 2 (7) ぼくの を入れる と同様です。 ……… p.157

(8) こっぷで を入れる

Step 2 (8) こっぷで を入れる と同様です。 ……… p.157

(9) みずを を入れる

Step 2 (9) みずを を入れる と同様です。 ……… p.158

第6章 文の構成 助詞3つを用いた文節で構成する

163

(10) のむ を入れる

> Step 2 (10) のむ を入れる と同様です。
>
> p.158

(11)「おなじ」

> Step 1 1対1 その1 (7)「おなじ」 と同様です。
>
> p.149

(12) 書く

> Step 1 1対1 その1 (8) 書く と同様です。
>
> p.150

(13) 書いた文を読む

> Step 1 1対1 その1 (9) 書いた文を読む と同様です。
>
> p.151

Step 5 左から ぼくの こっぷで みずを のむ と呈示（反利き手側先出し）

(1)「動作絵カード」の呈示

> Step 1 1対1 その1 (1)「動作絵カード」の呈示 と同様です。
>
> p.146

(2) 文を読む

> Step 1 1対1 その1 (2) 文を読む と同様です。
>
> p.146

(3) ぼくの の呈示

① ぼくの こっぷで みずを のむ を入れる枠を上から順に指さししながら、「ここに、[ぼくの　こっぷで　みずを　のむ。]をつくるよ」と言います。

②文構成板の右の空間の左側に、 ぼくの のカードを呈示します。

③「指さししながら一緒に読みましょう」と言い、子どもの右手の人さし指を援助して、指さししながら一緒に読みます。「ぼくの」。

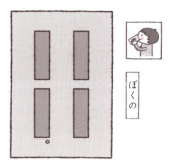

(4) ｜こっぷで｜の呈示

① ｜ぼくの｜のカードの右側に、｜こっぷで｜のカードを呈示します。

②「指さししながら一緒に読みましょう」と言い、子どもの右手の人さし指を援助して、指さししながら一緒に読みます。「こっぷで」。

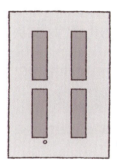

＊カードとカードの間は、子どもが見てわかりやすいように間隔をあけます。

(5) ｜みずを｜の呈示

① ｜こっぷで｜のカードの右側に、｜みずを｜のカードを呈示します。

②「指さししながら一緒に読みましょう」と言い、子どもの右手の人さし指を援助して、指さししながら一緒に読みます。「みずを」。

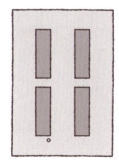

(6) のむ の呈示

① みずを のカードの右側に、 のむ のカードを呈示します。

② 「指さししながら一緒に読みましょう」と言い、子どもの右手の人さし指を援助して、指さししながら一緒に読みます。「のむ」。

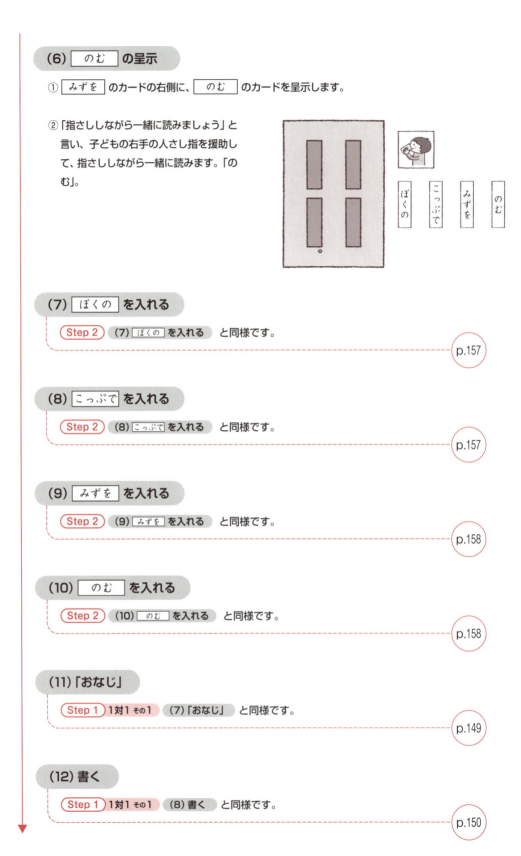

(7) ぼくの を入れる

Step 2 (7) ぼくの を入れる と同様です。

p.157

(8) こっぷで を入れる

Step 2 (8) こっぷで を入れる と同様です。

p.157

(9) みずを を入れる

Step 2 (9) みずを を入れる と同様です。

p.158

(10) のむ を入れる

Step 2 (10) のむ を入れる と同様です。

p.158

(11) 「おなじ」

Step 1 1対1 その1 (7)「おなじ」 と同様です。

p.149

(12) 書く

Step 1 1対1 その1 (8) 書く と同様です。

p.150

166

Part I 文の構成の学習

(13) 書いた文を読む

Step 1 1対1 その1 (9) 書いた文を読む と同様です。

p.151

Step 6 ランダムに呈示

4枚の「文節カード」をランダムな位置（配置）・順序に呈示します。

ことばかけ等は、**Step 1** ～ **Step 5** に準じます。

p.146

カードを呈示する位置（配置）や順序は、何通りもあります。子どもの実態に応じて工夫して行うとよいでしょう。

カードをよく見ないで取ってしまう場合には

カードを呈示するやいなや、よく見ないで手を伸ばしてくる子どもがいます。そのような場合には、カードを文構成板の上方の子どもの手が届かないところに呈示するようにします。

そして、カードをよく見て、見比べて選ぶようにします。カードを入れる枠を指さしながら「ここに入るのはどれですか」と言います。正選択肢のカードを見た瞬間、そのカードをポインティングしながら、「そうだね、これだね」と言います。そして、カードを子どもの右手に近づけます。よく見せること、間違ったカードに手を触れさせないことがとても大切です。

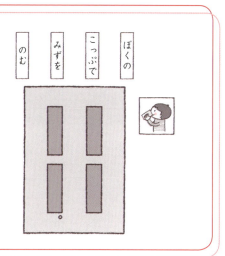

運動機能障害がある場合

運動機能障害がある場合でも、**Step 1** から **Step 5** まで、今まで述べた方法と同様に学習します。「文節カード」を視線で選ぶようにすることがポイントです。正しいカードを視線で選んだ段階で課題は成立しています。子どもの視線をよく見て適切にことばかけを行うことが大切です。

カードを入れたり、文字を書いたりすることは、子どもの手の運動機能の実態に応じて援助しながら行います。全面的に援助してでも、できる限り一緒に行うことが、学習の定着につながります。

第**7**章

助詞３つを用いた
文の構成

●単語と助詞で構成する

　助詞３つの文の構成が「文節カード」でできるようになったら、続けて「単語カード」と「助詞カード」で文の構成を行います。

　いろいろな助詞を用いた助詞３つの文の構成が、「単語カード」と「助詞カード」でできるようになったら、文を構成する基礎的な力がついたと言えるでしょう。ここまで学習が進んだら、次に「文・文章の理解」の学習に入ります。

　以下、子どもは右利きとして説明します。

Part I 文の構成の学習

1. 「単語カード」と「助詞カード」による文構成の学習の教材

第6章の［「文節カード」による文構成］で学習した文を使って、「単語カード」4つと「助詞カード」3つで文構成の学習を行います。

例：「ぼく の こっぷ で みず を のむ。」

使用する教材

- 「単語カード」と「助詞カード」による［助詞3つの文］の文構成板
- 「動作絵カード」：［ぼくの こっぷで みずを のむ］
- 「名詞カード」： ぼく　こっぷ　みず
- 「助詞カード」： の　で　を
- 「動詞カード」： のむ
- 書字用紙　・クリップボード　・鉛筆

「単語カード」と「助詞カード」による［助詞3つの文］の文構成板

「単語カード」と「助詞カード」を入れるところを切り抜いて、底板を貼ったもの。
図のサイズを基本とします。

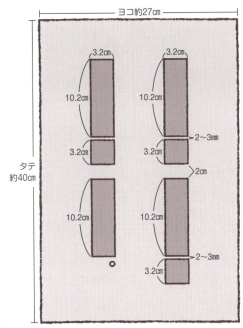

「単語カード」「助詞カード」は、取り出しやすいように、入れたときに文構成板から2mm程度出るようにします。そのために枠の深さは8mmにします。

「動詞カード」を入れる枠の下に句点の『　。』を書いておきます。
「動詞カード」に『　。』を書いておくと、それを手がかりにして考えてしまう子どもがいます。
したがって、『　。』は、文構成板に書いておくようにします。

第7章　助詞3つを用いた文の構成
助詞3つ単語と助詞で構成する

> 動作絵カード

・[ぼくの こっぷで みずを のむ]の「動作絵カード」
縦8cm×横8cm×厚さ1cmのカードに、[ぼくの こっぷで みずを のむ]動作をしている絵を描いたもの。絵は、子どもが見て、それが何であるかがはっきりわかるように、色・形・輪郭の太さなどに配慮して描きます。「絵カード」の背景は白を基本とします。必要なもの以外は描かないようにします。

> 名詞カード

縦10cm×横3cm×厚さ1cmのカードに「ぼく」「こっぷ」「みず」と書いたもの

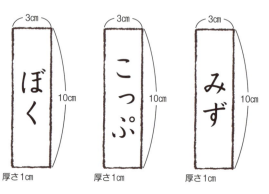

> 助詞カード

縦3cm×横3cm×厚さ1cmのカードに「の」「で」「を」と書いたもの

> 動詞カード

縦10cm×横3cm×厚さ1cmのカードに「のむ」と書いたもの

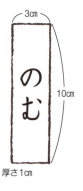

＊「単語カード」と「助詞カード」は、白地に黒の文字で、教科書体がよいです。

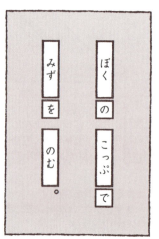

「単語カード」「助詞カード」を文構成板に入れたところ

Part I 文の構成の学習

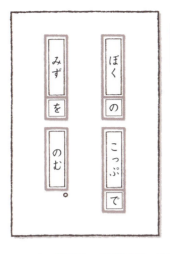

文構成板・「動作絵カード」「単語カード」「助詞カード」の材質は、木材が最適ですが、難しい場合は、スチレンボードなどで作成してもよいです。文構成板は、板に3～5mm程度の角材を切って貼り、枠を作ってもよいでしょう。

* 「動作絵カード」や「単語カード」「助詞カード」の上をブックカバーなどで覆うと、耐久性が増します。
* 「動作絵カード」や「単語カード」「助詞カード」を文構成板にマグネットで付くようにすると、立てて学習することもできます。

（書字用紙）

A4の用紙に、(「単語カード」と「助詞カード」による［助詞3つの文］の文構成板) と同じように枠が書いてあるもの。
単語と助詞の間は線で区切るようにします。

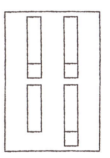

（クリップボード）

・書字用紙が動かないようにするために、クリップボードを用いるとよいです。クリップボードは、A4サイズで、留め金が上に付いているものにします。
（留め金が横に付いていると、文字を書く手や用紙を押さえる手のじゃまになります。）

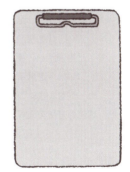

（鉛筆）

・鉛筆は、子どもの実態に応じて、2B、4B、6Bなど、使い分けるとよいでしょう。

教材は、子どもの実態に合っていることが、もっとも大切です。子どもの実態に応じて工夫するとよいでしょう。

第7章 助詞3つを用いた文の構成／助詞3つ 単語と助詞で構成する

171

2. 選択肢の呈示の系統性

「名詞カード」「助詞カード」「動詞カード」を呈示します。そして、「単語カード」と「助詞カード」による［助詞３つの文］の文構成板 に順序よくカードを置いて文を構成する学習です。

４文節の文構成の学習と同様に、初めは選択肢を呈示しない「１対１」の学習から行います。呈示するカードが１つなので、子どもは迷わず答えることができます。「１対１」の学習を通して、学習の方法を理解します。

「１対１」の学習ができるようになったら、７枚のカードを見比べて、文構成板に１番目の単語から文を構成する方法で学習します。文構成では、正しい位置に順序よく単語や助詞を入れて、文を構成することが大切です。１番目のカードよりも先に他のカードを選び、その単語や助詞の枠に入れても正反応とはしません。１番目のカードを先に選び、１番目の枠に入れるようにします。必ず順序正しく「単語カード」「助詞カード」を入れて文を構成します。そのことが最も大切です。

構成する「単語カード」、「助詞カード」を呈示する位置や呈示する順序によって、難易度が異なります。次のようなスモールステップで学習を進めます。

ここでは、［ぼく　の　こっぷ　で　みず　を　のむ。］の文で説明します。

Step 1 1対1（ ぼく の こっぷ で みず を のむ を1枚ずつ呈示）
その1 利き手側から呈示、その2 反利き手側から呈示

① ぼく を呈示し、構成板の１番目の枠に入れます。
② の を呈示し、構成板の２番目の枠に入れます。
③ こっぷ を呈示し、構成板の３番目の枠に入れます。
④ で を呈示し、構成板の４番目の枠に入れます。
⑤ みず を呈示し、構成板の５番目の枠に入れます。
⑥ を を呈示し、構成板の６番目の枠に入れます。
⑦ のむ を呈示し、構成板の７番目の枠に入れます。

　カードを１枚ずつ呈示するので、間違えずに学習できます。
　学習の方法を理解するための大切な学習です。

Step 2 左から のむ を みず で こっぷ の ぼく と呈示（利き手側後出し）

① のむ を呈示します。
② を を のむ の右側に呈示します。
③ みず を を の右側に呈示します。
④ で を みず の右側に呈示します。
⑤ こっぷ を で の右側に呈示します。
⑥ の を こっぷ の右側に呈示します。
⑦ ぼく を の の右側に呈示します。

Part Ⅰ 文の構成の学習

　 ぼく のカードを利き手側に呈示するので選びやすいです。

　 ぼく のカードを後から呈示するので、記憶に残りやすく、視線が ぼく のカードにあるときに「ここに入るのはどれですか」と言われるので、選びやすいです。

Step 3 右から のむ ｜ を ｜ みず ｜ で ｜ こっぷ ｜ の ｜ ぼく と呈示（反利き手側後出し）

① のむ を呈示します。
② を を のむ の左側に呈示します。
③ みず を を の左側に呈示します。
④ で を みず の左側に呈示します。
⑤ こっぷ を で の左側に呈示します。
⑥ の を こっぷ の左側に呈示します。
⑦ ぼく を の の左側に呈示します。

　 ぼく のカードを後から呈示するので、記憶に残りやすく、視線が ぼく のカードにあるときに「ここに入るのはどれですか」と言われるので、選びやすいです。

　 ぼく のカードを反利き手側に呈示するので、**Step 2** より難しいです。

Step 4 右から ぼく ｜ の ｜ こっぷ ｜ で ｜ みず ｜ を ｜ のむ と呈示（利き手側先出し）

① ぼく を呈示します。
② の を ぼく の左側に呈示します。
③ こっぷ を の の左側に呈示します。
④ で を こっぷ の左側に呈示します。
⑤ みず を で の左側に呈示します。
⑥ を を みず の左側に呈示します。
⑦ のむ を を の左側に呈示します。

　 ぼく のカードを利き手側に呈示するので取りやすいです。

「ここに入るのはどれですか」と言われたときには子どもの視線は のむ にある状態です。「これ（ のむ ）ではない、こっち（ ぼく ）だ」という思考が働いて、視線を ぼく に戻さなければならないので、後出しより難しいです。

Step 5 左から ぼく ｜ の ｜ こっぷ ｜ で ｜ みず ｜ を ｜ のむ と呈示（反利き手側先出し）

① ぼく を呈示します。
② の を ぼく の右側に呈示します。
③ こっぷ を の の右側に呈示します。
④ で を こっぷ の右側に呈示します。
⑤ みず を で の右側に呈示します。
⑥ を を みず の右側に呈示します。
⑦ のむ を を の右側に呈示します。

第7章 文の構成 助詞3つを用いた

助詞3つ 単語と助詞で 構成する

「ここに入るのはどれですか」と言われたときには子どもの視線は のむ にある状態です。「これ（ のむ ）ではない、こっち（ ぼく ）だ」という思考が働いて、視線を ぼく に戻さなければならないので、後出しより難しいです。

ぼく のカードを反利き手側に呈示するので、Step 4 より難しいです。

＊ここに述べた選択肢の呈示の系統性は、視機能と手の操作性の観点から考えた学習理論に基づく呈示のスモールステップです。学習順序は子どもの実態に応じて組み替えてもよいでしょう。

Step 6 ランダムに呈示

「単語カード」「助詞カード」の呈示の位置（配置）や呈示の順序は、Step 2 ～ Step 5 で述べたもののほかに何通りもあります。子どもの実態に応じて、工夫して行うとよいでしょう。

3. 方法とことばかけ

Step 1 1対1 その1（ ぼく の こっぷ で みず を のむ を利き手側から呈示）

（1）「動作絵カード」の呈示

① 文構成板を呈示します。

② [ぼくの　こっぷで　みずを　のむ]の「動作絵カード」を、文構成板の右側に呈示します。指導者が「これは、『ぼくの　こっぷで　みずを　のむ。』」と言いながら、コップで水を飲む動作をしてみせます。「これは何をしているところですか」とは聞きません。

③ 「[ぼくの　こっぷで　みずを　のむ]と一緒に言うよ」と言って、一緒に「ぼくの　こっぷで　みずを　のむ。」と言います。

（2）文を読む

① 文構成板に、 ぼく の こっぷ で みず を のむ のカードを入れます。

② 「指さししながら一緒に読みましょう」と言い、子どもの右手の人さし指を援助して、指さししながら一緒に読みます。「ぼく　の　こっぷ　で　みず　を　のむ。」

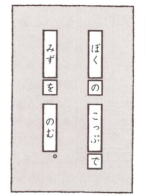

Part I 文の構成の学習

③ | ぼく | の | こっぷ | で | みず | を | のむ | のカードを撤去します。

> **文の読み方のポイント**
> ・指さししながらゆっくり読むようにします。
> ・名詞、助詞、動詞の間は一呼吸おくようにします。助詞「の」「で」「を」は、少し大きめの声で発生して、はっきり意識できるようにします。
> ・指さししているところをしっかり見るようにします。視線が外れたときは読んでいるところをポインティングして「ここ、見て」と言います。見たら「見てるね」と言います。文を覚えてしまい、見ないで発声する子どもが多くみられます。子どもの視線をいつも把握することが大切です。

(3) | ぼく | の呈示

① | ぼく | の | こっぷ | で | みず | を | のむ | を入れる枠を上から順に指さししながら、「ここに、[ぼく の こっぷ で みず を のむ。]をつくるよ」と言います。

② 文構成板の右の空間の右側に、| ぼく | のカードを呈示します。

③ 「指さししながら一緒に読みましょう」と言い、子どもの右手の人さし指を援助して、指さししながら一緒に読みます。「ぼく」。

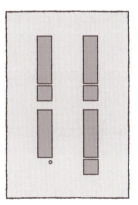

④ | ぼく | のカードを入れる枠を指さししながら、「ここに入るのはどれですか」と言います。

⑤ | ぼく | のカードを見た瞬間、| ぼく | のカードをポインティングしながら「そうだね、これだね」と言います。見ないときは、待たずに | ぼく | のカードをポインティングして「ここ、見て」と言い、視線を誘導します。| ぼく | を見た瞬間、| ぼく | のカードをポインティングしながら、「そうだね、これだね」と言います。

⑥ | ぼく | のカードをポインティングして「これを」、1番目の枠をポインティングして「ここに入れるよ」と言います。

⑦ 1番目の枠に | ぼく | のカードを一緒に入れます。

第7章 文の構成　助詞3つを用いた文の構成　助詞3つ単語と助詞で構成する

(4) の の呈示

①文構成板の右の空間の ぼく を出した位置の左側に、 の のカードを呈示します。

②「指さししながら一緒に読みましょう」と言い、子どもの右手の人さし指を援助して、指さししながら一緒に読みます。「の」。

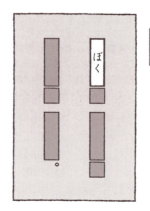

③ の のカードを入れる枠を指さししながら、「ここに入るのはどれですか」と言います。

④ の のカードを見た瞬間、 の のカードをポインティングしながら、「そうだね、これだね」と言います。見ないときは、待たずに の のカードをポインティングして「ここ、見て」と言い、視線を誘導します。 の を見た瞬間、 の のカードをポインティングしながら、「そうだね、これだね」と言います。

⑤ の のカードをポインティングして「これを」、2番目の枠をポインティングして「ここに入れるよ」と言います。

⑥2番目の枠に の のカードを一緒に入れます。

(5) こっぷ の呈示

①文構成板の右の空間の の を出した位置の左側に、 こっぷ のカードを呈示します。

②「指さししながら一緒に読みましょう」と言い、子どもの右手の人さし指を援助して、指さししながら一緒に読みます。「こっぷ」。

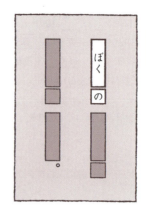

③ こっぷ のカードを入れる枠を指さししながら、「ここに入るのはどれですか」と言います。

④ こっぷ のカードを見た瞬間、 こっぷ のカードをポインティングしながら、「そうだね、これだね」と言います。見ないときは、待たずに こっぷ のカードをポインティングして「ここ、見て」と言い、視線を誘導します。 こっぷ を見た瞬間、 こっぷ のカードをポインティングしながら、「そうだね、これだね」と言います。

⑤ こっぷ のカードをポインティングして「これを」、3番目の枠をポインティングして「ここに入れるよ」と言います。

⑥3番目の枠に こっぷ のカードを一緒に入れます。

(6) で の呈示

①文構成板の右の空間の こっぷ を出した位置の左側に、 で のカードを呈示します。

② 「指さししながら一緒に読みましょう」と言い、子どもの右手の人さし指を援助して、指さししながら一緒に読みます。「で」。

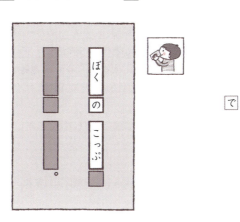

③ で のカードを入れる枠を指さししながら、「ここに入るのはどれですか」と言います。

④ で のカードを見た瞬間、 で のカードをポインティングしながら、「そうだね、これだね」と言います。見ないときは、待たずに で のカードをポインティングして「ここ、見て」と言い、視線を誘導します。 で を見た瞬間、 で のカードをポインティングしながら、「そうだね、これだね」と言います。

⑤ で のカードをポインティングして「これを」、4番目の枠をポインティングして「ここに入れるよ」と言います。

⑥4番目の枠に で のカードを一緒に入れます。

(7) みず の呈示

①文構成板の右の空間の で を出した位置の左側に、 みず のカードを呈示します。

② 「指さししながら一緒に読みましょう」と言い、子どもの右手の人さし指を援助して、指さししながら一緒に読みます。「みず」。

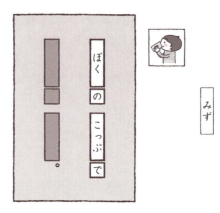

③ みず のカードを入れる枠を指さししながら、「ここに入るのはどれですか」と言います。

④ みず のカードを見た瞬間、 みず のカードをポインティングしながら、「そうだね、これだね」と言います。見ないときは、待たずに みず のカードをポインティングして「ここ、見て」と言い、視線を誘導します。 みず を見た瞬間、 みず のカードをポインティングしながら、「そうだね、これだね」と言います。

⑤ みず のカードをポインティングして「これを」、5番目の枠をポインティングして「ここに入れるよ」と言います。

⑥5番目の枠に みず のカードを一緒に入れます。

(8) を の呈示

①文構成板の右の空間の みず を出した位置の左側に、 を のカードを呈示します。

② 「指さししながら一緒に読みましょう」と言い、子どもの右手の人さし指を援助して、指さししながら一緒に読みます。「を」。

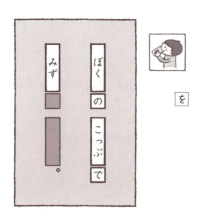

178

Part Ⅰ 文の構成の学習

③ を のカードを入れる枠を指さししながら、「ここに入るのはどれですか」と言います。

④ を のカードを見た瞬間、 を のカードをポインティングしながら、「そうだね、これだね」と言います。見ないときは、待たずに を のカードをポインティングして「ここ、見て」と言い、視線を誘導します。 を を見た瞬間、 を のカードをポインティングしながら、「そうだね、これだね」と言います。

⑤ を のカードをポインティングして「これを」、6番目の枠をポインティングして「ここに入れるよ」と言います。

⑥ 6番目の枠に を のカードを一緒に入れます。

(9) のむ の呈示

① 文構成板の右の空間の を を出した位置の左側に、 のむ のカードを呈示します。

② 「指さししながら一緒に読みましょう」と言い、子どもの右手の人さし指を援助して、指さししながら一緒に読みます。「のむ」。

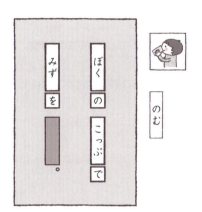

③ のむ のカードを入れる枠を指さししながら、「ここに入るのはどれですか」と言います。

④ のむ のカードを見た瞬間、 のむ のカードをポインティングしながら、「そうだね、これだね」と言います。見ないときは、待たずに のむ のカードをポインティングして「ここ、見て」と言い、視線を誘導します。 のむ を見た瞬間、 のむ のカードをポインティングしながら、「そうだね、これだね」と言います。

⑤ のむ のカードをポインティングして「これを」、7番目の枠をポインティングして「ここに入れるよ」と言います。

⑥ 7番目の枠に のむ のカードを一緒に入れます。

⑦ 「よくできたね」と心からほめます。

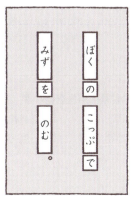

第7章 助詞3つを用いた文の構成

助詞3つ 単語と助詞で構成する

(10)「おなじ」

①子どもの右手を持って、一緒に［ぼくの　こっぷで　みずを　のむ］の「動作絵カード」を指さししながら、「これは『ぼくの　こっぷで　みずを　のむ。』」、 ぼく 　 の 　 こっぷ 　 で 　 みず 　 を 　 のむ 　のカードを上から順に1文字ずつ指さししながら、「これも、『ぼくの　こっぷ　で　みず　を　のむ。』」と言います。

②子どもの右手を持って、一緒に「動作絵カード」と構成した文を指さししながら、「これと、これは、お・な・じ」と言います。「おなじ」と言うときは、両手を援助して、机を3回トントントンとたたきながら、一緒に「お・な・じ」と言うようにします。

(11) 書く

①「［ぼく　の　こっぷ　で　みず　を　のむ。］を書きましょう」と言って、書字用紙を呈示します。書字用紙は動かないようにクリップボードなどに挟んで置きます。

②手本のカード ぼく を左側に呈示して、「［ぼく］を書くよ」と言います。

③一緒に［ぼく］を書きます。
　一人で枠の中にバランスよく書ける場合は、一人で書いてもよいでしょう。

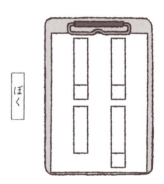

バランスよく整った字を一人で書くのが難しい場合は

　バランスよく整った字を一人で書くのが難しい場合は、子どもの手を援助して書くようにします。運筆に合わせて「ここから、たてに、まっすぐ、ストップ」など、適切なことばかけをします。子どもの手を援助して書くとき、書いている字が隠れないように、子どもが右利きの場合は、指導者の左手で援助するようにします。援助して枠の中に整った字を書くことが大切です。
　枠の中にバランスよく書けない場合は、枠の代わりに文字数に合わせたマス目を用意してもよいでしょう。

書きやすい位置に用紙を動かす

　子どものひじが軽く伸びている位置が、最も文字が書きやすいです。用紙を動かさずに書いていると、文字を書く位置が子どもに近づいてきて書きにくくなります。用紙を動かして、いつも書きやすい位置で書くようにするのがポイントです。

④手本のカード ぼく を、撤去します。

⑤手本のカード の を左側に呈示して、「[の] を書くよ」と
言います。

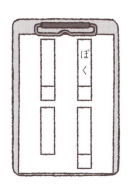

⑥一緒に [の] を書きます。
　一人で枠の中にバランスよく書ける場合は、一人で書い
てもよいでしょう。

⑦手本のカード の を、撤去します。

⑧手本のカード こっぷ を左側に呈示して、「[こっぷ]
を書くよ」と言います。

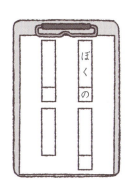

⑨一緒に [こっぷ] を書きます。
　一人で枠の中にバランスよく書ける場合は、一人で書い
てもよいでしょう。

⑩手本のカード こっぷ を、撤去します。

⑪手本のカード で を左側に呈示して、「[で] を書くよ」と
言います。

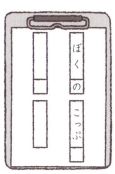

⑫一緒に [で] を書きます。
　一人で枠の中にバランスよく書ける場合は、一人で書い
てもよいでしょう。

⑬手本のカード で を、撤去します。

⑭手本のカード みず を左側に呈示して、「[みず] を
書くよ」と言います。

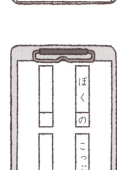

⑮一緒に [みず] を書きます。
　一人で枠の中にバランスよく書ける場合は、一人で書い
てもよいでしょう。

第7章 助詞3つを用いた文の構成

助詞3つ 単語と助詞で構成する

⑯手本のカード みず を、撤去します。

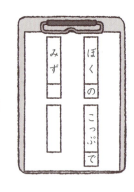

⑰手本のカード を を左側に呈示して、「[を] を書くよ」と言います。

⑱一緒に [を] を書きます。
　一人で枠の中にバランスよく書ける場合は、一人で書いてもよいでしょう。

⑲手本のカード を を、撤去します。

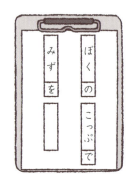

⑳手本のカード のむ を左側に呈示して、「[のむ] を書くよ」と言います。

㉑一緒に [のむ] を書きます。
　一人で枠の中にバランスよく書ける場合は、一人で書いてもよいでしょう。

㉒「最後に [まる] を書くよ」と言って、一緒に句点を書きます。

㉓手本のカード のむ を、撤去します。

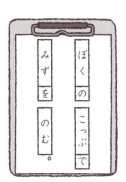

(12) 書いた文を読む

①書いた文を呈示します。

②書いた文を指導者が指さししながら、「[ぼく　の　こっぷ　で　みず　を　のむ。] と一緒に読むよ」と言います。

③[ぼく　の　こっぷ　で　みず　を　のむ。] を、子どもの手を援助して一緒に上から順に指さししながら「ぼく　の　こっぷ　で　みず　を　のむ。」と一緒に読みます。助詞「の」「で」「を」は、少し大きめの声で発声して、はっきり意識できるようにします。

④「上手に読めたね」などと、心からよくほめます。

182

Part I 文の構成の学習

Step 1 1対1 その2（ ぼく の こっぷ で みず を のむ を反利き手側から呈示）

（1）「動作絵カード」の呈示

> **Step 1** 1対1 その1 （1）「動作絵カード」の呈示 と同様です。
> 　　　　　　　　　　　　　　　　　　　　　　　　　　　p.174

（2）文を読む

> **Step 1** 1対1 その1 （2）文を読む と同様です。
> 　　　　　　　　　　　　　　　　　　　　　　　　　　　p.174

（3） ぼく の呈示

① ぼく の こっぷ で みず を のむ を入れる枠を上から順に指さししながら、「ここに、[ぼく　の　こっぷ　で　みず　を　のむ。]をつくるよ」と言います。

② 文構成板の右の空間の左側に、 ぼく のカードを呈示します。

③「指さししながら一緒に読みましょう」と言い、子どもの右手の人さし指を援助して、指さししながら一緒に読みます。「ぼく」。

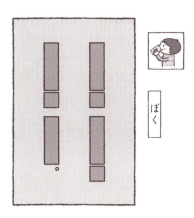

④ ぼく のカードを入れる枠を指さししながら、「ここに入るのはどれですか」と言います。

⑤ ぼく のカードを見た瞬間、 ぼく のカードをポインティングしながら「そうだね、これだね」と言います。見ないときは、待たずに ぼく のカードをポインティングして「ここ、見て」と言い、視線を誘導します。 ぼく を見た瞬間、 ぼく のカードをポインティングしながら、「そうだね、これだね」と言います。

⑥ ぼく のカードをポインティングして「これを」、1番目の枠をポインティングして「ここに入れるよ」と言います。

⑦ 1番目の枠に ぼく のカードを一緒に入れます。

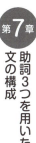

(4) の の呈示

①文構成板の右の空間の ぼく を出した位置の右側に、の のカードを呈示します。

②「指さししながら一緒に読みましょう」と言い、子どもの右手の人さし指を援助して、指さししながら一緒に読みます。「の」。

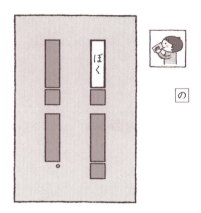

③ の のカードを入れる枠を指さししながら、「ここに入るのはどれですか」と言います。

④ の のカードを見た瞬間、の のカードをポインティングしながら、「そうだね、これだね」と言います。見ないときは、待たずに の のカードをポインティングして「ここ、見て」と言い、視線を誘導します。 の を見た瞬間、の のカードをポインティングしながら、「そうだね、これだね」と言います。

⑤ の のカードをポインティングして「これを」、2番目の枠をポインティングして「ここに入れるよ」と言います。

⑥2番目の枠に の のカードを一緒に入れます。

(5) こっぷ の呈示

①文構成板の右の空間の の を出した位置の右側に、こっぷ のカードを呈示します。

②「指さししながら一緒に読みましょう」と言い、子どもの右手の人さし指を援助して、指さししながら一緒に読みます。「こっぷ」。

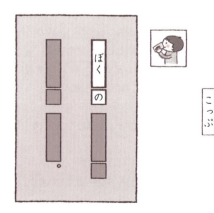

Part I 文の構成の学習

③ こっぷ のカードを入れる枠を指さししながら、「ここに入るのはどれですか」と言います。

④ こっぷ のカードを見た瞬間、 こっぷ のカードをポインティングしながら、「そうだね、これだね」と言います。見ないときは、待たずに こっぷ のカードをポインティングして「ここ、見て」と言い、視線を誘導します。 こっぷ を見た瞬間、 こっぷ のカードをポインティングしながら、「そうだね、これだね」と言います。

⑤ こっぷ のカードをポインティングして「これを」、3番目の枠をポインティングして「ここに入れるよ」と言います。

⑥3番目の枠に こっぷ のカードを一緒に入れます。

(6) で の呈示

①文構成板の右の空間の こっぷ を出した位置の右側に、 で のカードを呈示します。

② 「指さししながら一緒に読みましょう」と言い、子どもの右手の人さし指を援助して、指さししながら一緒に読みます。「で」。

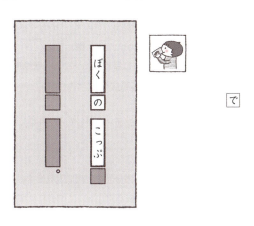

③ で のカードを入れる枠を指さししながら、「ここに入るのはどれですか」と言います。

④ で のカードを見た瞬間、 で のカードをポインティングしながら、「そうだね、これだね」と言います。見ないときは、待たずに で のカードをポインティングして「ここ、見て」と言い、視線を誘導します。 で を見た瞬間、 で のカードをポインティングしながら、「そうだね、これだね」と言います。

⑤ で のカードをポインティングして「これを」、4番目の枠をポインティングして「ここに入れるよ」と言います。

⑥4番目の枠に で のカードを一緒に入れます。

(7) みず の呈示

①文構成板の右の空間の で を出した位置の右側に、 みず のカードを呈示します。

② 「指さししながら一緒に読みましょう」と言い、子どもの右手の人さし指を援助して、指さししながら一緒に読みます。「みず」。

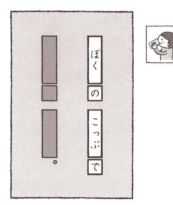

③ みず のカードを入れる枠を指さししながら、「ここに入るのはどれですか」と言います。

④ みず のカードを見た瞬間、 みず のカードをポインティングしながら、「そうだね、これだね」と言います。見ないときは、待たずに みず のカードをポインティングして「ここ、見て」と言い、視線を誘導します。 みず を見た瞬間、 みず のカードをポインティングしながら、「そうだね、これだね」と言います。

⑤ みず のカードをポインティングして「これを」、5番目の枠をポインティングして「ここに入れるよ」と言います。

⑥5番目の枠に みず のカードを一緒に入れます。

(8) を の呈示

①文構成板の右の空間の みず を出した位置の右側に、 を のカードを呈示します。

② 「指さししながら一緒に読みましょう」と言い、子どもの右手の人さし指を援助して、指さししながら一緒に読みます。「を」。

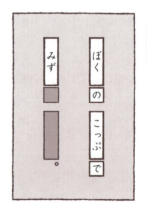

Part Ⅰ 文の構成の学習

③ を のカードを入れる枠を指さししながら、「ここに入るのはどれですか」と言います。

④ を のカードを見た瞬間、 を のカードをポインティングしながら、「そうだね、これだね」と言います。見ないときは、待たずに を のカードをポインティングして「ここ、見て」と言い、視線を誘導します。 を を見た瞬間、 を のカードをポインティングしながら、「そうだね、これだね」と言います。

⑤ を のカードをポインティングして「これを」、6番目の枠をポインティングして「ここに入れるよ」と言います。

⑥6番目の枠に を のカードを一緒に入れます。

(9) のむ の呈示

①文構成板の右の空間の を を出した位置の右側に、 のむ のカードを呈示します。

②「指さししながら一緒に読みましょう」と言い、子どもの右手の人さし指を援助して、指さししながら一緒に読みます。「のむ」。

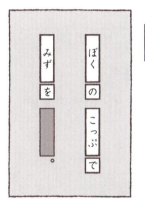

③ のむ のカードを入れる枠を指さししながら、「ここに入るのはどれですか」と言います。

④ のむ のカードを見た瞬間、 のむ のカードをポインティングしながら、「そうだね、これだね」と言います。見ないときは、待たずに のむ のカードをポインティングして「ここ、見て」と言い、視線を誘導します。 のむ を見た瞬間、 のむ のカードをポインティングしながら、「そうだね、これだね」と言います。

⑤ のむ のカードをポインティングして「これを」、7番目の枠をポインティングして「ここに入れるよ」と言います。

⑥7番目の枠に のむ のカードを一緒に入れます。

⑦「よくできたね」と心からほめます。

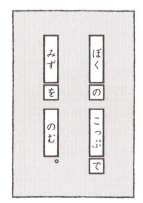

第7章 助詞3つを用いた文の構成

助詞3つ 単語と助詞で構成する

(10)「おなじ」

> Step 1 1対1 その1　(10)「おなじ」　と同様です。　p.180

(11) 書く

> Step 1 1対1 その1　(11) 書く　と同様です。　p.180

(12) 書いた文を読む

> Step 1 1対1 その1　(12) 書いた文を読む　と同様です。　p.182

Step 2 左から のむ を みず で こっぷ の ぼく と呈示（利き手側後出し）

(1)「動作絵カード」の呈示

> Step 1 1対1 その1　(1)「動作絵カード」の呈示　と同様です。　p.174

(2) 文を読む

> Step 1 1対1 その1　(2) 文を読む　と同様です。　p.174

(3) のむ の呈示

① ぼく の こっぷ で みず を のむ を入れる枠を上から順に指さししながら、「ここに、[ぼく の こっぷ で みず を のむ。]をつくるよ」と言います。

② 文構成板の右の空間の左側に、 のむ のカードを呈示します。

③「指さししながら一緒に読みましょう」と言い、子どもの右手の人さし指を援助して、指さししながら一緒に読みます。「のむ」。

Part I 文の構成の学習

(4) を の呈示

① のむ のカードの右側に、を のカードを呈示します。

② 「指さししながら一緒に読みましょう」と言い、子どもの右手の人さし指を援助して、指さししながら一緒に読みます。「を」。

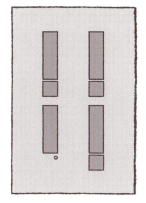

＊カードとカードの間は、子どもが見てわかりやすいように間隔をあけます。

(5) みず の呈示

① を のカードの右側に、みず のカードを呈示します。

② 「指さししながら一緒に読みましょう」と言い、子どもの右手の人さし指を援助して、指さししながら一緒に読みます。「みず」。

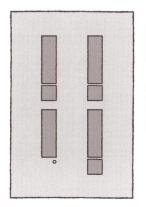

(6) で の呈示

① みず のカードの右側に、で のカードを呈示します。

② 「指さししながら一緒に読みましょう」と言い、子どもの右手の人さし指を援助して、指さししながら一緒に読みます。「で」。

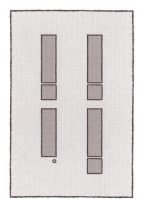

第7章 助詞3つを用いた文の構成

助詞3つ 単語と助詞で構成する

(7) こっぷ の呈示

① で のカードの右側に、 こっぷ のカードを呈示します。

② 「指さししながら一緒に読みましょう」と言い、子どもの右手の人さし指を援助して、指さししながら一緒に読みます。「こっぷ」。

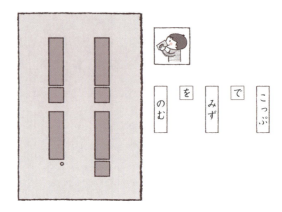

(8) の の呈示

① こっぷ のカードの右側に、 の のカードを呈示します。

② 「指さししながら一緒に読みましょう」と言い、子どもの右手の人さし指を援助して、指さししながら一緒に読みます。「の」。

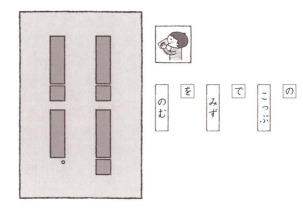

(9) ぼく の呈示

① の のカードの右側に、 ぼく のカードを呈示します。

② 「指さししながら一緒に読みましょう」と言い、子どもの右手の人さし指を援助して、指さししながら一緒に読みます。「ぼく」。

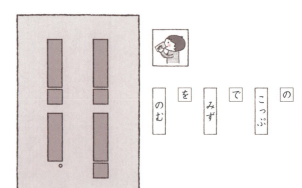

Part I 文の構成の学習

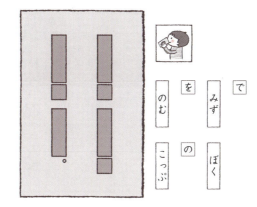

カードは、子どもの実態に応じて、2段に並べてもよいです。

(10) ぼく を入れる

① ぼく のカードを入れる枠を指さししながら、「ここに入るのはどれですか」と言います。

② ぼく のカードを見た瞬間、 ぼく のカードをポインティングしながら、「そうだね、これだね」と言います。見ないときは、待たずに ぼく のカードをポインティングして「ここ、見て」と言い、視線を誘導します。 ぼく を見た瞬間、 ぼく のカードをポインティングしながら、「そうだね、これだね」と言います。

③ ぼく のカードをポインティングして「これを」、1番目の枠をポインティングして「ここに入れるよ」と言います。

④ 1番目の枠に ぼく のカードを一緒に入れます。

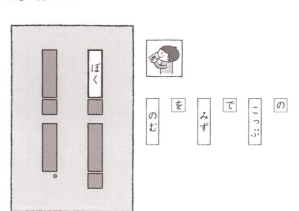

(11) の を入れる

① の のカードを入れる枠を指さししながら、「ここに入るのはどれですか」と言います。

② の のカードを見た瞬間、 の のカードをポインティングしながら、「そうだね、これだね」と言います。見ないときは、待たずに の のカードをポインティングして「ここ、見て」と言い、視線を誘導します。 の を見た瞬間、 の のカードをポインティングしながら、「そうだね、これだね」と言います。

第7章 助詞3つを用いた文の構成

助詞3つ単語と助詞で構成する

191

③ の のカードをポインティングして「これを」、2番目の枠をポインティングして「ここに入れるよ」と言います。

④2番目の枠に の のカードを一緒に入れます。

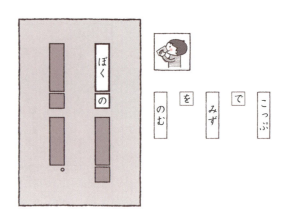

(12) こっぷ を入れる

① こっぷ のカードを入れる枠を指さししながら、「ここに入るのはどれですか」と言います。

② こっぷ のカードを見た瞬間、 こっぷ のカードをポインティングしながら、「そうだね、これだね」と言います。見ないときは、待たずに こっぷ のカードをポインティングして「ここ、見て」と言い、視線を誘導します。 こっぷ を見た瞬間、 こっぷ のカードをポインティングしながら、「そうだね、これだね」と言います。

③ こっぷ のカードをポインティングして「これを」、3番目の枠をポインティングして「ここに入れるよ」と言います。

④3番目の枠に こっぷ のカードを一緒に入れます。

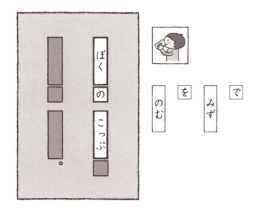

(13) で を入れる

① で のカードを入れる枠を指さししながら、「ここに入るのはどれですか」と言います。

② で のカードを見た瞬間、 で のカードをポインティングしながら、「そうだね、これだね」と言います。見ないときは、待たずに で のカードをポインティングして「ここ、見て」と言い、視線を誘導します。 で を見た瞬間、 で のカードをポインティングしながら、「そうだね、これだね」と言います。

③ で のカードをポインティングして「これを」、4番目の枠をポインティングして「ここに入れるよ」と言います。

④ 4番目の枠に で のカードを一緒に入れます。

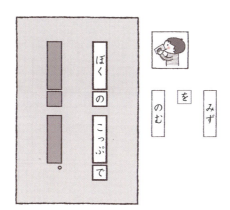

(14) みず を入れる

① みず のカードを入れる枠を指さししながら、「ここに入るのはどれですか」と言います。

② みず のカードを見た瞬間、 みず のカードをポインティングしながら、「そうだね、これだね」と言います。見ないときは、待たずに みず のカードをポインティングして「ここ、見て」と言い、視線を誘導します。 みず を見た瞬間、 みず のカードをポインティングしながら、「そうだね、これだね」と言います。

③ みず のカードをポインティングして「これを」、5番目の枠をポインティングして「ここに入れるよ」と言います。

④ 5番目の枠に みず のカードを一緒に入れます。

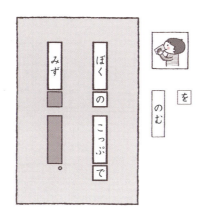

(15) を を入れる

① を のカードを入れる枠を指さししながら、「ここに入るのはどれですか」と言います。

② を のカードを見た瞬間、 を のカードをポインティングしながら、「そうだね、これだね」と言います。見ないときは、待たずに を のカードをポインティングして「ここ、見て」と言い、視線を誘導します。 を を見た瞬間、 を のカードをポインティングしながら、「そうだね、これだね」と言います。

③ を のカードをポインティングして「これを」、6番目の枠をポインティングして「ここに入れるよ」と言います。

④ 6番目の枠に を のカードを一緒に入れます。

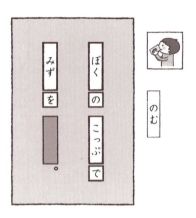

(16) のむ を入れる

① のむ のカードを入れる枠を指さししながら、「ここに入るのはどれですか」と言います。

② のむ のカードを見た瞬間、 のむ のカードをポインティングしながら、「そうだね、これだね」と言います。見ないときは、待たずに のむ のカードをポインティングして「ここ、見て」と言い、視線を誘導します。 のむ を見た瞬間、 のむ のカードをポインティングしながら、「そうだね、これだね」と言います。

③ のむ のカードをポインティングして「これを」、7番目の枠をポインティングして「ここに入れるよ」と言います。

④ 7番目の枠に のむ のカードを一緒に入れます。

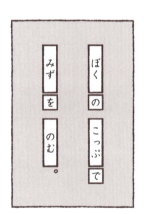

⑤「よくできたね」と心からほめます。

(17)「おなじ」

Step 1 1対1 その1　(10)「おなじ」と同様です。

p.180

Part I 文の構成の学習

(18) 書く

> Step 1　1対1 その1　(11) 書く　と同様です。
>
> p.180

(19) 書いた文を読む

> Step 1　1対1 その1　(12) 書いた文を読む　と同様です。
>
> p.182

Step 3　右から のむ を みず で こっぷ の ぼく と呈示（反利き手側後出し）

(1)「動作絵カード」の呈示

> Step 1　1対1 その1　(1)「動作絵カード」の呈示　と同様です。
>
> p.174

(2) 文を読む

> Step 1　1対1 その1　(2) 文を読む　と同様です。
>
> p.174

(3) のむ の呈示

① ぼく の こっぷ で みず を のむ を入れる枠を上から順に指さししながら、「ここに、[ぼく　の　こっぷ　で　みず　を　のむ。]をつくるよ」と言います。

② 文構成板の右の空間の右側に、 のむ のカードを呈示します。

③「指さししながら一緒に読みましょう」と言い、子どもの右手の人さし指を援助して、指さししながら一緒に読みます。「のむ」。

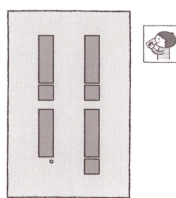

第7章　助詞3つを用いた文の構成　／　助詞3つ 単語と助詞で構成する

(4) を の呈示

① のむ のカードの左側に、を のカードを呈示します。

② 「指さししながら一緒に読みましょう」と言い、子どもの右手の人さし指を援助して、指さししながら一緒に読みます。「を」。

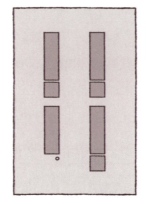

＊カードとカードの間は、子どもが見てわかりやすいように間隔をあけます。

(5) みず の呈示

① を のカードの左側に、みず のカードを呈示します。

② 「指さししながら一緒に読みましょう」と言い、子どもの右手の人さし指を援助して、指さししながら一緒に読みます。「みず」。

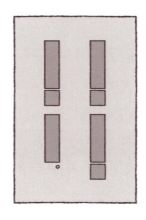

(6) で の呈示

① みず のカードの左側に、で のカードを呈示します。

② 「指さししながら一緒に読みましょう」と言い、子どもの右手の人さし指を援助して、指さししながら一緒に読みます。「で」。

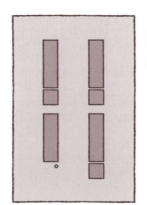

196

Part I 文の構成の学習

(7) こっぷ の呈示

① で のカードの左側に、 こっぷ のカードを呈示します。

② 「指さししながら一緒に読みましょう」と言い、子どもの右手の人さし指を援助して、指さししながら一緒に読みます。「こっぷ」。

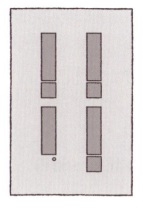

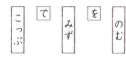

(8) の の呈示

① こっぷ のカードの左側に、 の のカードを呈示します。

② 「指さししながら一緒に読みましょう」と言い、子どもの右手の人さし指を援助して、指さししながら一緒に読みます。「の」。

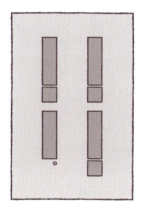

(9) ぼく の呈示

① の のカードの左側に、 ぼく のカードを呈示します。

② 「指さししながら一緒に読みましょう」と言い、子どもの右手の人さし指を援助して、指さししながら一緒に読みます。「ぼく」。

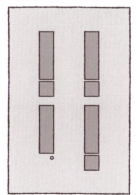

第7章 助詞3つを用いた文の構成

助詞3つ 単語と助詞で構成する

197

Part I 文の構成の学習

(18) 書く

> Step 1　1対1 その1　(11) 書く　と同様です。
>
> p.180

(19) 書いた文を読む

> Step 1　1対1 その1　(12) 書いた文を読む　と同様です。
>
> p.182

Step 4　右から  と呈示（利き手側先出し）

(1)「動作絵カード」の呈示

> Step 1　1対1 その1　(1)「動作絵カード」の呈示　と同様です。
>
> p.174

(2) 文を読む

> Step 1　1対1 その1　(2) 文を読む　と同様です。
>
> p.174

(3) ぼく の呈示

① ぼく の こっぷ で みず を のむ を入れる枠を上から順に指さししながら、「ここに、[ぼく　の　こっぷ　で　みず　を　のむ。] をつくるよ」と言います。

②文構成板の右の空間の右側に、 ぼく のカードを呈示します。

③「指さししながら一緒に読みましょう」と言い、子どもの右手の人さし指を援助して、指さししながら一緒に読みます。「ぼく」。

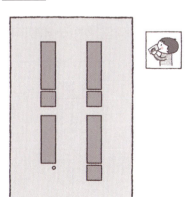

第7章　文の構成　助詞3つを用いた文の構成

単語と助詞で構成する　助詞3つ

199

(4) の の呈示

① ぼく のカードの左側に、の のカードを呈示します。

② 「指さししながら一緒に読みましょう」と言い、子どもの右手の人さし指を援助して、指さししながら一緒に読みます。「の」。

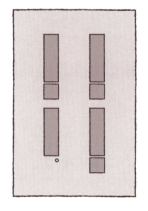

の　ぼく

＊カードとカードの間は、子どもが見てわかりやすいように間隔をあけます。

(5) こっぷ の呈示

① の のカードの左側に、こっぷ のカードを呈示します。

② 「指さししながら一緒に読みましょう」と言い、子どもの右手の人さし指を援助して、指さししながら一緒に読みます。「こっぷ」。

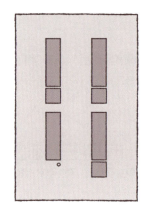

こっぷ　の　ぼく

(6) で の呈示

① こっぷ のカードの左側に、で のカードを呈示します。

② 「指さししながら一緒に読みましょう」と言い、子どもの右手の人さし指を援助して、指さししながら一緒に読みます。「で」。

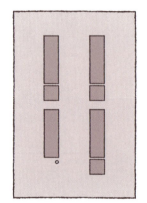

で　こっぷ　の　ぼく

200

Part I 文の構成の学習

(7) みず の呈示

① で のカードの左側に、 みず のカードを呈示します。

② 「指さししながら一緒に読みましょう」と言い、子どもの右手の人さし指を援助して、指さししながら一緒に読みます。「みず」。

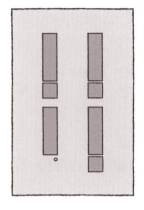

(8) を の呈示

① みず のカードの左側に、 を のカードを呈示します。

② 「指さししながら一緒に読みましょう」と言い、子どもの右手の人さし指を援助して、指さししながら一緒に読みます。「を」。

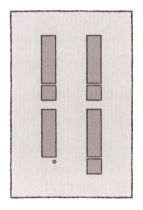

(9) のむ の呈示

① を のカードの左側に、 のむ のカードを呈示します。

② 「指さししながら一緒に読みましょう」と言い、子どもの右手の人さし指を援助して、指さししながら一緒に読みます。「のむ」。

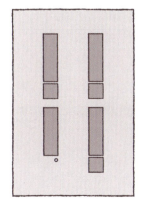

第7章 助詞3つを用いた文の構成

助詞3つ 単語と助詞で構成する

(10) ぼく を入れる

Step 2 (10) ぼく を入れる と同様です。 ······ p.191

(11) の を入れる

Step 2 (11) の を入れる と同様です。 ······ p.191

(12) こっぷ を入れる

Step 2 (12) こっぷ を入れる と同様です。 ······ p.192

(13) で を入れる

Step 2 (13) で を入れる と同様です。 ······ p.192

(14) みず を入れる

Step 2 (14) みず を入れる と同様です。 ······ p.193

(15) を を入れる

Step 2 (15) を を入れる と同様です。 ······ p.193

(16) のむ を入れる

Step 2 (16) のむ を入れる と同様です。 ······ p.194

(17) 「おなじ」

Step 1 1対1 その1 (10)「おなじ」 と同様です。 ······ p.180

Part I 文の構成の学習

(18) 書く

> Step 1 1対1 その1 (11) 書く と同様です。
>
> p.180

(19) 書いた文を読む

> Step 1 1対1 その1 (12) 書いた文を読む と同様です。
>
> p.182

Step 5 左から ぼく の こっぷ で みず を のむ と呈示（反利き手側先出し）

(1)「動作絵カード」の呈示

> Step 1 1対1 その1 (1)「動作絵カード」の呈示 と同様です。
>
> p.174

(2) 文を読む

> Step 1 1対1 その1 (2) 文を読む と同様です。
>
> p.174

(3) ぼく の呈示

① ぼく の こっぷ で みず を のむ を入れる枠を上から順に指さししながら、「ここに、［ぼく の こっぷ で みず を のむ。］をつくるよ」と言います。

② 文構成板の右の空間の左側に、 ぼく のカードを呈示します。

③ 「指さししながら一緒に読みましょう」と言い、子どもの右手の人さし指を援助して、指さししながら一緒に読みます。「ぼく」。

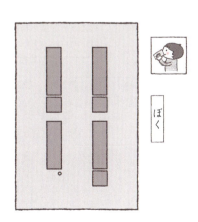

第7章 文の構成　助詞3つを用いた

助詞3つ 単語と助詞で構成する

203

(4) の の呈示

① ぼく のカードの右側に、の のカードを呈示します。

② 「指さししながら一緒に読みましょう」と言い、子どもの右手の人さし指を援助して、指さししながら一緒に読みます。「の」。

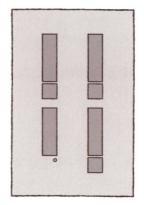

＊カードとカードの間は、子どもが見てわかりやすいように間隔をあけます。

(5) こっぷ の呈示

① の のカードの右側に、 こっぷ のカードを呈示します。

② 「指さししながら一緒に読みましょう」と言い、子どもの右手の人さし指を援助して、指さししながら一緒に読みます。「こっぷ」。

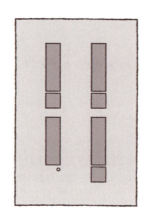

(6) で の呈示

① こっぷ のカードの右側に、で のカードを呈示します。

② 「指さししながら一緒に読みましょう」と言い、子どもの右手の人さし指を援助して、指さししながら一緒に読みます。「で」。

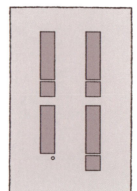

Part I 文の構成の学習

(7) みず の呈示

① で のカードの右側に、 みず のカードを呈示します。

② 「指さししながら一緒に読みましょう」と言い、子どもの右手の人さし指を援助して、指さししながら一緒に読みます。「みず」。

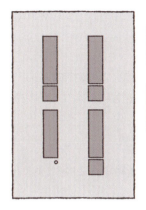

(8) を の呈示

① みず のカードの右側に、 を のカードを呈示します。

② 「指さししながら一緒に読みましょう」と言い、子どもの右手の人さし指を援助して、指さししながら一緒に読みます。「を」。

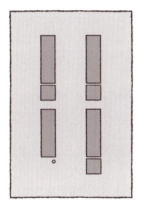

(9) のむ の呈示

① を のカードの右側に、 のむ のカードを呈示します。

② 「指さししながら一緒に読みましょう」と言い、子どもの右手の人さし指を援助して、指さししながら一緒に読みます。「のむ」。

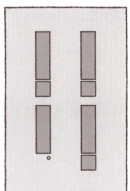

第7章 助詞3つを用いた文の構成

助詞3つ単語と助詞で構成する

(10) ぼく を入れる

Step 2　(10) ぼく を入れる　と同様です。
.... p.191

(11) の を入れる

Step 2　(11) の を入れる　と同様です。
.... p.191

(12) こっぷ を入れる

Step 2　(12) こっぷ を入れる　と同様です。
.... p.192

(13) で を入れる

Step 2　(13) で を入れる　と同様です。
.... p.192

(14) みず を入れる

Step 2　(14) みず を入れる　と同様です。
.... p.193

(15) を を入れる

Step 2　(15) を を入れる　と同様です。
.... p.193

(16) のむ を入れる

Step 2　(16) のむ を入れる　と同様です。
.... p.194

(17)「おなじ」

Step 1　1対1 その1　(10)「おなじ」　と同様です。
.... p.180

Part I 文の構成の学習

(18) 書く
Step 1 1対1 その1 (11) 書く と同様です。
p.180

(19) 書いた文を読む
Step 1 1対1 その1 (12) 書いた文を読む と同様です。
p.182

Step 6 ランダムに呈示

7枚の「単語カード」「助詞カード」をランダムな位置（配置）・順序に呈示します。

ことばかけ等は、Step 1 ～ Step 5 に準じます。
p.174

カードを呈示する位置（配置）や順序は、何通りもあります。子どもの実態に応じて工夫して行うとよいでしょう。

カードをよく見ないで取ってしまう場合には

カードを呈示するやいなや、よく見ないで手を伸ばしてくる子どもがいます。そのような場合には、カードを文構成板の上方の子どもの手が届かないところに呈示するようにします。

そして、カードをよく見て、見比べて選ぶようにします。カードを入れる枠を指さしながら「ここに入るのはどれですか」と言います。正選択肢のカードを見た瞬間、そのカードをポインティングしながら、「そうだね、これだね」と言います。そして、カードを子どもの右手に近づけます。よく見せること、間違ったカードに手を触れさせないことがとても大切です。

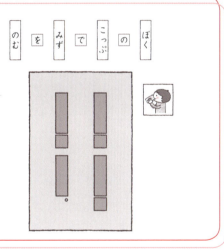

運動機能障害がある場合

運動機能障害がある場合でも、Step 1 から Step 5 まで、今まで述べた方法と同様に学習します。「単語カード」や「助詞カード」を視線で選ぶようにすることがポイントです。正しいカードを視線で選んだ段階で課題は成立しています。子どもの視線をよく見て適切にことばかけを行うことが大切です。

カードを入れたり、文字を書いたりすることは、子どもの手の運動機能の実態に応じて援助しながら行います。全面的に援助してでも、できる限り一緒に行うことが、学習の定着につながります。

208

Part II
文の理解・文章の理解の学習

第1章 「文の理解・文章の理解」の学習の基本的な考え方

第2章 「文の理解」の学習の方法とことばかけ

第3章 「文章の理解」の学習の方法とことばかけ

第4章 発展学習

第1章

「文の理解・文章の理解」の学習の基本的な考え方

　[PartⅠ「文の構成」の学習] では、助詞を用いた文の構成の学習について述べてきました。助詞3つの文の構成が、単語と助詞の組み合わせでできるようになったら、「文の理解・文章の理解」の学習に入ります。[PartⅡ「文の理解・文章の理解」の学習] では、その学習方法について述べます。

　[PartⅠ「文の構成」の学習]では、「たべる」「のむ」のような「である調」の文体で学習してきました。これは、「です・ます調」よりも文字数が少ないことや、子どもの日常会話では、「たべます」「のみます」よりも「たべる」「のむ」などの言い方が多いからです。

　小学校低学年の教科書には、「です・ます調」の文体が多く使われています。「です・ます調」は、「敬体」とも言われ、丁寧な表現です。丁寧な表現を使うことを学習するためにも、「文の理解・文章の理解」では、「たべます」「のみます」のような「です・ます調」で学習します。「文の理解・文章の理解」の学習は、本文を読み、質問に答える方法で行います。

＊ここでは、「本文」と「質問文」を合わせて「問題」と呼んでいます。

Part II 文の理解・文章の理解の学習

1. 学習の流れ

次のような流れで学習します。

（1）本文を読む
①本文を読みます。
②内容や難しい表現の説明をします。
③本文を再度読みます。

（2）質問文を読んで答えを探す
①質問文を読みます。
②本文をよく見て、答えを探します。
 あ．本文をよく見て、答えを見つけ、指さしします。
 い．答えが含まれている文を読みます。
 う．答えは何かを言います。

（3）答えを書く
①答えには何と書くかを言います。
②答えを書きます。
③質問文と答えを読みます。
④答えに丸をつけます。

（4）まとめ
①本文を読みます。
②よくほめます。

2. 用紙の使い方

基本的に、本文で1枚、質問文と答えで1枚にします。

1つの本文に対して質問が複数ある場合は、質問1つに用紙1枚とします。1枚の用紙に、複数の質問があるよりも、1つの質問の方が、見やすくわかりやすいです。

1枚に1つの質問であると、1つの質問に答えるごとに用紙を替えることで達成感が増します。学習に対する意欲や集中力が高まり、学習の持続時間が長くなることにつながります。

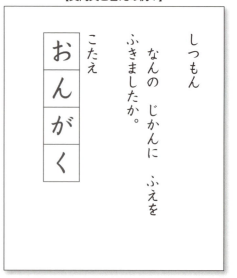

3. 本文の作成のポイント

(1) 本文の書き方

① 縦書きにします。
② 教科書体にします。
③ カタカナや漢字は、子どもが知っているものを用います。
　子どもの実態に応じて学年相応のカタカナや漢字にふりがなを振って用いてもよいでしょう。
④ 文字の大きさ、文字の太さは、子どもの実態に応じて工夫します。
⑤ 文字と文字、行と行の間隔は、子どもの実態に応じて工夫します。
⑥ 初めのうちは、「わかち書き」にします。
⑦ 行替えは、文節の切れ目で行うようにします。
　文節の途中で行替えをしない方が、読みやすくわかりやすいです。
⑧ 「　　　」の会話文は、原則として行替えをします。
⑨ 本文の中の語句や表現は、できるだけ子どもが知っているやさしいものにします。
　問題集などの文章を参考にする場合は、難しい語句や表現を、子どもが知っているやさしい語句や表現に直して用いるようにします。

【上記「本文の書き方」にそっていない例】

　ほんぶん
　わたしはお母さんといっしょにたまごやきをつくりました。
　お父さんとおねえさんが「おいしいね。」
　と言ってたべました。

【上記「本文の書き方」にそっている例】

　ほんぶん
　わたしは　お母さんと　いっしょに
　たまごやきを　つくりました。
　お父さんと　おねえさんが
　「おいしいね。」
　と　言って　たべました。

・ゴシック体で作成している
・わかち書きにしていない
・文節の途中で行替えをしている
・会話文で行替えをしていない

・教科書体で作成している
・わかち書きにしている
・文節の切れ目で行替えをしている
・会話文で行替えをしている

 ゴシック体

 教科書体

（2）文の数と助詞の数

文の数も助詞の数も少ないほどやさしいです。

学習は、「1文で助詞1つ」の文から始めます。

学習の進展につれて、文の数、助詞の数を増やしていきます。

①1文
あ．助詞1つ
い．助詞2つ
う．助詞3つ

②2文
あ．2文とも助詞1つ
い．2文とも助詞2つまで
＊1文が助詞1つでもう1文が助詞2つ、2文とも助詞2つの組み合わせが考えられます。
う．2文とも助詞3つまで
＊1文が助詞2つでもう1文が助詞3つ、2文とも助詞3つなど、いろいろな組み合わせが考えられます。

③3文
あ．3文とも助詞1つ
い．3文とも助詞2つまで
＊1文が助詞1つであとの2文が助詞2つ、3文とも助詞2つなど、いろいろな組み合わせが考えられます。
う．3文とも助詞3つまで
＊1文が助詞2つであとの2文が助詞3つ、3文とも助詞3つなど、いろいろな組み合わせが考えられます。

④4文
＊4文以上は、助詞の数は特に決めていません。

⑤5文
⑥6文
⑦7文以上

（3）本文の内容

文の内容によって、次の3つに分けられます。

①生活文
日常の生活で経験している内容のもの
例：「ぼくは　学校へ　行きます。」

②物語文
昔話や童話などの内容のもの
例：「ももたろうは、さると　犬と　きじを　つれて　おにがしまに　行きました。」

③説明文
物事を説明している内容のもの
例：「たんぽぽの　わた毛が　風にのって　とんで行きます。
　　そしてそこに　たんぽぽの花を　さかせます。」

子どもが経験した内容、イメージしやすい内容がわかりやすいです。したがって、生活文から始め、学習の進展につれて物語文や説明文へと学習を進めます。

Part II 文の理解・文章の理解の学習

第1章 「文の理解・文章の理解」の学習の基本的な考え方

本文の作成のポイント

（4）本文の文末（述語）の形態

文末（述語）の形態によって、次の3つに分けられます。

①どうする文
述語が動詞（＋助動詞）のもの
例：「水を　のむ。」「水を　のみます。」

②なんだ文
述語が名詞（＋助動詞）のもの
例：「犬は　どうぶつだ。」「犬は　どうぶつです。」

③どんなだ文
述語が形容詞、形容動詞（＋助動詞）のもの
例：「花が　きれいだ。」「花が　きれいです。」

述語が動詞の文が最もわかりやすいです。次は述語が名詞の文です。したがって、「どうする文」から始め、学習の進展につれて「なんだ文」「どんなだ文」へと、学習を進めます。

（5）本文の構造

文の構造によって、次の3つに分けられます。

①単文
1つの文の中に、主語と述語が1組だけあるもの
例：「花が　さきます。」

②重文
1つの文の中に、主語と述語が2組あり、2組が対等なもの
例：「おじいさんは　山へ　しばかりに　行き、おばあさんは　川へ　せんたくに
　　行きました。」

③複文
1つの文の中に、主語と述語が2組あり、2組が主従の関係にあるもの
例：「私は、雪が　ふると　思います。」「雪が　ふる日は、寒いです。」

単文が最もやさしいです。したがって、単文から学習を始めます。

（6）本文の機能

文の機能によって、次の4つに分けられます。

①平叙文
ものごとをありのままに表現したもの
例：「赤い花が　さいています。」

②疑問文
いろいろなものをたずねるように表現したもの
例：「これは　くだものですか。」

③命令文
いろいろなことについて命令した形で表現したもの
例：「早く　したくをしなさい。」

215

④感嘆文
驚いたり感動したりしたことを表現したもの
例：「なんと　すばらしいながめでしょう。」

平叙文が最もやさしいです。したがって、平叙文から学習を始めます。

（7）本文の態

文の態によって、次の2つに分けられます。

①能動態
主語が、何かを行うことを表したもの
例：「おねえさんが　たのみます。」

②受動態
主語が他者からの動作を受けることを表したもの
例：「おねえさんが　たのまれます。」

受動態よりも能動態の方がやさしいです。したがって、能動態の文から学習を始めます。

（8）本文の対極

文の対極によって、次の2つに分けられます。

①肯定文
そうであるなどと、肯定を表したもの
例：「わたしは　電車にのります。」

②否定文
そうでないなどと、否定を表したもの
例：「わたしは　電車にのりません。」

否定文よりも肯定文の方がやさしいです。したがって、肯定文から学習を始めます。

（9）本文の時制

文の時制によって、次の3つに分けられます。

①現在形
今の様子を表したもの
例：「きょうは　よい天気です。」

②過去形
終わったこと、過ぎたことを表したもの
例：「きのうは　よい天気でした。」

③未来形
これから先、将来のことを表したもの
例：「あしたは　よい天気でしょう。」

現在形の文が最もやさしいです。次に過去形の文がやさしいです。したがって、現在形の文から学習を始め、学習の進展につれて、過去形の文、未来形の文へと学習を進めます。

Part Ⅱ 文の理解・文章の理解の学習

（10）本文の敬語

　敬語は現在、「尊敬語」「謙譲語Ⅰ」「謙譲語Ⅱ」「丁寧語」「美化語」の５種類になっていますが、ここでは次の３種類で説明します。

　①丁寧語
　　「です」や「ます」をつけて、丁寧な言い方にしたもの
　　例：「食べます。」「言います。」

　②尊敬語
　　相手を敬う気持ちを表したもの
　　例：「召し上がります。」「おっしゃいます。」

　③謙譲語
　　自分がへりくだることによって、相手を敬う気持ちを表したもの
　　例：「いただきます。」「申し上げます。」

　丁寧語の文が最もやさしいです。したがって、丁寧語の文で学習を始めます。

4. 本文の読み方

　子どもが正しく読めるように適切な援助を行います。
　読み方には、さまざまな方法があります。指導者が読み方の指導のバリエーションを知っていると指導の幅が広がり、個別指導ばかりでなく、通常の学級での指導でも効果があります。子どもの実態に応じて、工夫するとよいでしょう。
　本文の読み方について説明します。

（1）指導者が読むのを聞く

　子どもは、指導者が読んでいるところを指さししながら目で追うようにします。
　指導者は子どもの指を持って指さしを援助します。指導者が読んでいるところを子どもがよく見て指さしするように、適切な援助を行います。
　子どもの視線をよく見て、読むスピードに子どもの目がついてこないときには、ついてこられるスピードで読むようにします。

読むときのポイント1

　原則的に、（1）〜（3）とも、子どもが指さしをしながら読むようにします。
　はじめのうちは、指導者が子どもの指を持って、援助しながら行います。
　子どもが右利きの場合は、指導者の左手で援助します。指導者の右手で援助すると、文字が隠れます。
　指さししている部分を子どもが目で追っているかどうか、子どもの視線を常によく把握するようにします。視線が外れた場合は指の動きを止め、「ここ、見て」と言い、指さししているところに視線を引き付けます。
　指を速く動かし、速く読んでしまう子どもが多く見られます。「ゆっくり読みましょう」とことばかけしながら、指導者が子どもの指をゆっくり動かすようにコントロールします。「ゆっくり読みましょう」のことばかけだけではなかなかゆっくり読むようになりません。指を援助してスピードをコントロールすることにより、ゆっくり読めるようになってきます。
　読んでいるところをゆっくり指さしできるようになったら、子どもがひとりで指さしするようにします。

読むときのポイント2

　読んでいる文の横をすべらせるように指を動かすと、読み間違えたり文字を飛ばしてしまったりする子どもがいます。そのような場合は、1文字ずつ指でポインティングしながら読むようにします。1文字ずつポインティングしながら指導者が少し先に読み、子どもがまねをして追いかけて読みます。そうすることにより、子どもは次第になめらかに読めるようになってきます。なめらかに読めるようになってきたら、指をすべらせるように動かして読むようにします。

（2）一緒に読む

①指導者が先に読む
指導者が少し先に読み、それを聞きながら子どもが追いかけるように続けて読みます。

②同時に読む
指導者と子どもが声を合わせて同時に読みます。

③指導者が後から読む
子どもが少し先に読み、指導者が追いかけるように続けて読みます。

④つまずきそうなときに指導者が先に読む
指導者と子どもが同時に読んだり子どもが少し先に読んだりしている場合に、つまずきそうな箇所に来たときにのみ指導者が少し先に読みます。読み間違えてから訂正するのでは、なかなか正しい読みが定着しません。間違えさせないようにすることが大切です。

（3）子どもがひとりで読む

①音読する
子どもが指さししながらゆっくり声を出して読みます。

②黙読する
子どもが指さししながら声を出さずに読み、できるようになったら指さしなしで声を出さずに読むようにします。

5. 質問文の作成のポイント

（1）答えとなる部分の形態への配慮

　質問に対応する答えとなる部分の形態によって難易度が異なります。
　質問文をつくるときは、質問に対応する答えとなる部分の形態がやさしいものからになるよう、配慮します。

①概念の有無
子どもが知っているもの（概念があるもの）を答える方がやさしいです。
子どもが知らないもの（概念がないもの）を答えるのは難しいです。

②品詞などについて

答えが単語であるものがやさしいです。単語は、次の順にやさしいです。

　　あ．名詞
　　い．動詞
　　う．形容詞・形容動詞

答えが「単語」の次は「語句」、そして「文」というように学習を進めていきます。

（2）答えとなる部分の内容への配慮

答えやすいのは、「なにを」、「どこで」、「なにで」などを問う問題です。その後、「いつ」や原因や理由、結果をたずねるようにします。

①なにを
　　例：「なにを　たべますか。」

②どこで
　　例：「どこで　あそびますか。」

③なにで
　　例：「なにで　じを　かきますか。」

④だれが
　　例：「だれが　そうじを　しましたか。」

⑤だれの
　　例：「だれの　ほんですか。」

⑥だれと
　　例：「だれと　がっこうへ　いきますか。」

⑦いつ
　　例：「いつ　えいがを　みましたか。」

⑧どうした
　　例：「ともだちと　なにを　しましたか。」

⑨どんな
　　例：「どんな　はなが　さいていますか。」

⑩なぜ・どうして
　　例：「なぜ　こわくなったのですか。」

⑪どんなこと
　　例：「うんどうの　あと、たいせつなのは　どんなことですか。」

⑫指示語（「こそあど言葉」が指すものを問う）
　　例：「その花は　の　その　は　なにを　さしていますか。」
　　　　「これ　は　なにを　さしていますか。」

⑬接続語（つなぎ言葉を問う）
　　例：「￣￣￣￣￣にはいる　つなぎのことばを　つぎの　なかから　えらびましょう。
　　　　　ア．でも　　イ．だから」

⑭主題（中心となる事がらを問う）
　　例：「この　ぶんしょうは　なにに　ついて　かいてありますか。」

＊子どもの実態に応じて、質問の順序を組み替えたり、ここにない質問を考えたりするなど、工夫するとよいでしょう。

（3）質問文の構成の語句の順序について

　質問文の構成の語句の順序によって難易度が異なります。
　質問文が、本文の構成と同じ語句の順に並んでいる方がやさしいです。
　質問文が、本文の構成と違った順に並んでいると、難しくなります。

【本文の例】

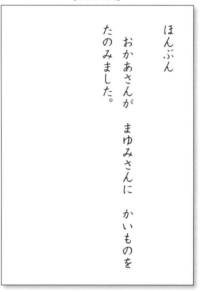

【質問文が本文の構成と違う順の例】

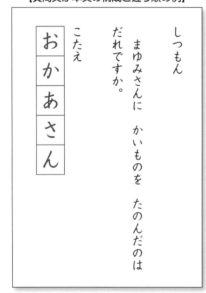

【質問文が本文の構成どおりの順の例】

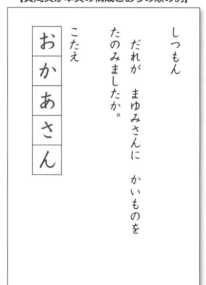

Part Ⅱ 文の理解・文章の理解の学習

「質問の内容」と「質問文の構成の語句の順序」について、例文を記載します。

質問文（なぜ）	本文	質問文（いつ）	本文	質問文（なにを）	本文	質問文（どこで）	本文	質問文（だれと）	本文	質問文（だれが）	本文
なぜ あしが いたく なったのですか。（易） あしが いたく なったのは なぜですか。（難）	たくさん はしったので あしが いたく なりました。	いつ こうえんに いきましたか。（易） こうえんに いったのは いつですか。（難）	にちようびに こうえんに いきました。	こうえんで なにを しましたか。（易） なにを こうえんで しましたか。（難）	こうえんで おにごっこを しました。	どこで あそびましたか。（易） あそんだのは どこで ですか。（難）	こうえんで あそびました。	だれと こうえんに いきましたか。（易） こうえんには だれと いきましたか。（難）	おにいさんと こうえんに いきました。	だれが こうえんに いきましたか。（易） こうえんに いったのは だれですか。（難）	ゆうたくんが こうえんに いきました。

（4）答えが含まれている文の位置

答えが含まれている文の位置によって難易度が異なります。

3つの文で構成されている本文の場合は、次の順にやさしいです。

- あ. 最後の文
  最後の文に答えがあると記憶に残りやすく答えを見つけやすいです。
- い. 最初の文
  最後の文の次に、最初の文に答えがあるものが記憶に残りやすく答えを見つけやすいです。
- う. 真ん中の文
  真ん中の文は印象が薄く、記憶に残りにくく答えを探しにくいです。

4～6の文で構成されている本文の場合は、次の順にやさしいです。

- あ. 後ろの方
  後ろの方に答えがあると記憶に残りやすく答えを見つけやすいです。

い．前の方
　　後ろの方の次に、前の方に答えがあるものが記憶に残りやすく答えを見つけやすいです。
　う．真ん中あたり
　　真ん中あたりは印象が薄く、記憶に残りにくく答えを探しにくいです。

　このことを踏まえて、はじめのうちは、最後の文・後ろの方に書いてある内容の中から質問を行い、次に最初の文・前の方に書いてある内容、そして真ん中の文・真ん中あたりに書いてある内容という順序で学習を進めるとよいでしょう。

（5）質問文の配列
　質問が複数ある場合は、以下のように配慮するとよいでしょう。そのことが、子どもの学習意欲を高めます。

①はじめのうちは、最初と最後は簡単な質問にする。
　簡単な質問から始めたほうが心理的に楽です。中間に少し難しい質問をし、最後は簡単な質問にすると、「できた」という気持ちで終わることができます。

②長文では、本文の展開にしたがって質問していく。
　長文では、本文の展開にしたがって質問していくのがやさしいです。
　まとめの段階では、意図的に本文の展開と違う順序で質問します。

（6）質問文と本文の表現
①【本文中に、答えと同じような語句がない場合とある場合】
　本文の中に、答えと同じような語句がない方がやさしいです。
　同じような語句が複数あると難しくなります。

【本文に、答えとなる部分に似ている語句がある例】　【本文に、答えとなる部分に似ている語句がない例】

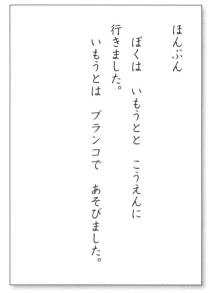

ほんぶん
ぼくは　いもうとと　こうえんに　行きました。
ぼくは　てつぼうで　あそびました。
いもうとは　ブランコで　あそびました。

ほんぶん
ぼくは　いもうとと　こうえんに　行きました。
いもうとは　ブランコで　あそびました。

Part II 文の理解・文章の理解の学習

第1章 「文の理解・文章の理解」の学習の基本的な考え方

質問文の作成のポイント

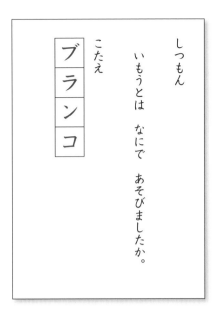

本文に1つの遊具、「ブランコ」だけが出てくるより、「てつぼう」と「ブランコ」の2種類の遊具が出てくる方が難しいです。

② 【本文中に、答えとなる語句が1つの場合と複数ある場合】
　本文の中に、答えとなる語句が1つのみである場合がやさしいです。
　複数あると難しくなります。

【答えとなる語句が本文に複数ある例】

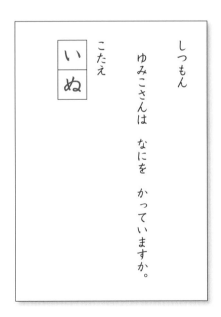

本文の中に「いぬ」という単語が2か所出てきます。
質問文を読んで「答えがどこに書いてあるか」を指さしするときに、2文目の「いぬ」を指さししてしまう子どもがいます。
質問に対応した答えとしては、1文目の「いぬ」の方が適切です。
2文目の「いぬ」を指さししたときは、「ほかに『いぬ』と書いてあるところは？」と聞きます。子どもが1文目の「いぬ」を指さししたら、「そうだね」と言い、1文目の「いぬ」の方が質問に対応していることを説明します。

223

③【質問に対応する答えが本文中にある場合とない場合】

　質問に対応する答えとなる語句が本文中にある方がやさしいです。本文全体の中には答えとなる語句があっても、質問に対応するところに答えの語句がないと難しくなります。

【本文に質問文の語句がない例】

ほんぶん
お母さんが　しげるくんに　かいものを　たのみました。
「ぎゅうにゅうを　かってきてね。」
と　言いました。

【本文に質問文の語句がある例】

ほんぶん
お母さんが　しげるくんに　かいものを　たのみました。
「ぎゅうにゅうを　かってきてね。」
と　お母さんが　言いました。

しつもん
「ぎゅうにゅうを　かってきてね。」
と　だれが　言いましたか。

こたえ
お母さん

　「……と　お母さんが　言いました。」のように、本文の中の、質問に対応するところに答えの語句がある方がやさしいです。「……と　言いました。」のように、本文の中の、質問に対応するところに答えの語句がないと難しいです。

④【本文中に、答えとなる語句がある場合とない場合】
　答えとなる語句が本文の中にあるものがやさしいです。答えとなる語句が本文の中になく、本文に書かれている内容を手がかりとして答えを考えるものは難しいです。

【本文に答えとなる語句がない例】　　　【本文に答えとなる語句がある例】

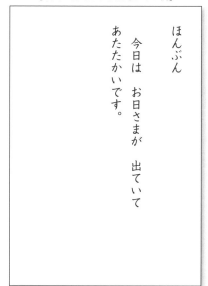
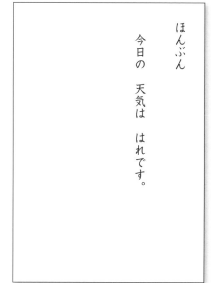

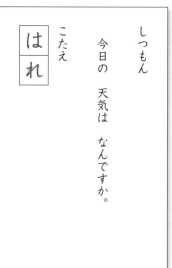

「はれ」という答えの語句が本文にない場合は、「お日さまが　出ている」という語句を手がかりにして「はれ」という答えを考えるので、難しいです。

6. 答えについて

（1）答えを探すときに大切なポイント

子どもが本文を見て答えを探すときに、次のことに留意して行うことが大切です。

① 【答えられない原因を考える】

質問に答えられない場合、本文の内容が理解できていないのか、質問の意味が理解できていないのかを把握し、適切な援助をするようにします。

本文の内容が理解できていないと思われる場合には、本文の語句について再度よく説明します。質問の意味が理解できていないと思われる場合には、質問をやさしい言葉で言いかえたり、本文と同じ語順に言いかえたりします。

本文を読み、質問に入る前に

本文を一度読み、質問に入る前に、内容や登場人物について、わかりやすい教材（具体物・絵・写真・動画など）を用いてよく説明するようにします。

「わからない言葉はありますか？」とたずねると、ほとんどの子どもが「ない」と答えるので、このような発問はしない方がよいです。

また、難しいと推測される語句について、「○○って何ですか？」「○○ってどんなことですか？」「○○ってどんな意味ですか？」などのたずね方は難しいので、はじめのうちはしないようにします。

「○○って知っていますか？」「○○を見たことがありますか？」「○○はどこにありますか？」などと具体的にたずねるようにします。

学習の進展につれて、子どもが自分から質問できるようにするために、質問のしかたを教えるようにします。「『○○って何ですか？』と言ってごらん」とことばかけします。子どもがまねをして質問することが、自分から質問する力を育てることにつながります。

---

② 【すぐに子どもが答えを言わないようにする】

子どもは、本文のどこに答えが書いてあるかを探して指さしするようにします。

そして、答えが含まれている文を読んでから答えるようにします。

特に3文くらいまでの短い文の場合は、子どもは文を暗記していて、本文を見ないで適当に答えを言ってしまいがちです。必ず本文を見て、本文から答えを探すようにします。

③ 【答えが含まれている文を探せない場合、その文を教える】

答えられないのに、何度もたずねたり待ったりしないことが大切です。

答えが含まれている文を教え、「ここから、ここまで、読んで」とことばかけをします。

子どもはその文を読んで、答えを見つけるようにします。

④ 【どの答えで正解とするか、子どもの実態に応じてあらかじめ決めておく】

答えが何通りか考えられる場合があります。子どもの答えを予測して、どの答えで正解とするか、あらかじめ決めておくことが大切です。

Part II 文の理解・文章の理解の学習

第1章 「文の理解・文章の理解」の学習の基本的な考え方

答えについて

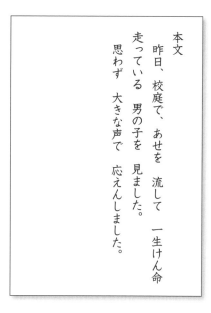
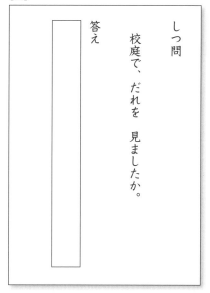

本文
昨日、校庭で、あせを 流して 一生けん命 走っている 男の子を 見ました。思わず 大きな声で 応えんしました。

しつ問
校庭で、だれを 見ましたか。

答え

【例】

例　答えが「あせを流して一生けん命走っている男の子」の場合
　　予測される答えの例
　　「男の子」　「走っている男の子」
　　「あせを流している男の子」　「一生けん命走っている男の子」
　　「あせを流して一生けん命走っている男の子」

　この中で、どの答えで正解とするか、子どもの実態に応じてあらかじめ決めておきます。例えば、「走っている男の子」を正解にすると決めておきます。そして、子どもが「男の子」と答えた場合、指導者が「えっ」という表情をしたり、「ちがうよ」「それではたりないよ」などと言ったりしないことが大切です。子どもは間違えたと思い、思考が「男の子」から離れてしまいます。すぐに「そうだね」と言います。そして、「何をしている男の子？」と聞いて、「走っている男の子」という答えを導くようにします。

(2) 答え方の工夫

答えるときは、子どもの実態に応じて、次のような工夫をするとよいでしょう。

① 【選択肢を呈示】
　気持ちを問う質問など、本文中に答えの語句が書いてない場合に、自分で考えて答えられない子どもがいます。そのようなときは選択肢を呈示し、選んで答えられるようにします。
　選択肢の数は、2個から始め、できるようになったら3個にします。
　はじめは正選択肢と誤選択肢の違いが大きく、明らかに異なるものにします。
　できるようになったら、正選択肢と誤選択肢の要素や概念などが似ているものにします。
　学習の進展につれて正選択肢と誤選択肢の違いを少しずつ縮めていきます。

選択肢が３つの場合、正選択肢の位置は、次の順にやさしいです。

あ．最後
い．最初
う．真ん中

発展学習として、複数の正選択肢がある問題を行います。
このような学習は、表現の幅を広げ、作文の力の向上にもつながります。
＊選択肢は必ず全部読んでから答えるようにすることが大切です。

【選択肢を呈示した例】

ほんぶん

たんじょう日に　おばあちゃんから
赤い　長ぐつを　もらいました。
わたしは　とびあがって　よろこびました。
早く　雨が　ふれば　いいなと　思いました。

しつもん
わたしは　どんな　気もちですか。
つぎの　中から　あてはまる　ものの
きごうに　まるを　つけましょう。

ア　くやしい　気もち
イ　かなしい　気もち
ウ　うれしい　気もち

【複数の正選択肢を呈示した例】

ほんぶん

わたしは　きのう　てつぼうで
さか上がりが　できるように　なりました。
家に　帰って　すぐ　お母さんに
「さか上がりが　できるように　なったよ。」
と　つたえました。

しつもん
わたしは　どんな　気もちですか。
つぎの　中から　あてはまる　ものの
記ごうに　まるを　つけましょう。

ア　うれしい　気もち
イ　うきうきした　気もち
ウ　とびあがりたい　気もち

228

複数の正選択肢を呈示して、子どもが迷っているときは「一番いいと思うのはどれ？」と聞き、正選択肢の中のどれを選んでも正解とします。そして、他の正選択肢について「これでもいいね」と言って説明します。そのことが表現力を豊かにすることにつながります。

② 【原因や理由をたずねる質問について】
原因や理由をたずねる質問は、本文中に「……から」や「……ので」という言葉がある方がやさしいです。本文中に「……から」「……ので」がないと難しくなります。
はじめのうちは答えの欄の後に「から」と書いておくようにします。できるようになったら「から」まで含めて子どもが書くようにします。

【本文中に「から」が書いてない例】

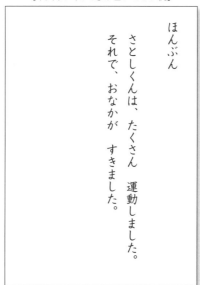

【本文中に「から」が書いてある例】

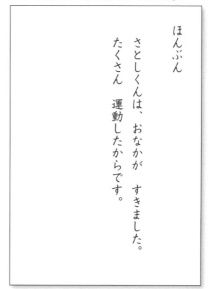

【答えの欄の後に「から」と書いてない例】

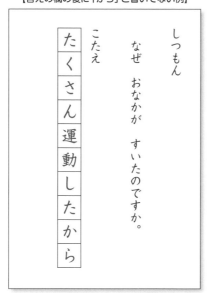

【答えの欄の後に「から」と書いてある例】

③【「(どんな) こと」をたずねる質問について】

「(どんな) こと」をたずねる質問は、本文中に「……こと」という言葉がある方がやさしいです。本文中に「……こと」がないと難しくなります。

はじめのうちは答えの欄の後に「こと」と書いておくようにします。できるようになったら「こと」まで含めて子どもが書くようにします。

Part II 文の理解・文章の理解の学習

第1章 「文の理解・文章の理解」の学習の基本的な考え方

答えについて

【本文中に「こと」が書いてない例】

本文

つばさくんは、動物の 図かんを 見るのが 大好きです。しょう来は、じゅう医さんに なりたいと思っています。

【答えの欄の後に「こと」と書いてない例】

しつ問
つばさくんは、なにを することが 大好きですか。

答え

動物の図かんを見ること

【答えの欄の後に「こと」と書いてある例】

しつ問
つばさくんは、なにを することが 大好きですか。

答え

動物の図かんを見る こと

④【答えが本文の表現と違う場合】
　あ．本文の一部分を変更して答える

【本文の一部を変更して答える例】

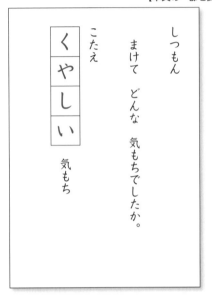

　い．本文に書いてないことを考えて答える

【本文に書いてないことを考えて答える例】

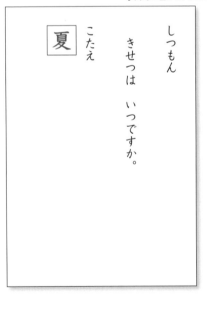
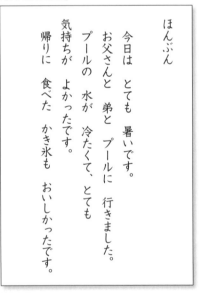

Part II 文の理解・文章の理解の学習

第1章 「文の理解・文章の理解」の学習の基本的な考え方 答えについて

(3) 解答欄の工夫

解答欄は、子どもの実態に応じて、次のように工夫するとよいでしょう。
①答えの文字数のマス目にする
②答えの文字数より1、2個多いマス目にする

＊子どもの実態に応じて、マス目には、十字リーダーをつけてもよいでしょう。

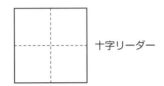
十字リーダー

【答えの欄のマス目が答えの文字数より多い場合の例】

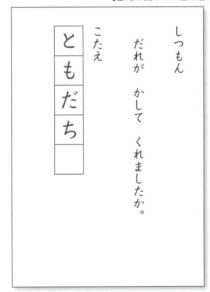
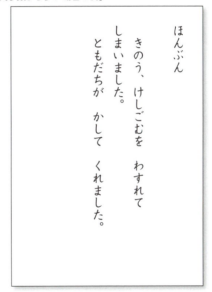

　答えに必要なマス目で学習しているうちに、答えのマス目を数えてから答えを考えるようになる子どもがいます。そのような場合には、上記のように、答えのマス目を多くします。そして「マス目は答えより多いよ」と言って、答えを考えさせるようにします。
　また、マス目の数が答えの文字数より多いと、マス目の数を見て「ともだちが」と答えてしまうことがあります。そのようなときは「が」を書く前に「ともだち」と書いた時点で「そうだね」と言って、そこで止めることが大切です。

③解答欄を □□□□□ や (　　) などの枠にする

「文の理解」の学習の方法とことばかけ

　「文の構成」の学習の次に「文の理解」の学習を行います。
　第2章では、具体的に文の理解の方法とことばかけについて述べます。
　この本では、3文までのものを「文の理解」の学習、4文以上のものを「文章の理解」の学習として説明しています。
　学習は、常に子どもと指導者が対面し、子どもの視線を把握しながら行うことが大切です。

1. 1文の理解の学習の方法とことばかけ

　1文の理解の学習の方法とことばかけについて、例文を通して説明します。
　はじめのうちは、子どもが実際に動作できる内容にするとわかりやすいです。動作をすることによって、書いてある内容が理解しやすくなります。
　「1文で助詞1つ」の問題から始め、できるようになったら、「1文で助詞2つ」「1文で助詞3つ」と学習を進めます。

例：1文で助詞1つ

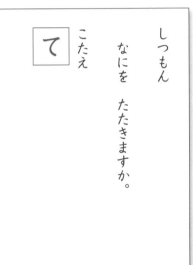

（1）本文を読む

①本文を呈示します。
②「[ほんぶん] を、指さししながら読みましょう」と言います。
③子どもが指さししながら読みます。
　子どもがひとりで読めない場合は、指導者が先に読んだり、一緒に読んだりします。

＊「ほんぶん　てを　たたきます。」というように、「ほんぶん」から読むようにします。

読むときのポイント1

　原則的に、子どもが指さしをしながら読むようにします。

　はじめのうちは、指導者が子どもの指を持って、援助しながら一緒に読みます。

　子どもが右利きの場合は、指導者の左手で援助します。指導者の右手で援助すると、文字が隠れます。

　指さししている部分を子どもが目で追っているかどうか、子どもの視線を常によく把握するようにします。視線が外れた場合は指の動きを止め、「ここ、見て」と言い、指さししているところに視線を引き付けます。

　指を速く動かし、速く読んでしまう子どもが多く見られます。「ゆっくり読みましょう」とことばかけしながら、指導者が子どもの指をゆっくり動かすようにコントロールします。「ゆっくり読みましょう」のことばかけだけではなかなかゆっくり読むようになりません。指を援助してスピードをコントロールすることにより、ゆっくり読めるようになってきます。

　読んでいるところをゆっくり指さしできるようになったら、子どもがひとりで指さしするようにします。

読むときのポイント2

　読んでいる文の横をすべらせるように指を動かすと、読み間違えたり文字を飛ばしてしまったりする子どもがいます。そのような場合は、1文字ずつ指でポインティングしながら読むようにします。1文字ずつポインティングしながら指導者が少し先に読み、子どもがまねをして追いかけて読みます。そうすることにより、子どもは次第になめらかに読めるようになってきます。なめらかに読めるようになってきたら、指をすべらせるように動かして読むようにします。

（2）本文の内容や難しい語句・表現の説明をする

①「先生がやってみるね」と言い、指導者が手をたたいて見せます。

②「先生と一緒に○○さんもやってみましょう」と言います。子どもが、指導者と一緒に手をたたきます。

③「上手にできたね」と言ってほめます。

（3）本文を再度読む

①「もう一度、［ほんぶん］を指さししながら読みましょう」と言います。

②子どもが指さししながら再度本文を読みます。

　子どもがひとりで読めない場合は、指導者が先に読んだり、一緒に読んだりします。

読むときのポイント3

　一度目に子どもが読んだとき、指導者は、子どもが読み間違えたり詰まったりしていた箇所を、覚えておきます。そして、再度本文を読むときは、子どもが読み間違えたり詰まったりする前に、その箇所を指導者が先に読みます。そうすることによって、子どもは安心して読むことができます。読み間違えてから訂正するのでは、なかなか正しい読みが定着しません。読み間違えをさせないようにすることが大切です。

Part **II** 文の理解・文章の理解の学習

（4）質問文を読む

①「[しつもん] を、指さししながら読みましょう」と言います。

②子どもが指さししながら読みます。

　子どもがひとりで読めない場合は、指導者が先に読んだり、一緒に読んだりします。

＊「しつもん　なにを　たたきますか。」というように、「しつもん」から読むようにします。

（5）答えがわかる部分を探す

①「[こたえ] はどこに書いてありますか？　指でさしてください」と言います。

②子どもが本文の「て」を指さしします。

③「そうだね」と言います。

④「[こたえ] は何ですか？」と聞きます。

⑤子どもが「て」と答えます。

⑥「そうだね」と言います。

＊「てを」や「てを　たたきます」と答える子どもがいます。そのような場合でも「そうだね」と言って認めます。

答えを探すときのポイント**1**

　この学習を始めたばかりのころは、答えが書いてあるところを探すことが難しいです。答えがわからないときに、質問文を指導者が繰り返し言ったり、「この質問はなにを聞いているの？」と言ったりすることがよく見られます。このようなことは言わない方がよいです。

　子どもが探せない場合は、すぐに「ここに書いてあるよ」と言って、本文中の「て」を指導者が指さしし、同じところを子どもが指さしするようにします。

　「こたえは？」と聞きます。子どもが答えられない場合は、すぐに指導者が「て」と、答えを言うようにします。

答えを探すときのポイント**2**

　質問文を読んですぐに「て」と答える子どもが多くいます。

　このような子どもは、文を暗記していて答えています。

　本文が3文くらいまでは、このように本文を見ずに、記憶で答えを言ってしまうことがよく見られます。

　答えは本文を見て、本文の中から探すようにすることが大切です。本文を見ないですぐに答えを言ってしまわないようにします。

　「答えが書いてあるところを指さしして」とことばかけして、答えを探すようにします。

（6）答えを書く

①[こたえ] の欄を指さししながら、「[こたえ] には何と書きますか？」と聞きます。

②子どもが「て」と答えます。

③「そうだね」と言います。

＊ここでも「てを」や「てを　たたきます」と答える子どもがいます。そのような場合は、「そうだね」と言ってから、「「て」だけでいいよ。『て』って書こうね」と言って答え方を教えるようにします。

第**2**章 「文の理解」の学習の方法とことばかけ

1 文の理解

237

④「では、答えを書きましょう」と言います。
⑤子どもが [こたえ] の欄に「て」と書きます。
＊子どもが文字を書いているとき、実態に応じて、運筆に合わせたことばかけを行います。ひとりで書けない場合は、援助して整った文字を書くようにします。

⑥「よくできました」と言ってほめます。
⑦「[しつもん] と [こたえ] を指さししながら続けて読んでください」と言います。
⑧子どもが指さししながら [しつもん] と [こたえ] を続けて読みます。
⑨ [こたえ] に丸や花丸をつけます。
＊鉛筆は、書くとき以外は持たないようにします。書き終わったらすぐに指導者が受け取って、子どもの手の届かないところに置くようにします。

(7) まとめ

①「[ほんぶん] を指さししながら読みましょう」と言います。
②子どもが指さししながら [ほんぶん] を読みます。
　子どもがひとりで読めない場合は、指導者が先に読んだり、一緒に読んだりします。
③「よくできました」と言ってほめます。

例：1文で助詞2つ

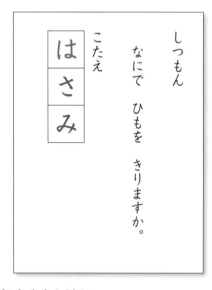
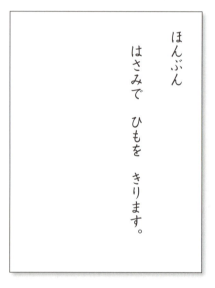

(1) 本文を読む

①本文を呈示します。
②「[ほんぶん] を、指さししながら読みましょう」と言います。
③子どもが指さししながら読みます。
　子どもがひとりで読めない場合は、指導者が先に読んだり、一緒に読んだりします。
＊「ほんぶん　はさみで　ひもを　きります。」というように、「ほんぶん」から読むようにします。

（2）本文の内容や難しい語句・表現の説明をする

① 「先生がやってみるね」と言い、指導者がはさみでひもを切って見せます。

② 「○○さんもやってみましょう」と言います。子どもがはさみでひもを切ります。

③ 「上手にできたね」と言ってほめます。

（3）本文を再度読む

① 「もう一度、[ほんぶん]を指さししながら読みましょう」と言います。

② 子どもが指さししながら再度本文を読みます。

　子どもがひとりで読めない場合は、指導者が先に読んだり、一緒に読んだりします。

（4）質問文を読む

① 「[しつもん]を、指さししながら読みましょう」と言います。

② 子どもが指さししながら読みます。

　子どもがひとりで読めない場合は、指導者が先に読んだり、一緒に読んだりします。

＊「しつもん　なにで　ひもを　きりますか。」というように、「しつもん」から読むようにします。

（5）答えがわかる部分を探す

① 「[こたえ]はどこに書いてありますか？　指でさしてください」と言います。

② 子どもが本文の「はさみ」を指さしします。

③ 「そうだね」と言います。

④ 「[こたえ]は何ですか？」と聞きます。

⑤ 子どもが「はさみ」と答えます。

⑥ 「そうだね」と言います。

＊「はさみで」や「はさみで　ひもを　きります」と答える子どもがいます。そのような場合でも「そうだね」と言って認めます。

（6）答えを書く

① [こたえ]の欄を指さししながら、「[こたえ]には何と書きますか？」と聞きます。

② 子どもが「はさみ」と答えます。

③ 「そうだね」と言います。

＊ここでも「はさみで」や「はさみで　ひもを　きります」と答える子どもがいます。そのような場合は、「そうだね」と言ってから、「『はさみ』だけでいいよ。『はさみ』って書こうね」と言って答え方を教えるようにします。

④ 「では、答えを書きましょう」と言います。

⑤ 子どもが[こたえ]の欄に「はさみ」と書きます。

＊子どもが文字を書いているとき、実態に応じて、運筆に合わせたことばかけを行います。ひとりで書けない場合は、援助して整った文字を書くようにします。

⑥ 「よくできました」と言ってほめます。

⑦ 「[しつもん]と[こたえ]を指さししながら続けて読んでください」と言います。

⑧ 子どもが指さししながら[しつもん]と[こたえ]を続けて読みます。

⑨ [こたえ] に丸や花丸をつけます。

＊鉛筆は、書くとき以外は持たないようにします。書き終わったらすぐに指導者が受け取って、子どもの手の届かないところに置くようにします。

（7）まとめ

① 「[ほんぶん] を指さししながら読みましょう」と言います。
② 子どもが指さししながら [ほんぶん] を読みます。
　子どもがひとりで読めない場合は、指導者が先に読んだり、一緒に読んだりします。
③ 「よくできました」と言ってほめます。

例：1文で助詞3つ

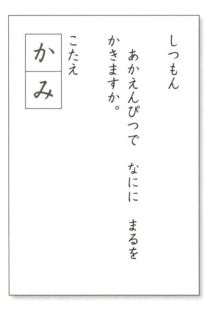

（1）本文を読む

① 本文を呈示します。
② 「[ほんぶん] を、指さししながら読みましょう」と言います。
③ 子どもが指さししながら読みます。
　子どもがひとりで読めない場合は、指導者が先に読んだり、一緒に読んだりします。
＊「ほんぶん　あかえんぴつで　かみに　まるを　かきます。」というように、「ほんぶん」から読むようにします。

（2）本文の内容や難しい語句・表現の説明をする

① 「先生がやってみるね」と言い、指導者が赤鉛筆で紙に丸をかいて見せます。
② 「○○さんもやってみましょう」と言います。子どもが、紙に赤鉛筆で丸をかきます。
③ 「上手にできたね」と言ってほめます。

（3）本文を再度読む

① 「もう一度、[ほんぶん] を指さししながら読みましょう」と言います。

② 子どもが指さししながら再度本文を読みます。

　　子どもがひとりで読めない場合は、指導者が先に読んだり、一緒に読んだりします。

（4）質問文を読む

① 「[しつもん] を、指さししながら読みましょう」と言います。

② 子どもが指さししながら読みます。

　　子どもがひとりで読めない場合は、指導者が先に読んだり、一緒に読んだりします。

＊ 「しつもん　あかえんぴつで　なにに　まるを　かきますか。」というように、「しつもん」から読むようにします。

（5）答えがわかる部分を探す

① 「[こたえ] はどこに書いてありますか？　指でさしてください」と言います。

② 子どもが本文の「かみ」を指さしします。

③ 「そうだね」と言います。

＊答えが文の最初の文節にある方がやさしいです。答えが文の途中の文節にある問題では、文の最初の文節を指さししてしまう子どもがいます。
　そのようなときは、再度質問文を読み、本文を指さししながら「『なにに』は、どこに書いてあるかな？」とことばかけをします。そして、「ここだね」と言って指さしして答えを教えるようにします。

④ 「[こたえ] は何ですか？」と聞きます。

⑤ 子どもが「かみ」と答えます。

⑥ 「そうだね」と言います。

＊ 「かみに」や「かみに　まるを　かきます」と答える子どもがいます。そのような場合でも「そうだね」と言って認めます。

（6）答えを書く

① [こたえ] の欄を指さししながら、「[こたえ] には何と書きますか？」と聞きます。

② 子どもが「かみ」と答えます。

③ 「そうだね」と言います。

＊ここでも「かみに」や「かみに　まるを　かきます」と答える子どもがいます。そのような場合は、「そうだね」と言ってから、「『かみ』だけでいいよ。『かみ』って書こうね」と言って答え方を教えるようにします。

④ 「では、答えを書きましょう」と言います。

⑤ 子どもが [こたえ] の欄に「かみ」と書きます。

＊子どもが文字を書いているとき、実態に応じて、運筆に合わせたことばかけを行います。ひとりで書けない場合は、援助して整った文字を書くようにします。

⑥ 「よくできました」と言ってほめます。

⑦ 「[しつもん] と [こたえ] を指さししながら続けて読んでください」と言います。

⑧ 子どもが指さししながら [しつもん] と [こたえ] を続けて読みます。

⑨ [こたえ] に丸や花丸をつけます。

＊鉛筆は、書くとき以外は持たないようにします。書き終わったらすぐに指導者が受け取って、子どもの手の届かないところに置くようにします。

(7) まとめ

① 「[ほんぶん] を指さししながら読みましょう」と言います。
② 子どもが指さししながら [ほんぶん] を読みます。
　　子どもがひとりで読めない場合は、指導者が先に読んだり、一緒に読んだりします。
③ 「よくできました」と言ってほめます。

2. 2文の理解の学習の方法とことばかけ

「2文とも助詞1つ」の問題から始め、できるようになったら、「2文とも助詞2つまで」「2文とも助詞3つまで」と学習を進めます。

例：2文で、「助詞2つの文・助詞3つの文」

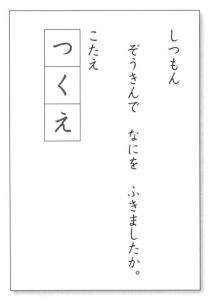
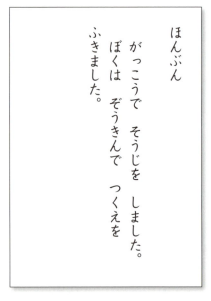

（1）本文を読む

① 本文を呈示します。
② 「[ほんぶん] を、指さししながら読みましょう」と言います。
③ 子どもが指さししながら読みます。
　　子どもがひとりで読めない場合は、指導者が先に読んだり、一緒に読んだりします。

Part Ⅱ 文の理解・文章の理解の学習

読むときのポイント**1**

　原則的に、子どもが指さしをしながら読むようにします。

　はじめのうちは、指導者が子どもの指を持って、援助しながら一緒に読みます。

　子どもが右利きの場合は、指導者の左手で援助します。指導者の右手で援助すると、文字が隠れます。

　指さししている部分を子どもが目で追っているかどうか、子どもの視線を常によく把握するようにします。視線が外れた場合は指の動きを止め、「ここ、見て」と言い、指さししているところに視線を引き付けます。

　指を速く動かし、速く読んでしまう子どもが多く見られます。「ゆっくり読みましょう」とことばかけしながら、指導者が子どもの指をゆっくり動かすようにコントロールします。「ゆっくり読みましょう」のことばかけだけではなかなかゆっくり読むようになりません。指を援助してスピードをコントロールすることにより、ゆっくり読めるようになってきます。

　読んでいるところをゆっくり指さしできるようになったら、子どもがひとりで指さしするようにします。

読むときのポイント**2**

　読んでいる文の横をすべらせるように指を動かすと、読み間違えたり文字を飛ばしてしまったりする子どもがいます。そのような場合は、1文字ずつ指でポインティングしながら読むようにします。1文字ずつポインティングしながら指導者が少し先に読み、子どもがまねをして追いかけて読みます。そうすることにより、子どもは次第になめらかに読めるようになってきます。なめらかに読めるようになってきたら、指をすべらせるように動かして読むようにします。

（２）本文の内容や難しい語句・表現の説明をする

①「そうじをしたことはありますか?」「そうじで、なにをしましたか?」などと、本文に書かれている内容に関わることについて質問します。

②質問した内容について、子どもとやりとりをしたり、そうじをしている場面のイラストを見せたりしながら理解を深めます。

（３）本文を再度読む

①「もう一度、[ほんぶん]を指さししながら読みましょう」と言います。

②子どもが指さししながら再度本文を読みます。

　子どもがひとりで読めない場合は、指導者が先に読んだり、一緒に読んだりします。

読むときのポイント**3**

　一度目に子どもが読んだとき、指導者は、子どもが読み間違えたり詰まったりしていた箇所を、覚えておきます。そして、再度本文を読むときは、子どもが読み間違えたり詰まったりする前に、その箇所を指導者が先に読みます。そうすることによって、子どもは安心して読むことができます。読み間違えてから訂正するのでは、なかなか正しい読みが定着しません。読み間違いをさせないようにすることが大切です。

第**2**章　「文の理解」の学習の方法とことばかけ

２文の理解

（4）質問文を読む

①「[しつもん] を、指さししながら読みましょう」と言います。

②子どもが指さししながら読みます。

　子どもがひとりで読めない場合は、指導者が先に読んだり、一緒に読んだりします。

（5）答えがわかる部分を探す

①「[こたえ] はどこに書いてありますか？　指でさしてください」と言います。

②子どもが本文の「つくえ」を指さしします。

③「そうだね」と言います。

④「では、[こたえ] が書いてあるその文を、指さししながら読みましょう」と言います。

⑤子どもが指さししながら答えの書いてある文を読みます。

＊本文が2文以上になったら、答えを言う前に、答えが書いてある文のみ、再度読むようにします。その
　方がわかりやすいです。

＊どこを読むのかわかるように、「ここから、ここまで読みましょう」と言って、指導者が文のはじめと終
　わりを指さしするようにします。

⑥「[こたえ] は何ですか？」と聞きます。

⑦子どもが「つくえ」と答えます。

⑧「そうだね」と言います。

＊「つくえを」や「つくえを　ふきました」と答える子どもがいます。そのような場合でも「そうだね」と
　言って認めます。

答えを探すときのポイント**1**

　この学習を始めたばかりのころは、答えが書いてあるところを探すことが難しいです。答えがわからないときに、質問文を指導者が繰り返し言ったり、「この質問はなにを聞いているの？」と言ったりすることがよく見られます。このようなことは言わない方がよいです。

　子どもが探せない場合は、すぐに「ここに書いてあるよ」と言って、本文中の「つくえ」を指導者が指さしし、同じところを子どもが指さしするようにします。

　「こたえは？」と聞きます。子どもが答えられない場合は、すぐに指導者が「つくえ」と、答えを言うようにします。

答えを探すときのポイント**2**

　質問文を読んですぐに「つくえ」と答える子どもが多くいます。このような子どもは、文を暗記して答えています。本文が3文くらいまでは、このように本文を見ずに、記憶で答えを言ってしまうことがよく見られます。

　答えは本文を見て、本文の中から探すようにすることが大切です。本文を見ないですぐに答えを言ってしまわないようにします。

　「答えが書いてあるところを指さしして」とことばかけして、答えを探すようにします。

（6）答えを書く

①[こたえ] の欄を指さししながら、「[こたえ] には何と書きますか？」と聞きます。

②子どもが「つくえ」と答えます。

③「そうだね」と言います。

＊ここでも「つくえを」や「つくえを　ふきました」と答える子どもがいます。そのような場合は、「そうだね」と言ってから「『つくえ』だけでいいよ。『つくえ』って書こうね」と言って、答え方を教えるようにします。

④「では、答えを書きましょう」と言います。

⑤子どもが［こたえ］の欄に「つくえ」と書きます。

＊子どもが文字を書いているとき、実態に応じて、運筆に合わせたことばかけを行います。ひとりで書けない場合は、援助して整った文字を書くようにします。

⑥「よくできました」と言ってほめます。

⑦「［しつもん］と［こたえ］を指さししながら続けて読んでください」と言います。

⑧子どもが指さししながら［しつもん］と［こたえ］を続けて読みます。

⑨［こたえ］に丸や花丸をつけます。

＊鉛筆は、書くとき以外は持たないようにします。書き終わったらすぐに指導者が受け取って、子どもの手の届かないところに置くようにします。

（7）まとめ

①「［ほんぶん］を指さししながら読みましょう」と言います。

②子どもが指さししながら［ほんぶん］を読みます。

子どもがひとりで読めない場合は、指導者が先に読んだり、一緒に読んだりします。

③「よくできました」と言ってほめます。

「2文とも助詞1つ」、「2文とも助詞2つまで」、「2文とも助詞3つまで」と、いろいろな組み合わせがあります。いずれの組み合わせの場合でも、同様の方法とことばかけで行います。

3. 3文の理解の学習の方法とことばかけ

「3文とも助詞1つ」の問題から始め、できるようになったら、「3文とも助詞2つまで」「3文とも助詞3つまで」と学習を進めます。

例：3文で、「助詞2つの文・助詞2つの文・助詞3つの文」

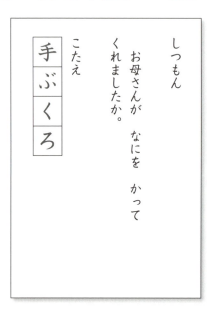

ほんぶん
さむい日は　手が　つめたくなります。
お母さんが　手ぶくろを　かって　くれました。
なくさないように　大切に　しようと　思います。

しつもん
お母さんが　なにを　かって　くれましたか。

こたえ
　手ぶくろ　

（1）本文を読む

① 本文を呈示します。
② 「[ほんぶん] を、指さししながら読みましょう」と言います。
③ 子どもが指さししながら読みます。
　子どもがひとりで読めない場合は、指導者が先に読んだり、一緒に読んだりします。

読むときのポイント 1

　原則的に、子どもが指さしをしながら読むようにします。
　はじめのうちは、指導者が子どもの指を持って、援助しながら一緒に読みます。
　子どもが右利きの場合は、指導者の左手で援助します。指導者の右手で援助すると、文字が隠れます。
　指さししている部分を子どもが目で追っているかどうか、子どもの視線を常によく把握するようにします。視線が外れた場合は指の動きを止め、「ここ、見て」と言い、指さししているところに視線を引き付けます。
　指を速く動かし、速く読んでしまう子どもが多く見られます。「ゆっくり読みましょう」とことばかけしながら、指導者が子どもの指をゆっくり動かすようにコントロールします。「ゆっくり読みましょう」のことばかけだけではなかなかゆっくり読むようになりません。指を援助してスピードをコントロールすることにより、ゆっくり読めるようになってきます。
　読んでいるところをゆっくり指さしできるようになったら、子どもがひとりで指さしするようにします。

Part II 文の理解・文章の理解の学習

読むときのポイント**2**

　読んでいる文の横をすべらせるように指を動かすと、読み間違えたり文字を飛ばしてしまったりする子どもがいます。そのような場合は、1文字ずつ指でポインティングしながら読むようにします。1文字ずつポインティングしながら指導者が少し先に読み、子どもがまねをして追いかけて読みます。そうすることにより、子どもは次第になめらかに読めるようになってきます。なめらかに読めるようになってきたら、指をすべらせるように動かして読むようにします。

（2）本文の内容や難しい語句・表現の説明をする

① 「手ぶくろをしたことがありますか？」「手ぶくろを持っていますか？」などと、本文に書かれている内容に関わることについて質問します。

② 質問した語句について、実物や写真を見せたり、手ぶくろを実際に手にはめてみたりして、内容の理解を深めます。

（3）本文を再度読む

① 「もう一度、[ほんぶん]を指さししながら読みましょう」と言います。

② 子どもが指さししながら再度本文を読みます。

　子どもがひとりで読めない場合は、指導者が先に読んだり、一緒に読んだりします。

読むときのポイント**3**

　一度目に子どもが読んだとき、指導者は、子どもが読み間違えたり詰まったりしていた箇所を、覚えておきます。そして、再度本文を読むときは、子どもが読み間違えたり詰まったりする前に、その箇所を指導者が先に読みます。そうすることによって、子どもは安心して読むことができます。読み間違えてから訂正するのでは、なかなか正しい読みが定着しません。読み間違いをさせないようにすることが大切です。

（4）質問文を読む

① 「[しつもん]を、指さししながら読みましょう」と言います。

② 子どもが指さししながら読みます。

　子どもがひとりで読めない場合は、指導者が先に読んだり、一緒に読んだりします。

（5）答えがわかる部分を探す

① 「[こたえ]はどこに書いてありますか？　指でさしてください」と言います。

② 子どもが本文の「手ぶくろ」を指さしします。

③ 「そうだね」と言います。

④ 「では、[こたえ]が書いてあるその文を、指さししながら読みましょう」と言います。

⑤ 子どもが指さししながら答えの書いてある文を読みます。

＊どこを読むのかわかるように、「ここから、ここまで読みましょう」と言って、指導者が文のはじめと終わりを指さしするようにします。

⑥「[こたえ] は何ですか?」と聞きます。

⑦子どもが「手ぶくろ」と答えます。

⑧「そうだね」と言います。

＊「手ぶくろを」や「手ぶくろを　かって　くれました」と答える子どもがいます。そのような場合でも「そうだね」と言って認めます。

答えを探すときのポイント**1**

　この学習を始めたばかりのころは、答えが書いてあるところを探すことが難しいです。答えがわからないときに、質問文を指導者が繰り返し言ったり、「この質問はなにを聞いているの?」と言ったりすることがよく見られます。このようなことは言わない方がよいです。

　子どもが探せない場合は、すぐに「ここに書いてあるよ」と言って、本文中の「手ぶくろ」を指導者が指さしし、同じところを子どもが指さしするようにします。

　「こたえは?」と聞きます。子どもが答えられない場合は、すぐに指導者が「手ぶくろ」と、答えを言うようにします。

答えを探すときのポイント**2**

　質問文を読んですぐに「手ぶくろ」と答える子どもが多くいます。このような子どもは、文を暗記して答えています。本文が3文くらいまでは、このように本文を見ずに、記憶で答えを言ってしまうことがよく見られます。

　答えは本文を見て、本文の中から探すようにすることが大切です。本文を見ないですぐに答えを言ってしまわないようにします。

　「答えが書いてあるところを指さしして」とことばかけして、答えを探すようにします。

（6）答えを書く

①[こたえ]の欄を指さししながら、「[こたえ]には何と書きますか?」と聞きます。

②子どもが「手ぶくろ」と答えます。

③「そうだね」と言います。

＊ここでも「手ぶくろを」や「手ぶくろを　かって　くれました」と答える子どもがいます。そのような場合は、「そうだね」と言ってから「『手ぶくろ』だけでいいよ。『手ぶくろ』って書こうね」と言って、答え方を教えるようにします。

④「では、答えを書きましょう」と言います。

⑤子どもが [こたえ] の欄に「手ぶくろ」と書きます。

＊子どもが文字を書いているとき、子どもの実態に応じて、運筆に合わせて適切なことばかけを行います。ひとりで書けない場合は、援助して整った文字を書くようにします。

⑥「よくできました」と言ってほめます。

⑦「[しつもん] と [こたえ] を指さししながら続けて読んでください」と言います。

⑧子どもが指さししながら [しつもん] と [こたえ] を続けて読みます。

⑨[こたえ] に丸や花丸をつけます。

＊鉛筆は、書くとき以外は持たないようにします。書き終わったらすぐに指導者が受け取って、子どもの手の届かないところに置くようにします。

（7）まとめ

① 「[ほんぶん] を指さししながら読みましょう」と言います。

② 子どもが指さししながら [ほんぶん] を読みます。

　子どもがひとりで読めない場合は、指導者が先に読んだり、一緒に読んだりします。

③ 「よくできました」と言ってほめます。

　「3文とも助詞1つ」、「3文とも助詞2つまで」、「3文とも助詞3つまで」と、いろいろな組み合わせがあります。いずれの組み合わせの場合でも、同様の方法とことばかけで行います。

「文章の理解」の学習の方法とことばかけ

　第2章では、3文までの「文の理解」の方法とことばかけについて述べました。

　第3章では、4文以上の「文章の理解」の方法とことばかけについて述べます。

　4文以上の問題は、特に助詞の数などを決めていません。子どもの実態に応じて工夫します。

　文の数をいくつにするか、助詞の数をいくつにするか、「わかち書き」にするか、どこまで漢字を使うかなど、よく考えて問題を作成します。

　質問のしかたや答えの欄なども、子どもの実態に応じて工夫します。

　4文以上の問題では、1つの本文に対し、複数の質問文を用意するとよいです。

　最も大切なのは、子どもに間違えさせないようにすることです。

　ここに述べるような方法で学習を積み重ねることにより、子どもは自信をつけ、文章を理解する力が育っていきます。

Part II 文の理解・文章の理解の学習

1. 4文の理解の学習の方法とことばかけ

例：「なにが」をたずねる問題（質問文1つ）

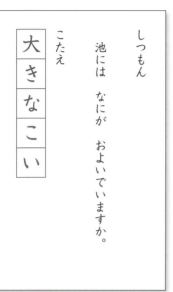

（1）本文を読む

①文を呈示します。
②「［ほんぶん］を、指さししながら読みましょう」と言います。
③子どもが指さししながら読みます。
　子どもがひとりで読めない場合は、指導者が先に読んだり、一緒に読んだりします。

読むときのポイント 1

　原則的に、子どもが指さしをしながら読むようにします。
　はじめのうちは、指導者が子どもの指を持って、援助しながら一緒に読みます。
　子どもが右利きの場合は、指導者の左手で援助します。指導者の右手で援助すると、文字が隠れます。
　指さししている部分を子どもが目で追っているかどうか、子どもの視線を常によく把握するようにします。視線が外れた場合は指の動きを止め、「ここ、見て」と言い、指さししているところに視線を引き付けます。
　指を速く動かし、速く読んでしまう子どもが多く見られます。「ゆっくり読みましょう」とことばかけしながら、指導者が子どもの指をゆっくり動かすようにコントロールします。「ゆっくり読みましょう」のことばかけだけではなかなかゆっくり読むようになりません。指を援助してスピードをコントロールすることにより、ゆっくり読めるようになってきます。
　読んでいるところをゆっくり指さしできるようになったら、子どもがひとりで指さしするようにします。

読むときのポイント**2**

　読んでいる文の横をすべらせるように指を動かすと、読み間違えたり文字を飛ばしてしまったりする子どもがいます。そのような場合は、１文字ずつ指でポインティングしながら読むようにします。１文字ずつポインティングしながら指導者が少し先に読み、子どもがまねをして追いかけて読みます。そうすることにより、子どもは次第になめらかに読めるようになってきます。なめらかに読めるようになってきたら、指をすべらせるように動かして読むようにします。

（２）本文の内容や難しい語句・表現の説明をする

①「『こい』を見たことがありますか？」「どこで見ましたか？」などと、本文に書かれている内容に関わることについて質問します。

②質問した語句について、写真や動画を見せるなどしてわかりやすく説明します。

（３）本文を再度読む

①「もう一度、［ほんぶん］を指さししながら読みましょう」と言います。

②子どもが指さししながら再度本文を読みます。

　子どもがひとりで読めない場合は、指導者が先に読んだり、一緒に読んだりします。

読むときのポイント**3**

　一度目に子どもが読んだとき、指導者は、子どもが読み間違えたり詰まったりしていた箇所を、覚えておきます。そして、再度本文を読むときは、子どもが読み間違えたり詰まったりする前に、その箇所を指導者が先に読みます。そうすることによって、子どもは安心して読むことができます。読み間違えてから訂正するのでは、なかなか正しい読みが定着しません。読み間違いをさせないようにすることが大切です。

（４）質問文を読む

①「［しつもん］を、指さししながら読みましょう」と言います。

②子どもが指さししながら読みます。

　子どもがひとりで読めない場合は、指導者が先に読んだり、一緒に読んだりします。

（５）答えがわかる部分を探す

①「［こたえ］はどこに書いてありますか？　指でさしてください」と言います。

②子どもが本文の「大きな　こい」を指さしします。

③「そうだね」と言います。

＊「こい」だけを指さしする子どもがいます。そのような場合でも「そうだね」と言って認めます。

④「では、［こたえ］が書いてあるその文を、指さししながら読みましょう」と言います。

⑤子どもが指さししながら答えの書いてある文を読みます。

＊どこを読むのかわかるように、「ここから、ここまで読みましょう」と言って、指導者が文のはじめと終わりを指さしするようにします。

⑥「[こたえ]は何ですか？」と聞きます。

⑦子どもが「大きな　こい」と答えます。

⑧「そうだね」と言います。

＊「こい」と答える子どもがいます。そのような場合でも「そうだね」と言って認めます。そして「どんなこい？」と聞き、「大きな　こい」と答えられるようにします。「大きな」と答えられない場合は、待たずに指導者が「大きな」を指さしして、「ここに書いてあるよ。『大きな　こい』だね」と言って教えます。

答えを探すときのポイント**1**

　この学習を始めたばかりのころは、答えが書いてあるところを探すことが難しいです。答えがわからないときに、質問文を指導者が繰り返し言ったり、「この質問はなにを聞いているの？」と言ったりすることがよく見られます。このようなことは言わない方がよいです。

　子どもが探せない場合は、すぐに「ここに書いてあるよ」と言って、本文中の答えの部分を指導者が指さしし、同じところを子どもが指さしするようにします。

　「こたえは？」と聞きます。子どもが答えられない場合は、すぐに指導者が答えを言うようにします。

答えを探すときのポイント**2**

　質問文を読んですぐに「こい」と答える子どもが多くいます。このような子どもは、文を暗記して答えています。本文が３文くらいまでは、このように本文を見ずに、記憶で答えを言ってしまうことがよく見られます。

　答えは本文を見て、本文の中から探すようにすることが大切です。本文を見ないですぐに答えを言ってしまわないようにします。

　「答えが書いてあるところを指さしして」とことばかけして、答えを探すようにします。

（6）答えを書く

①[こたえ]の欄を指さししながら、「[こたえ]には何と書きますか？」と聞きます。

②子どもが「大きな　こい」と答えます。

③「そうだね」と言います。

＊ここでも「こい」と答える子どもがいます。そのような場合でも「そうだね」と言ってから、「どんなこい？」と聞き、「大きな　こい」と答えられるようにします。「大きな」と答えられない場合は、待たずに指導者が「大きな」を指さしして、「『大きな　こい』だね。『大きな　こい』って書こうね」と言って教えます。

④「では、答えを書きましょう」と言います。

⑤子どもが[こたえ]の欄に「大きな　こい」と書きます。

＊子どもが文字を書いているとき、実態に応じて、運筆に合わせたことばかけを行います。
　ひとりで書けない場合は、援助して整った文字を書くようにします。

⑥「よくできました」と言ってほめます。

⑦「[しつもん]と[こたえ]を指さししながら続けて読んでください」と言います。

⑧子どもが指さししながら[しつもん]と[こたえ]を続けて読みます。

⑨[こたえ]に丸や花丸をつけます。

＊鉛筆は、書くとき以外は持たないようにします。書き終わったらすぐに指導者が受け取って、子どもの手の届かないところに置くようにします。

（7）まとめ

① 「[ほんぶん] を指さししながら読みましょう」と言います。

② 子どもが指さししながら [ほんぶん] を読みます。

　子どもがひとりで読めない場合は、指導者が先に読んだり、一緒に読んだりします。

③ 「よくできました」と言ってほめます。

例：「いつ」をたずねる問題、「どのくらい」をたずねる問題（質問文２つ）

ほんぶん

わたしは　毎週土よう日に　スイミングクラブに　かよっています。

はじめは　十メートルしか　およげませんでした。

でも　今は　二十五メートルくらい　およげるように　なりました。

がんばって　もっと　およげるように　なりたいです。

【質問2】「どのくらい」

しつもん

今は　どのくらい　およげるように　なりましたか。

こたえ

| 二 | 十 | 五 | メ | ー | ト | ル |

くらい

【質問1】「いつ」

しつもん

いつ　スイミングクラブに　かよっていますか。

こたえ

| 毎 | 週 | 土 | よ | う | 日 |

PartⅡ 文の理解・文章の理解の学習

（1）本文を読む

①本文を呈示します。

②「[ほんぶん] を、指さししながら読みましょう」と言います。

③子どもが指さししながら読みます。

　子どもがひとりで読めない場合は、指導者が先に読んだり、一緒に読んだりします。

（2）本文の内容や難しい語句・表現の説明をする

①「『スイミングクラブ』って聞いたことがありますか？」「○○さんは、泳ぎが好きですか？」などと、本文に書かれている内容について質問します。泳いでいる場面のイラストや写真を見せるなどして説明します。

②「『毎週土よう日』って、いつのことかな？」と言い、カレンダーを呈示して、全部の土曜日に一緒に丸をつけるなどして、理解を深めます。

（3）本文を再度読む

①「もう一度、[ほんぶん] を指さししながら読みましょう」と言います。

②子どもが指さししながら再度本文を読みます。

　子どもがひとりで読めない場合は、指導者が先に読んだり、一緒に読んだりします。

【質問1】を行う

（4）質問文を読む

①「[しつもん] を、指さししながら読みましょう」と言います。

②子どもが指さししながら読みます。

　子どもがひとりで読めない場合は、指導者が先に読んだり、一緒に読んだりします。

（5）答えがわかる部分を探す

①「[こたえ] はどこに書いてありますか？　指でさしてください」と言います。

②子どもが本文の「毎週土よう日」を指さしします。

③「そうだね」と言います。

＊「土よう日」だけを指さしする子どもがいます。そのような場合でも「そうだね」と言って認めます。

④「では、[こたえ] が書いてあるその文を、指さししながら読みましょう」と言います。

⑤子どもが指さししながら答えの書いてある文を読みます。

＊どこを読むのかわかるように、「ここから、ここまで読みましょう」と言って、指導者が文のはじめと終わりを指さしするようにします。

⑥「[こたえ] は何ですか？」と聞きます。

⑦子どもが「毎週土よう日」と答えます。

⑧「そうだね」と言います。

＊「土よう日」と答える子どもがいます。そのような場合でも「そうだね」と言って認めます。そして「いつの土よう日？」と聞き、「毎週土よう日」と答えられるようにします。「毎週土よう日」と答えられない場合は、待たずに指導者が「毎週」を指さしして、「ここに書いてあるよ。『毎週土よう日』だね」と言って教えます。

第**3**章

「文章の理解」の
学習の方法とことばかけ

4 文の理解

255

（6）答えを書く

① [こたえ] の欄を指さししながら、「[こたえ] には何と書きますか？」と聞きます。

② 子どもが「毎週土よう日」と答えます。

③ 「そうだね」と言います。

＊ここでも「土よう日」と答える子どもがいます。そのような場合でも「そうだね」と言ってから、「いつの土よう日？」と聞き、「毎週土よう日」と答えられるようにします。「毎週土よう日」と答えられない場合は、待たずに指導者が「毎週」を指さしして、「『毎週土よう日』だね。『毎週土よう日』って書こうね」と言って教えます。

④ 「では、答えを書きましょう」と言います。

⑤ 子どもが [こたえ] の欄に「毎週土よう日」と書きます。

＊子どもが文字を書いているとき、実態に応じて、運筆に合わせたことばかけを行います。ひとりで書けない場合は、援助して整った文字を書くようにします。

⑥ 「よくできました」と言ってほめます。

⑦ 「[しつもん] と [こたえ] を指さししながら続けて読んでください」と言います。

⑧ 子どもが指さししながら [しつもん] と [こたえ] を続けて読みます。

⑨ [こたえ] に丸や花丸をつけます。

＊鉛筆は、書くとき以外は持たないようにします。書き終わったらすぐに指導者が受け取って、子どもの手の届かないところに置くようにします。

【質問2】を行う

（7）質問文を読む

① 「[しつもん] を、指さししながら読みましょう」と言います。

② 子どもが指さししながら読みます。

　子どもがひとりで読めない場合は、指導者が先に読んだり、一緒に読んだりします。

（8）答えがわかる部分を探す

① 「[こたえ] はどこに書いてありますか？　指でさしてください」と言います。

② 子どもが本文の「二十五メートル」を指さしします。

③ 「そうだね」と言います。

④ 「では、[こたえ] が書いてあるその文を、指さししながら読みましょう」と言います。

⑤ 子どもが指さししながら答えの書いてある文を読みます。

＊どこを読むのかわかるように、「ここから、ここまで読みましょう」と言って、指導者が文のはじめと終わりを指さしするようにします。

⑥ 「[こたえ] は何ですか？」と聞きます。

⑦ 子どもが「二十五メートル」と答えます。

⑧ 「そうだね」と言います。

＊「二十五メートル」と答えても、「二十五メートルくらい」と答えても、「そうだね」と言って認めます。

Part II 文の理解・文章の理解の学習

（9）答えを書く

① ［こたえ］の欄を指さししながら、「［こたえ］には何と書きますか？」と聞きます。

②子どもが「二十五メートル」と答えます。

③「そうだね」と言います。

＊「二十五メートルくらい」と答える子どもがいます。そのような場合は「そうだね」と言ってから、「答えのマスの下に『くらい』って書いてあるね、答えは『二十五メートル』だけでいいよ」と答え方を教えるようにします。

④「では答えを書きましょう」と言います。

⑤子どもが［こたえ］の欄に「二十五メートル」と書きます。

＊子どもが文字を書いているとき、実態に応じて、運筆に合わせたことばかけを行います。ひとりで書けない場合は、援助して整った文字を書くようにします。

⑥「よくできました」と言ってほめます。

⑦「［しつもん］と［こたえ］を指さししながら続けて読んでください」と言います。

⑧子どもが指さししながら［しつもん］と［こたえ］を続けて読みます。

⑨［こたえ］に丸や花丸をつけます。

＊鉛筆は、書くとき以外は持たないようにします。書き終わったらすぐに指導者が受け取るか、机上の手の届かないところに置くようにします。

＊はじめのうちは、例題のように、解答欄の後に「くらい」と書いておきます。できるようになったら、解答欄の後には何も書かずにおき、子どもが自分で「くらい」をつけて書けるようにします。その場合はマス目の数を「くらい」を入れて文字数がちょうどになるようにするとわかりやすいです。

（10）まとめ

①「［ほんぶん］を指さししながら読みましょう」と言います。

②子どもが指さししながら［ほんぶん］を読みます。

子どもがひとりで読めない場合は、指導者が先に読んだり、一緒に読んだりします。

③「よくできました」と言ってほめます。

第3章 「文章の理解」の学習の方法とことばかけ

4 文の理解

2. 5文の理解の学習の方法とことばかけ

例：「理由」をたずねる問題、本文の一部を変更して答える問題（質問文2つ）

ほんぶん

だいすけくんの クラスには いろいろな かかりが あります。
だいすけくんは 黒ばんがかりです。
じゅぎょうが おわると 黒ばんを けします。
「いつも きれいに けして くれて ありがとう。」
と 先生に ほめられました。
だいすけくんは うれしい 気もちに なりました。

【質問1】「理由」をたずねる

しつもん
だいすけくんは なぜ うれしい気もちに なったのですか。

こたえ
先生に ほめられた から

【質問2】本文の一部を変更して答える

しつもん
だいすけくんは なにがかりですか。

こたえ
黒ばんがかり

Part Ⅱ　文の理解・文章の理解の学習

1. 　**4 文の理解の学習の方法とことばかけ**　に準じて、質問をひとつずつ行います。　p.251

　【質問2】では、「先生に　ほめられました。」の語尾を変え、「先生にほめられた（から）」と答えることがポイントです。

　「答えはなんですか？」と聞いて、本文どおり「先生にほめられました。」と答える子どもが多くいます。その場合でも、「そうだね」と言って認めます。

　「答えに何と書きますか？」と聞いた後、解答欄の後に「から」と書いてあることに注目させることが、語尾を変えることの気づきにつながります。

　それでも答え方がわからない場合は、指導者が、「『先生にほめられた（から）』だね」と言って教えます。

　はじめのうちは、例題のように、解答欄の後に「から」と書いておきます。できるようになったら、解答欄の後には何も書かずにおき、子どもが自分で「から」をつけて書けるようにします。その場合はマス目の数を「から」を入れて文字数がちょうどになるようにするとわかりやすいです。

3. 　6 文の理解の学習の方法とことばかけ

例：答えの欄が1マス多い問題、「どんなこと」をたずねる問題 （質問文2つ）

本文

今度の火曜日に、家庭科で調理をします。
ぼくの大好きなカレーライスをつくります。
ぼくは、じゃがいもを切る係になりました。
日曜日の夜に、お母さんとじゃがいもを切る練習をしました。
じゃがいもの芽を取るのがむずかしかったけれど、がんばりました。
おいしいカレーライスができるといいなと思います。

259

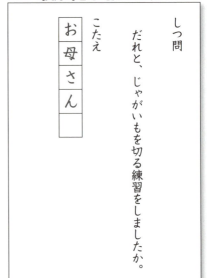

p.251

1. **4文の理解の学習の方法とことばかけ** に準じて、質問をひとつずつ行います。

【質問1】では、解答欄のマス目が答えより1つ多くなっています。

学習に慣れてくると、解答欄のマス目を数えて答えを探すようになる子どもがいるので、このようにマス目の数を増やして学習します。

マス目が1つ多いことで、「答えに何と書きますか？」と聞いたとき、「お母さんと」と答える子どもがいます。

初めて解答欄のマス目の数を増やす場合は、「答えに何と書きますか？」に続けて「答えのマスはひとつ多くなっているよ」と伝えます。それでも「お母さんと」と答える場合は、「『お母さん』だけでいいよ」と言って教えます。

【質問2】では、解答欄の後に「こと」と書いてあることに注目させると、答えが探しやすくなります。

はじめのうちは、例題のように、解答欄の後に「こと」と書いておきます。できるようになったら、解答欄の後には何も書かずにおき、子どもが自分で「こと」をつけて書けるようにします。その場合はマス目の数を「こと」を入れて文字数がちょうどになるようにするとわかりやすいです。

「こと」で答えるのは、難しいです。子どもが答えられない場合は、待たずに指導者が「じゃがいもの芽を取る」を指さしして、「『じゃがいもの芽を取ること』だね」と言って教えます。解答欄の「こと」を指さしして「『じゃがいもの芽を取る』って書こうね」と言って教えます。

Part II 文の理解・文章の理解の学習

4. 7 文の理解の学習の方法とことばかけ

例：「理由」をたずねる問題、「気持ち」をたずねる問題 （質問文2つ）

本文

わたしは、かぜをひいて、学校をお休みしました。
ねつがあったので、ずっとねていました。
夕方になって、お母さんが、
「買い物に行ってくるからね。ちゃんとねているのよ。」
と言って、買い物に出かけました。
少したつと、急に空が暗くなり、かみなりがピカッと光りました。
わたしは、こわくなって、ふとんをかぶりました。
長い時間がたったように感じました。
泣き出しそうになったときに、お母さんが帰ってきたので、ほっとしました。

【質問1】「理由」をたずねる

しつ問

なぜ、学校をお休みしたのですか。

答え

| か |
| ぜ |
| を |
| ひ |
| い |
| た |
| か |
| ら |

【質問2】「気持ち」をたずねる

しつ問

お母さんが帰ってきて、どんな気持ちになりましたか。
次の中から、あてはまるものの記号に、まるをつけましょう。

ア くやしい気持ち
イ かなしい気持ち
ウ あんしんした気持ち

第3章 「文章の理解」の学習の方法とことばかけ

7 文の理解

p.251

1. 　4文の理解の学習の方法とことばかけ　に準じて、質問をひとつずつ行います。

　【質問1】では、解答欄の後に「から」と書いてありません。「答えにはなんと書きますか？」と聞いて、答え方がわからない様子があったら、「『なぜ』と聞いているね。『なぜ』と聞かれたら、最後に『から』をつけるといいよ」と言います。このように理由をたずねる問題は、解答欄の後にあらかじめ「から」が書いてあるものをいくつか行って、答え方がわかるようになってから、「から」を書かずに行うようにします。

　また、本文が「かぜをひいて、学校をお休みしました。」では、答え方がわからない場合は、「かぜをひいたから、学校をお休みしました。」あるいは「かぜをひいたので、学校をお休みしました。」にするとわかりやすくなります。

　【質問2】では、選択肢を1つ読んだだけで答えてしまう子どもがいます。必ず選択肢をすべて読んでから答えを言うようにします。

　選択肢を順番に読むので、選択肢が3つある場合は、3つ目に正しい答えがあるのがわかりやすいです。ただし、子どもによっては、1つ目に正しい答えがある方がわかりやすい場合があります。真ん中に答えがあるのは難しいです。

　「あんしんした気持ち」でわからない場合は、選択肢の表記を本文の表記の通り「ほっとした気持ち」にするとわかりやすくなります。

5. 　8文の理解の学習の方法とことばかけ

例：指示語の内容をたずねる問題、接続語を選ぶ問題、主題をたずねる問題　（質問文3つ）

本文

　みなさんも知っているように、ぞうの鼻は、とても長く、いろいろな働きをします。

　動物園に行ったときに、その働きの様子を観察してみましょう。

　ぞうは、体が大きいので、口を地面に近づけて、食べたり飲んだりするのが大変です。

　　□　、長い鼻を使って、食べ物や水を口に運びます。

　食べ物は、豆つぶくらいの小さなものでも、まるで人間の手のように鼻の先でじょうずにつかみ、口に運ぶことができます。

　水は、鼻で吸って、こぼさないようにして口に運びます。

　水は、飲むだけでなく、シャワーのように体にかけて、体を洗うこともあります。

　また、ぞうの鼻は、あく手のように鼻と鼻をからめて、あいさつをすることにも使います。

262

Part Ⅱ 文の理解・文章の理解の学習

第3章 「文章の理解」の学習の方法とことばかけ

8 文の理解

p.251

1. **4 文の理解の学習の方法とことばかけ** に準じて、質問をひとつずつ行います。

　【質問1】では、「その」が指すものがわからない様子のときは、答えが書いてある文を指導者が指さしして「この文をもう一度読んでみましょう」と言います。それでもわからない場合は、「ここだよ」と言って答えを教えます。

　このような説明文では、本文を読んだ後に写真や動画を見せるようにすると、文章の内容について子どもが理解しやすくなります。

　【質問2】は、接続語を選ぶ問題です。後述する「第4章　発展問題」(264ページ)と並行して行うとよいでしょう。選択肢を1つ読んだだけで答えてしまう子どもがいます。必ず選択肢をすべて読んでから答えを言うようにします。

　選択肢を読んだだけではわからない場合は、□　　　　□の中に順番に選択肢を入れてその前の文とその文を続けて読んでみるのもよい方法です。

　【質問3】は、主題を問う問題です。「ぞう」と答える子どもがいます。「ぞう」と答えても「そうだね」と言って認めます。そして、「ぞうの何について書いてあるかな？」と聞いて、「ぞうの鼻」と答えられるようにします。

＊上記の方法を参考にして、8文以上の文章の理解の学習を進めます。質問を徐々にレベルアップしていくとよいでしょう。

263

発展学習

「文章の理解」の学習が進んだら、次のような発展的な学習を行うとよいでしょう。

- 順不同に並んでいる文節を並べ替えて文をつくる学習、単語と助詞を並べ替えて文をつくる学習
- 前後の文の関係を考えて接続語を選ぶ学習
- 前の文とのかかわりを考えて、接続語の後の文をつくる学習

このような学習を行うことで、文を構成する力をさらに伸ばすと同時に、文をつくるための基礎的な力を養うことができます。

文は、生活文で、子どもがよく知っている内容から行います。

この発展学習は、「文章の理解」の学習と並行して行ってもよいでしょう。

Part II 文の理解・文章の理解の学習

1. 並べ替えて文をつくる学習

　順不同に並んでいる文節を並べ替えて文をつくる学習、単語と助詞を並べ替えて文をつくる学習です。

1．助詞１つの文の構成

　はじめは助詞１つの文の構成の学習を行います。
「文節」で構成した後、「単語と助詞」で構成します。

文節で構成　　文節を並べ替えて文をつくります。

問題の作り方

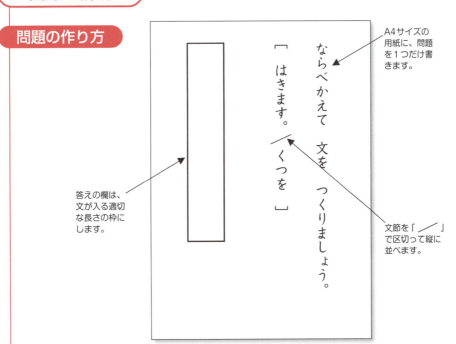

１枚の用紙には問題は１つ

　１枚の用紙に、複数の問題があるよりも、問題が１つの方が、見やすくわかりやすいです。１枚に１つの問題であると、１つの問題が終わるごとに用紙を替えることで達成感が増します。学習に対する意欲や集中力が高まり、学習の持続時間が長くなることにつながります。

方法とことばかけ

（１）問題の呈示

　①子どもと対面し、問題の用紙を呈示します。
　②「これから、ならべかえの問題をします」と言います。

第4章 発展学習　並べ替えて文をつくる

265

（2）問題文を読む

① ［ならべかえて　文を　つくりましょう。］を指さしし、「指さしして読みましょう」と言います。
② 子どもが指さししながら読みます。「ならべかえて　文を　つくりましょう。」
③ ［はきます。／くつを］を指さしし、「指さししながら、書いてあるとおりの順番に読みましょう」と言います。
④ 子どもが指さししながら読みます。「はきます。くつを」

＊［はきます］と［くつを］の間は、一呼吸おくようにし、文節の区切りがはっきりわかるようにします。

読むときのポイント

　読み方が速くなってしまう場合は、指導者が子どもの右手を援助して、ゆっくり読むようにします。指導者は、文字が隠れないように、左手で援助します。
　子どもが指先を目で追っていることが大切です。指導者は子どもの視線を常に把握するようにしましょう。

（3）並べ替えて文をつくる

① ［はきます。／くつを］を指さしし、「ならべかえて　文をつくりましょう」と言います。
② 「はじめはどれですか。指さししてください」と言います。
③ 子どもが［くつを］を指さしします。
④ 「そうだね。指さししながら読んでください」と言います。
⑤ 子どもが指さししながら「くつを」と言います。
⑥ 「その横に［1］と番号を書きましょう」と言います。
⑦ 子どもが［くつを］の横に［1］と書きます。
⑧ 「つぎはどれですか。指さししてください」と言います。
⑨ 子どもが［はきます。］を指さしします。
⑩ 「そうだね。指さししながら読んでください」と言います。
⑪ 子どもが指さししながら「はきます」と言います。
⑫ 「その横に［2］と番号を書きましょう」と言います。
⑬ 子どもが［はきます。］の横に［2］と書きます。
⑭ 「番号を書いた順に指さしして読みましょう」と言います。
⑮ 子どもが指さししながら「くつを　はきます」と言います。
⑯ 「よくできたね」とほめます。

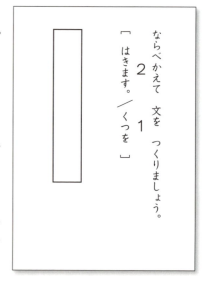

間違えさせないために

　子どもが迷ったりわからなかったりするときは、待たずにすぐに「これだよ」と言って教えるようにします。間違えてから修正したのでは、なかなか定着しません。迷ったりわからなかったりするときは、待たないですぐに教えることが理解と定着のポイントです。

Part Ⅱ　文の理解・文章の理解の学習

（4）つくった文を書く

①答えの欄の □□□□□ を指さしして、「ここに、つくった
　文を書いてください」と言います。

②子どもが答えの欄に「くつを　はきます。」と書きます。

＊間違えないように、番号をふった文節をよく見て、順番どおり
　に書くようにします。

③「そうだね、上手に書けたね」とほめます。

④「書いた文を指さししながら読みましょう」と言います。

⑤子どもが指さししながら「くつを　はきます」と読みます。

⑥「とてもよくできました」と言ってほめます。

　子どもが書いた文に花丸を付けるなどするとよいでしょう。

```
ならべかえて　文を　つくりましょう。

［　はきます。／くつを　］
　　2　　　　1

くつを　はきます。
```

学習の方法が理解できないときは・・・

　文節を並べ替えて文を構成する方法がなかなか理解できないときは、すべてを子どもと
一緒に、（1）〜（4）のことばかけのとおりに行います。
　子どもに聞いて子どもの答えを待つことはしません。
　「最初はこれだよ」「次はこれだよ」と教えて行うようにします。
　繰り返し一緒に行うことによって、次第にやり方がわかるようになってきます。

単語と助詞で構成　　単語と助詞を並べ替えて文をつくります。

問題の作り方

```
ならべかえて　文を　つくりましょう。

［　はきます。／を／くつ　］

□□□□
```

A4サイズの用紙に、
問題を1つだけ書き
ます。

答えの欄は、
文が入る適切
な長さの枠に
します。

単語と助詞を「／」で
区切って縦に並べます。
並べ方には何通りもあり
ます。
並べ方によって難易度が
異なります。
子どもに応じて工夫しま
しょう。

第4章　発展学習

並べ替えて
文をつくる

267

方法とことばかけ

（1）問題の呈示

①子どもと対面し、問題の用紙を呈示します。
②「これから、ならべかえの問題をします」と言います。

（2）問題文を読む

①［ならべかえて　文を　つくりましょう。］を指さしし、「指さしして読みましょう」と言います。
②子どもが指さししながら読みます。「ならべかえて　文を　つくりましょう。」

> **読むときのポイント**
>
> 　読み方が速くなってしまう場合は、指導者が子どもの右手を援助して、ゆっくり読むようにします。指導者は、文字が隠れないように、左手で援助します。
> 　子どもが指先を目で追っていることが大切です。指導者は子どもの視線を常に把握するようにしましょう。

③［はきます。／を／くつ］を指さしし、「指さししながら、書いてあるとおりの順番に読みましょう」と言います。
④子どもが指さししながら読みます。「はきます。　を　くつ」

＊［はきます］、［を］、［くつ］の間は、一呼吸おくようにし、単語と助詞の区切りがはっきりわかるようにします。

（3）並べ替えて文をつくる

①［はきます。／を／くつ］を指さしし、「ならべかえて　文をつくりましょう」と言います。
②「はじめはどれですか。指さししてください」と言います。
③子どもが［くつ］を指さしします。
④「そうだね。指さししながら読んでください」と言います。
⑤子どもが指さししながら「くつ」と言います。
⑥「その横に［1］と番号を書きましょう」と言います。
⑦子どもが［くつ］の横に［1］と書きます。
⑧「つぎはどれですか。指さししてください」と言います。
⑨子どもが［を］を指さしします。
⑩「そうだね。指さししながら読んでください」と言います。
⑪子どもが指さししながら「を」と言います。
⑫「その横に［2］と番号を書きましょう」と言います。
⑬子どもが［を］の横に［2］と書きます。

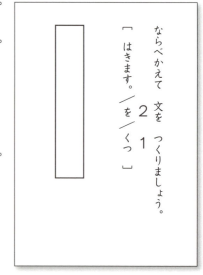

⑭「つぎはどれですか。指さししてください」と言います。
⑮子どもが［はきます。］を指さしします。
⑯「そうだね。指さししながら読んでください」と言います。
⑰子どもが指さししながら「はきます」と言います。
⑱「その横に［3］と番号を書きましょう」と言います。
⑲子どもが［はきます。］の横に［3］と書きます。
⑳「番号を書いた順に指さしして読みましょう」と言います。
㉑子どもが指さししながら「くつを　はきます」と言います。
㉒「よくできたね」とほめます。

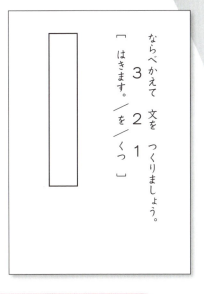

間違えさせないために

　子どもが迷ったりわからなかったりするときは、待たずにすぐに「これだよ」と言って教えるようにします。間違えてから修正したのでは、なかなか定着しません。迷ったりわからなかったりするときは、待たないですぐに教えることが理解と定着のポイントです。

（4）つくった文を書く

①答えの欄の　　　　を指さして、「ここに、つくった文を書いてください」と言います。
②子どもが答えの欄に「くつを　はきます。」と書きます。
＊間違えないように、番号をふった単語と助詞をよく見て、順番どおりに書くようにします。

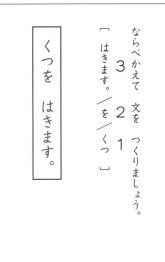

③「そうだね、上手に書けたね」とほめます。
④「書いた文を指さししながら読みましょう」と言います。
⑤子どもが指さししながら「くつを　はきます」と読みます。
⑥「とてもよくできました」と言ってほめます。
　子どもが書いた文に花丸を付けるなどするとよいでしょう。

学習の方法が理解できないときは・・・

　単語と助詞を並べ替えて文を構成する方法がなかなか理解できないときは、すべてを子どもと一緒に、(1)～(4)のことばかけのとおりに行います。
　子どもに聞いて子どもの答えを待つことはしません。
　「最初はこれだよ」「次はこれだよ」と教えて行うようにします。
　繰り返し一緒に行うことによって、次第にやり方がわかるようになってきます。

第4章　発展学習

並べ替えて文をつくる

2．助詞2つの文の構成

文節で構成 文節を並べかえて文をつくります。

問題の作り方

A4サイズの用紙に、問題を1つだけ書きます。

ならべかえて　文を　つくりましょう。
［　あらいます。／てを／せっけんで　］

答えの欄は、文が入る適切な長さの枠にします。

文節を「／」で区切って縦に並べます。並べ方には何通りもあります。並べ方によって難易度が異なります。子どもに応じて工夫しましょう。

方法とことばかけ

方法とことばかけは、「1．助詞1つの文の構成 」に準じます。

p.265

ならべかえて　文を　つくりましょう。
［　あらいます。／てを／せっけんで　］
3　2　1
せっけんで　てを　あらいます。

Part II 文の理解・文章の理解の学習

美しい日本語

[　あらいます。／てを／せっけんで　] の並べ替えでつくることができる文は1つではありません。

例1 「せっけんで　てを　あらいます。」
例2 「てを　せっけんで　あらいます。」

どちらの文をつくっても、間違いではありません。
子どもがどちらの文をつくっても「そうだね」と言って、認めることが大切です。
しかし、指導者は、日本語として美しい文はどちらなのかを意識して指導します。
そして、たとえば、子どもが [例2] の文をつくった場合、それを認めたうえで [例1] のようにもつくれるということを示すとよいでしょう。

単語と助詞で構成　単語と助詞を並べ替えて文をつくります。

問題の作り方

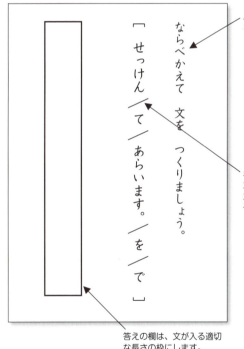

A4サイズの用紙に、問題を1つだけ書きます。

単語と助詞を「　／　」で区切って縦に並べます。
並べ方には何通りもあります。
並べ方によって難易度が異なります。
子どもに応じて工夫しましょう。

答えの欄は、文が入る適切な長さの枠にします。

方法とことばかけ

方法とことばかけは、「**1. 助詞1つの文の構成　単語と助詞で構成**」に準じます。

p.267

第4章 発展学習

並べ替えて文をつくる

3．助詞３つの文の構成

文節で構成　文節を並べ替えて文をつくります。

問題の作り方

A4サイズの用紙に、問題を１つだけ書きます。

ならべかえて　文を　つくりましょう。

「　いきました。　／　でんしゃで　／　どうぶつえんに　／
おとうさんと　」

文節を「　／　」で区切って縦に並べます。
並べ方には何通りもあります。並べ方によって難易度が異なります。子どもに応じて工夫しましょう。
文節や単語の途中では行替えをしません。その方が読みやすくわかりやすいです。

答えの欄は、文が入る適切な長さの枠にします。

方法とことばかけ

方法とことばかけは、「**1．助詞１つの文の構成　文節で構成** 」に準じます。

p.265

ならべかえて　文を　つくりましょう。

「　いきました。 4　／　でんしゃで 2　／　どうぶつえんに 3　／
おとうさんと 1　」

おとうさんと　でんしゃで　どうぶつえんに　いきました。

子どもが書く答えの文は、文節や単語の途中で行替えはしないようにします。その方が読みやすくわかりやすいです。

Part II 文の理解・文章の理解の学習

美しい日本語

［　いきました。／でんしゃで／どうぶつえんに／おとうさんと　］の並べ替えでつくることができる文は1つではありません。

例1　「おとうさんと　でんしゃで　どうぶつえんに　いきました。」
例2　「おとうさんと　どうぶつえんに　でんしゃで　いきました。」
例3　「でんしゃで　どうぶつえんに　おとうさんと　いきました。」
例4　「でんしゃで　おとうさんと　どうぶつえんに　いきました。」
例5　「どうぶつえんに　おとうさんと　でんしゃで　いきました。」
例6　「どうぶつえんに　でんしゃで　おとうさんと　いきました。」

どの文をつくっても、間違いではありません。
子どもがどの文をつくっても「そうだね」と言って、認めることが大切です。
しかし、指導者は、日本語として美しい文はどちらなのかを意識して指導します。
そして、たとえば、子どもが［例2］の文をつくった場合、それを認めたうえで［例1］のようにもつくれるということを示すとよいでしょう。

単語と助詞で構成
単語と助詞を並べ替えて文をつくります。

問題の作り方

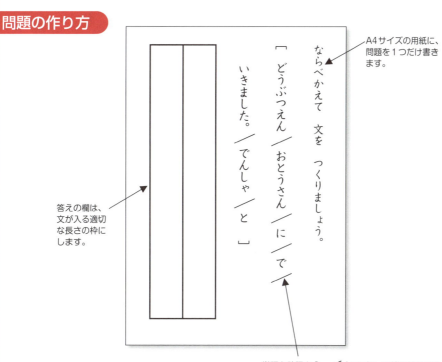

A4サイズの用紙に、問題を1つだけ書きます。

「どうぶつえん／おとうさん／に／で／でんしゃ／と」
ならべかえて　文を　つくりましょう。
いきました。

答えの欄は、文が入る適切な長さの枠にします。

単語と助詞を「　／　」で区切って縦に並べます。
並べ方には何通りもあります。
並べ方によって難易度が異なります。子どもに応じて工夫しましょう。
文節や単語の途中では行替えをしません。その方が読みやすくわかりやすいです。

第4章　発展学習

並べ替えて文をつくる

方法とことばかけ

方法とことばかけは、「**1. 助詞1つの文の構成**
（単語と助詞で構成）」に準じます。

p.267

子どもが書く答えの文は、文節や単語の途中で行替えはしないようにします。その方が読みやすくわかりやすいです。

ならべかえて　文を　つくりましょう。

「どうぶつえん／おとうさん／に／で
いきました。／でんしゃ／と」

5　1　6　4
7　3　2

おとうさんと　でんしゃで
どうぶつえんに　いきました。

少し難しい文にもチャレンジ

　助詞3つまでの文の構成が、単語と助詞の並べ替えでできるようになったら、少し難しい文にもチャレンジするとよいでしょう。

　例　「せが　たかい　わたしの　おにいさんは　やさしいです。」

　例文のように、主語を修飾する語句が入っていると、構成が難しくなります。
　また、助詞「は」と「が」が両方入っているときも難しくなります。
　助詞を切り離したときの構成（単語と助詞での構成）は、より難しくなります。

Part II 文の理解・文章の理解の学習

2. 接続語を選ぶ学習

前後の文の関係を考えて接続語を選ぶ学習です。

接続語には、「だから」「でも」「それで」「しかし」「また」「ところで」「さて」など、いろいろなものがあります。

子どもが日常会話で使うのは、「だから」と「でも」が多いです。

そこで、ここでは、「だから」と「でも」で説明します。

１．接続語の後の文が対になっている場合

問題の例

1枚の用紙に、「だから」「でも」が1つずつ答えになるような問題を載せます。

「　　」に　あてはまる　ことばを　入れましょう。

雨が　ふってきました。[　　][だから・でも]、かさを　さしました。

雨が　ふってきました。[　　][だから・でも]、かさを　さしませんでした。

接続語の後の文が「かさを　さしました。」「かさを　さしませんでした。」と対になっているので、順接（だから）と逆接（でも）の関係がわかりやすいです。

方法とことばかけ

（1）問題の呈示

①子どもと対面し、問題の用紙を呈示します。

②「これから、[だから]と[でも]の勉強をします」と言います。

第4章 発展学習

接続語を選ぶ

275

（2）1つ目の問題文を読む

① [□ に　あてはまる　ことばを　入れましょう。] を指さしし、「指さしして読んでください」と言います。

② 子どもが指さししながら読みます。「しかくに　あてはまる　ことばを　入れましょう。」

③ 1つ目の文を指さしして、「指さししながら、書いてある文を読みましょう」と言います。

④ 子どもが指さししながら読みます。「雨が　ふって　きました。[しかく]、かさを　さしました。」。

⑤ [だから・でも] を指さしして、「ここを読んでみましょう」と言います。

⑥ 子どもが指さししながら読みます。「だから、でも」。

読むときのポイント

　読み方が速くなってしまう場合は、指導者が子どもの右手を援助して、ゆっくり読むようにします。指導者は、文字が隠れないように、左手で援助します。

　子どもが指先を目で追っていることが大切です。指導者は子どもの視線を常に把握するようにしましょう。

　子どもが左利きの場合は、子どもの左手を指導者の右手で援助します。

（3）接続語を選ぶ

① 「しかくに入るのは、[だから] ですか、[でも] ですか？」と言います。

② 子どもが 「[だから]」と言います。

③ 「そうだね。[だから] を入れて、もう一度指さししながら読んでみましょう」と言います。

④ 子どもが指さししながら読みます。「雨が　ふって　きました。[だから]、かさを　さしました。」。

子どもがわからないとき

　「しかくに入るのは、[だから] ですか、[でも] ですか？」と聞いて、子どもが答えられないときは、「しかくの中に [だから] と [でも] を入れて、はじめから読んでみましょう」と言い、指さししながら [だから]・[でも] を実際に入れて、はじめから続けて読むようにします。

　「雨が　ふって　きました。[だから]、かさを　さしました。」。

　「雨が　ふって　きました。[でも]、かさを　さしました。」。

　これでわかる子どももいます。

　それでもわからない場合は、「[だから] だね」と言って教えます。いつまでも「どっちなの？よく考えて」などと言わないようにします。答えを出すまでに時間をかけないことが大切です。

（4）選んだ接続語を書く

① 答えの欄の □ を指さしして、「ここに、選んだ言葉を書いてください」と言います。

② 子どもが □ に [だから] と書きます。

③ 「そうだね、上手に書けたね」とほめます。

④ 「書いた文を指さししながら読みましょう」と言います。

⑤ 子どもが指さししながら「雨が　ふって　きました。[だから]、かさを　さしました。」と読みます。

⑥ 「とてもよくできました」と言ってほめます。

　子どもが書いた文に花丸をつけるなどするとよいでしょう。

276

Part Ⅱ　文の理解・文章の理解の学習

```
□ に　あてはまる　ことばを　入れましょう。

雨が　ふってきました。 [だから] 、かさを　さしました。
［だから・でも］

雨が　ふってきました。 [　　] 、かさを　さしませんでした。
［だから・でも］
```

（5）2つ目の問題文を読む

①2つ目の文を指さしして、「指さししながら、書いてある文を読みましょう」と言います。

②子どもが指さししながら読みます。「雨が　ふって　きました。[しかく]、かさをさしません
でした。」。

③［だから・でも］を指さしして、「ここを読んでみましょう」と言います。

④子どもが指さししながら読みます。「だから、でも」。

（6）接続語を選ぶ

①「しかくに入るのは、［だから］ですか、［でも］ですか？」と言います。

②子どもが「［でも］」と言います。

③「そうだね。［でも］を入れて、もう一度指さししながら読んでみましょう」と言います。

④子どもが指さししながら読みます。「雨が　ふって　きました。[でも]、かさを　さしません
でした。」。

⑤「よくできました」とほめます。

第4章　発展学習

接続語を選ぶ

277

子どもがわからないとき

「しかくに入るのは、[だから] ですか、[でも] ですか？」と聞いて、子どもが答えられないときは、「しかくの中に [だから] と [でも] を入れて、はじめから読んでみましょう」と言い、指さししながら [だから]・[でも] を実際に入れて１文から続けて読むようにします。
「雨が　ふって　きました。[だから]、かさを　さしませんでした。」
「雨が　ふって　きました。[でも]、かさを　さしませんでした。」
これでわかる子どももいます。
それでもわからない場合は、「[でも] だね」と言って教えます。いつまでも「どっちなの？よく考えて」などと言わないようにします。答えを出すまでに時間をかけないことが大切です。

（７）選んだ接続語を書く

① 答えの欄の ▢ を指さしして、「ここに、選んだことばを書いてください」と言います。
② 子どもが ▢ に「でも」と書きます。
③ 「そうだね、上手に書けたね」とほめます。
④ 「書いた文を指さししながら読みましょう」と言います。
⑤ 子どもが指さししながら「雨が　ふって　きました。[でも]、かさを　さしませんでした。」
　と読みます。
⑥ 「とてもよくできました」と言ってほめます。
　子どもが書いたところに花丸をつけるなどするとよいでしょう。

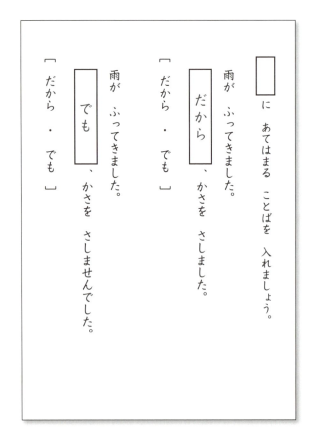

Part II 文の理解・文章の理解の学習

2．接続語の後の文が対になっていない場合

問題の例

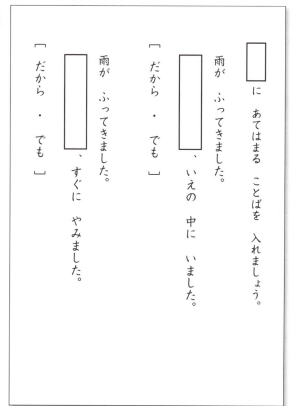

接続語の後の文が「いえの　中に　いました。」「すぐに　やみました。」と対になっていないので、対になっているものよりも難しいです。

方法とことばかけ

方法とことばかけは、「1．接続語の後の文が対になっている場合」に準じます。
p.275

3. 接続語（つなぎのことば）の後の文をつくる学習

前の文とのかかわりを考えて、接続語の後の文をつくる学習です。

接続語を選ぶことができても、接続語の後の文をつくるのは、子どもにとって難しいです。

はじめは、選択肢を用意して、そこから選ぶようにします。できるようになったら、子どもが自分で文を考えるようにします。

1. 選択肢がある場合（正選択肢と誤選択肢）

問題の例 2

でも、
げきの れんしゅうを がんばりました。
[　] に 入る 文を えらびましょう。

ア 本ばんで セリフを まちがえて しまいました。
イ 本ばんで セリフを まちがえませんでした。

問題の例 1

だから、
あの お店の ケーキは とても おいしいです。
[　] に 入る 文を えらびましょう。

ア べつの おみせで ケーキを かいました。
イ その おみせで ケーキを かいました。

選択肢は、すべて読んでから答えるようにします。

正選択肢と誤選択肢は、わかりやすいものにします。

方法とことばかけ

（1）問題の呈示

①子どもと対面し、問題の用紙を呈示します。

②「これから、文をつくる勉強をします」と言います。

Part II 文の理解・文章の理解の学習

（2）1つ目の問題文を読む

① ［　　　　　に　入る　文を　えらびましょう。］を指さしし、「指さしして読んでください」と言います。

②子どもが指さししながら読みます。「しかくに　入る　文を　えらびましょう。」。

③1つ目の文を指さしして、「指さししながら、書いてある文を読みましょう」と言います。

④子どもが指さししながら読みます。「あの　おみせの　ケーキは　とても　おいしいです。だから」。

⑤「指さししながら、［ア］を読みましょう」と言います。

⑥子どもが指さししながら、［ア］の文を読みます。

⑦「指さししながら、［イ］を読みましょう」と言います。

⑧子どもが指さししながら、［イ］の文を読みます。

（3）接続語の後の文を選ぶ

①「しかくに入るのは、どれですか？　記号を指さししてください」と言います。

②子どもが［イ］を指さしします。

③「そうだね、よくできたね」と言います。

④「指さししながら、選んだ文を入れてはじめから読んでみましょう」と言います。

⑤子どもが指さししながら、選んだ文を入れてはじめから読みます。「あの　おみせの　ケーキは　とても　おいしいです。だから、その　おみせで　ケーキを　かいました。」。

⑥「よくできました」と言ってほめます。

子どもがわからないとき

　「しかくに入るのは、どれですか？　記号を指さししてください」と言って、子どもが答えられないときは、「しかくの中に［ア］と［イ］を入れて、はじめから読んでみましょう」と言い、指さししながら［ア］と［イ］を実際に入れてはじめから続けて読むようにします。

　「あの　おみせの　ケーキは　とても　おいしいです。だから、［べつの　おみせで　ケーキを　かいました。］」

　「あの　おみせの　ケーキは　とても　おいしいです。だから、［その　おみせで　ケーキを　かいました。］」

　これでわかる子どももいます。

　それでもわからない場合は、「［イ］だね」と言って教えます。いつまでも「どっちなの？よく考えて」などと言わないようにします。答えを出すまでに時間をかけないことが大切です。

第**4**章

発展学習

接続語の後の文をつくる

（4）選んだ文を書く

①答えの欄の　　　　　を指さしして、「ここに、選んだ文を書いてください」と言います。

②子どもが　　　　　に選んだ文を書きます。

③「そうだね、上手に書けたね」とほめます。

④「指さししながら、できた文をはじめから読んでください」と言います。

⑤子どもが指さししながら、できた文をはじめから読みます。「あの　おみせの　ケーキは　とても　おいしいです。だから、その　おみせで　ケーキを　かいました。」。

⑥「とてもよくできました」と言ってほめます。

子どもが書いた文に花丸をつけるなどするとよいでしょう。

（5）2つ目の問題文を読む

①2つ目の文を指さしして、「指さししながら、書いてある文を読みましょう」と言います。

②子どもが指さししながら読みます。「げきの　れんしゅうを　がんばりました。でも」。

③「指さししながら、[ア] を読みましょう」と言います。

④子どもが指さししながら、[ア] の文を読みます。

⑤「指さししながら、[イ] を読みましょう」と言います。

⑥子どもが指さししながら、[イ] の文を読みます。

（6）接続語の後の文を選ぶ

①「しかくに入るのは、どれですか？」と言います。

②子どもが [ア] を指さしします。

③「そうだね、よくできたね」と言います。

④「指さししながら、選んだ文を入れてはじめから読んでみましょう」と言います。

⑤子どもが指さししながら、選んだ文を入れてはじめから読みます。「げきの　れんしゅうを　がんばりました。でも、本ばんで　セリフを　まちがえて　しまいました。」。

⑥「よくできました」と言ってほめます。

（7）選んだ文を書く

①答えの欄の 　　　　　 を指さしして、「ここに、選んだ文を書いてください」と言います。

②子どもが 　　　　 に選んだ文を書きます。

③「そうだね、上手に書けたね」とほめます。

④「指さししながら、できた文をはじめから読んでください」と言います。

⑤子どもが指さししながら、できた文をはじめから読みます。「げきの　れんしゅうを　がんばりました。でも、本ばんで　セリフを　まちがえて　しまいました。」。

⑥「とてもよくできました」と言ってほめます。

子どもが書いた文に花丸をつけるなどするとよいでしょう。

Part II 文の理解・文章の理解の学習

2．選択肢がある場合（すべてが正選択肢）

複数の正選択肢から選ぶ学習です。

選択肢は、どれも正選択肢になっているので、間違えることはありません。

選択肢にいろいろな表現を使うことで、子どもは表現のしかたを学習することができます。内容が同じでも、いろいろな表現のしかたを学習することが、表現力を豊かにすることにつながります。

選択肢は、すべて読んでから答えるようにします。

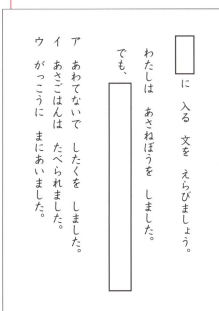

問題の例 1

☐ に 入る 文を えらびましょう。

なわとびで 二じゅうとびが できるように なりました。
だから、☐

ア とても うれしいです。
イ お母さんに ほめられました。
ウ なわとびが 大すきに なりました。

問題の例 2

☐ に 入る 文を えらびましょう。

わたしは あさねぼうを しました。
でも、☐

ア あわてないで したくを しました。
イ あさごはんは たべられました。
ウ がっこうに まにあいました。

第4章 発展学習　接続語の後の文をつくる

方法とことばかけ

（1）問題の呈示

①子どもと対面し、問題の用紙を呈示します。
②「これから、文をつくる勉強をします」と言います。

（2）1つ目の問題文を読む

①［☐ に 入る 文を えらびましょう。］を指さしし、「指さしして読んでください」と言います。

283

②子どもが指さししながら読みます。「しかくに　入る　文を　えらびましょう。」

③１つ目の文を指さしして、「指さししながら、書いてある文を読みましょう」と言います。

④子どもが指さししながら読みます。「なわとびで　二じゅうとびが　できるように　なりました。だから」。

⑤「指さししながら、［ア］を読みましょう」と言います。

⑥子どもが指さししながら、［ア］の文を読みます。

⑦「指さししながら、［イ］を読みましょう」と言います。

⑧子どもが指さししながら、［イ］の文を読みます。

⑨「指さししながら、［ウ］を読みましょう」と言います。

⑩子どもが指さししながら、［ウ］の文を読みます。

（3）接続語の後の文を選ぶ

①「しかくに入るのは、どれがいいと思いますか？　記号を指さししてください」と言います。

②子どもが［(例) ア］を指さしします。

③「いいですね。では、指さししながら、選んだ文を入れてはじめから読んでみましょう」と言います。

④子どもが指さししながら、選んだ文を入れてはじめから読みます。「なわとびで　二じゅうとびが　できるように　なりました。だから、とても　うれしいです。」。

⑤「よくできました」と言ってほめます。

子どもが答えられないとき

　「しかくに入るのは、どれがいいと思いますか？　記号を指さししてください」と言って、子どもが答えられないときは、「しかくの中に［ア］［イ］［ウ］を入れて、はじめから読んでみましょう」と言い、指さししながら［ア］［イ］［ウ］を実際に入れて１文から続けて読むようにします。これで答えられる子どももいます。

　それでも答えられない場合は、「［ア］にしようね」と指導者が決めます。いつまでも「どれなの？　よく考えて」などと言わないようにします。答えを出すまでに時間をかけないことが大切です。

（4）選んだ文を書く

①答えの欄の ☐☐☐☐ を指さしして、「ここに、選んだ文を書いてください」と言います。

②子どもが ☐☐☐☐ に選んだ文を書きます。

③「そうだね、上手に書けたね」とほめます。

④「指さししながら、できた文をはじめから読んでください」と言います。

⑤子どもが指さししながら、できた文をはじめから読みます。「なわとびで　二じゅうとびが　できるように　なりました。だから、とても　うれしいです。」。

⑥「とてもよくできました」と言ってほめます。

　子どもが書いた文に花丸をつけるなどするとよいでしょう。

Part **Ⅱ** 文の理解・文章の理解の学習

⑦[(例)ア]を選んだ場合、「[イ]の文を入れて、はじめから読んでみましょう」「[ウ]の文を入れて、はじめから読んでみましょう」と言い、子どもが[イ][ウ]を入れてはじめから読みます。「なわとびで　二じゅうとびが　できるように　なりました。だから、お母さんに　ほめられました。」「なわとびで　二じゅうとびが　できるようになりました。だから、なわとびが　大すきに　なりました。」。

⑧「上手に読めたね。これを入れてもいいね」と言って、いろいろな表現のしかたがあることを伝えます。

（5）2つ目の問題文を読む

①2つ目の文を指さしして、「指さししながら、書いてある文を読みましょう」と言います。

②子どもが指さししながら読みます。「わたしは　あさねぼうを　しました。でも」。

③「指さししながら、[ア]を読みましょう」と言います。

④子どもが指さししながら、[ア]の文を読みます。

⑤「指さししながら、[イ]を読みましょう」と言います。

⑥子どもが指さししながら、[イ]の文を読みます。

⑦「指さししながら、[ウ]を読みましょう」と言います。

⑧子どもが指さししながら、[ウ]の文を読みます。

（6）接続語の後の文を選ぶ

①「しかくに入るのは、どれがいいと思いますか？　記号を指さししてください」と言います。

②子どもが[(例)ウ]を指さしします。

③「いいですね。では、指さししながら、選んだ文を入れてはじめから読んでください」と言います。

④子どもが指さししながら、選んだ文を入れてはじめから読みます。「わたしは　あさねぼうをしました。でも、がっこうに　まにあいました。」。

⑤「よくできました」と言ってほめます。

子どもが答えられないとき

　「しかくに入るのは、どれがいいと思いますか？　記号を指さししてください」と言って、子どもが答えられないときは、「しかくの中に[ア][イ][ウ]を入れて、はじめから読んでみましょう」と言い、指さししながら[ア][イ][ウ]を実際に入れてはじめから続けて読むようにします。これで答えられる子どももいます。
　それでも答えられない場合は、「[ウ]にしようね」と指導者が決めます。いつまでも「どれなの？　よく考えて」などと言わないようにします。答えを出すまでに時間をかけないことが大切です。

（7）選んだ文を書く

①答えの欄の ☐☐☐☐ を指さしして、「ここに、選んだ文を書いてください」と言います。

第**4**章　発展学習

接続語の後の文をつくる

②子どもが ☐ に選んだ文を書きます。

③「そうだね、上手に書けたね」とほめます。

④「できた文をはじめから指さししながら読んでください」と言います。

⑤子どもが指さししながら、できた文をはじめから読みます。「わたしは　あさねぼうを　しました。でも、がっこうに　まにあいました。」。

⑥「とてもよくできました」と言ってほめます。
　子どもが書いた文に花丸をつけるなどするとよいでしょう。

⑦〔(例) ウ〕を選んだ場合、「〔ア〕の文を入れて、はじめから読んでみましょう」「〔イ〕の文を入れて、はじめから読んでみましょう」と言い、子どもが〔ア〕〔イ〕を入れてはじめから読みます。「わたしは　あさねぼうを　しました。でも、あわてないで　したくを　しました。」「わたしは　あさねぼうを　しました。でも、あさごはんは　たべられました。」。

⑧「上手に読めたね。これを入れてもいいね」と言って、いろいろな表現のしかたがあることを伝えます。

3. 自分で文を考える場合

問題の例

☐ に　入れて、文を　つくりましょう。

だから、

わたしは　はしることが　とくいです。

でも、

わたしは　はしることが　とくいです。

1枚の用紙に、「だから」「でも」が対になるような問題を載せます。

Part Ⅱ 文の理解・文章の理解の学習

「自分で文をつくる」というだけで緊張したり、何を書いてよいかわからなかったりする子ども
が多くいます。子どもの実態に応じて、子どもが実際に経験した内容で、子どもにわかりやすい言
葉を使って問題をつくるようにします。そして、「○○さんは、走ることが得意だったよね。運動
会では何等だったの？」などとことばかけをして、子どもが文を考えるきっかけづくりをします。

子どもから何も出てこないときは、指導者が「じゃあ、『‥‥‥』って書こうか？」などと例文を
言うようにします。

方法とことばかけ

（1）問題の呈示

①子どもと対面し、問題の用紙を呈示します。

②「これから、文をつくる勉強をします」と言います。

（2）1つ目の問題文を読む

① [　　　　　　　] に　入れて　文を　つくりましょう。] を指さしし、「指さしして読んでください」
と言います。

②子どもが指さししながら読みます。「しかくに　入れて　文を　つくりましょう。」。

③1つ目の文を指さしして、「指さししながら、書いてある文を読みましょう」と言います。

④子どもが指さししながら読みます。「わたしは　はしることが　とくいです。だから」。

（3）接続語の後の文を考える

①「[だから] のあとの文を考えましょう。考えたら言ってください」と言います。

②子どもが考えた文を言います。

③「いい文ができたね」と言ってほめます。

子どもが答えられないとき

「[だから] のあとの文を考えましょう。考えたら言ってください」と言って、子どもから出
てこないときは、長い間待たずに例文や手がかりなどを言うようにします。

「何かあるでしょう？」「よく考えてごらん」などと言って、いつまでも待たないようにしま
す。文をつくるまでに時間をかけないことが大切です。

子どもが考えた文が適切でないとき

子どもが考えた文が、適切でない場合でも、「いいね」と言って認めます。そして、「‥‥‥
ということだね」「‥‥‥ って書くといいよ」と言って、修正した文を伝えるようにします。

第4章 発展学習

接続語の後の文をつくる

（4）考えた文を書く

①答えの欄の ☐☐☐☐ を指さしして、「ここに、考えた文を書きましょう」と言います。

②子どもが ☐☐☐ に考えた文を書きます。

③「上手に書けたね」とほめます。

④「指さししながら、できた文をはじめから読んでください」と言います。

⑤子どもが指さししながら、できた文をはじめから続けて読みます。

⑥「よくできました」と言ってほめます。

　子どもが書いた文に花丸をつけるなどするとよいでしょう。

（5）2つ目の問題文を読む

①2つ目の文を指さしして、「指さししながら、書いてある文を読みましょう」と言います。

②子どもが指さししながら読みます。「わたしは　はしることが　とくいです。でも」。

（6）接続語の後の文を考える

①「[でも] のあとの文を考えましょう。考えたら言ってください」と言います。

②子どもが考えた文を言います。

③「いい文ができたね」と言ってほめます。

子どもが答えられないとき

　「[でも] のあとの文を考えましょう。考えたら言ってください」と言って、子どもから出てこないときは、長い間待たずに例文や手がかりなどを言うようにします。

　「何かあるでしょう？」「よく考えてごらん」などと言って、いつまでも待たないようにします。文をつくるまでに時間をかけないことが大切です。

子どもが考えた文が適切でないとき

　子どもが考えた文が、適切でない場合でも、「いいね」と言って認めます。そして、「……ということだね」「…… って書くといいよ」と言って、修正した文を伝えるようにします。

（7）選んだ文を書く

①答えの欄の ☐☐☐☐ を指さしして、「ここに、考えた文を書きましょう」と言います。

②子どもが ☐☐☐ に考えた文を書きます。

③「上手に書けたね」とほめます。

④「指さししながら、できた文をはじめから読んでください」と言います。

⑤子どもが指さししながら、できた文をはじめから続けて読みます。

⑥「とてもよくできました」と言ってほめます。

　子どもが書いた文に花丸をつけるなどするとよいでしょう。

Part Ⅱ　文の理解・文章の理解の学習

表現の幅を広げるために

　［だから］と［でも］の接続語の後に文をつくる問題では、はじめは、接続語の前の文を共通にして、後の文を対にして考えるようにします。

　たと　えば、「わたしは　パンが　大すきです。」に続く文として、「［だから］、パンを　かいました。」「［でも］、パンを　かいませんでした。」などです。

　対になった文を考えられるようになったら、次は、対になっていない文を考えるようにします。

　たとえば、「わたしは　パンが　大すきです。」に続く文として、「［だから］、パンを　かいました。」「［でも］、おにいちゃんは　ごはんが　すきです。」などです。

　このときのことばかけとしては、「［だから］、パンを　かいました。」と答えたあと、［でも］の後の文をつくるときに、「今度は、『かった』ことではないことで文を考えてみましょう」と言います。

　対になっていない文を考えるのは、子どもにとって難しいです。

　子どもから文が出てこないときは、「じゃあ、おにいちゃんは、何が好きなのかな？」などと文をつくるきっかけとなる話をしたり、例文を出したりするようにします。

※この発展学習を行うことによって、文を構成する力や文をつくる力を養うことができます。

※発展学習ができるようになったら、呈示した単語や語句を用いて、単文をつくる学習を行うとよいでしょう。はじめは例文を示すようにします。

問題の例 2

つぎのことばをつかって、文をつくりましょう。

【まもなく】

れい文
ホームでベルがなっています。
まもなく電車が発車します。

問題の例 1

つぎのことばをつかって、文をつくりましょう。

【いそいで】

れい文
雨がふってきたので、いそいで家に帰りました。

第**4**章

発展学習

接続語の後の文をつくる

289

おわりに

　私たちは、何気なく助詞を用いて話をしたり、文を書いたりしています。

　しかし、ゆっくり学習していく子どもたちにとって、助詞を使って話をしたり文を書いたりするのは、とても難しいことです。

　日常生活の中で、正しく助詞を使って、たくさん話しかけることが大切です。たとえば、「がっこう」または「がっこう、いく」と子どもが言ったとき、「がっこう　にいこうね」と助詞を使って話しかけるようにします。

　子どもはそれを聞いて、次第に助詞の使い方がわかってくるようになります。

　そして、まねをして言うようになってきます。子どもが言ったときには、子どもの発声が明瞭でなくても、必ずほめるようにします。

　日常生活の中で、このように関わっていくことと並行して、この本に書いてある方法で、「文の構成」の学習を行いましょう。文を順序よく構成する力がついてきます。「文の構成」ができるようになったら、「文の理解」「文章の理解」の学習に入ります。短い文を読んで、その内容を質問すると、文を見ないですぐに答えを言う子どもがたくさんいます。それは、文を記憶しているからです。

　しかし、質問文に対する答えは、必ずしも本文中にそのままの形で書かれているとは限りません。本文を見ずに、記憶に頼って答えを言ってしまうことを容認していると、正しく答えを出すことができなくなってしまいます。

　そこで、この本では、「文の理解」「文章の理解」の学習方法として、必ず「答えは本文のどこに書いてありますか」または「答えは本文のどこを見るとわかりますか」とことばかけし、その部分を指で指すようにしています。本文をよく見て答えを出すことが大切です。

　この方法で学習することにより、特別支援学校に通う子どもから、通常学級に通う子どもまで、「文の理解」「文章の理解」の力の向上に成果が上がった例をたくさん見てきました。

　この本の方法を参考にして、子どもたちが、文を読んだり作ったりすることが好きになり、自信をもてるようになれば、こんなにうれしいことはありません。

　この本の執筆にあたっては、つばき教育研究所スタッフ小林康恵氏にご協力いただきました。また、出版にあたっては、学研プラスの方々にご尽力を賜りましたことを深く感謝いたします。

多摩つばき教育研究所 所長　宇川和子

障害がある子どもの
文・文章の理解の基礎学習
文をつくる 文章の内容がわかる

2018年8月14日　第1刷発行

著者	宮城武久・宇川和子
発行人	川田夏子
編集人	坂岸英里
企画編集	相原昌隆
編集協力	太丸伸章
デザイン	長谷川由美・千葉匠子
イラスト	中小路ムツヨ

発行所	株式会社学研プラス
	〒141-8415　東京都品川区西五反田2-11-8
印刷所	株式会社リーブルテック

この本に関する各種お問い合わせ先
・・
●本の内容については　Tel 03-6431-1576(編集部直通)
●在庫については　Tel 03-6431-1250(販売部直通)
●不良品(落丁、乱丁)については　Tel 0570-000577
　学研業務センター
　〒354-0045　埼玉県入間郡三芳町上富279-1
●上記以外のお問い合わせは　Tel 03-6431-1002(学研お客様センター)
・・

©Takehisa Miyagi , Kazuko Ukawa
2018 Printed in Japan
本書の無断転載、複製、複写(コピー)、翻訳を禁じます。

本書を代行業者等の第三者に依頼してスキャンやデジタル化することは、
たとえ個人や家庭内の利用であっても、著作権法上、認められておりません。

複写(コピー)をご希望の場合は、下記までご連絡ください。
日本複製権センター　http://www.jrrc.or.jp/　E-mail：jrrc_info@jrrc.or.jp
㊟〈日本複製権センター委託出版物〉
・・

学研の書籍・雑誌についての新刊情報・詳細情報は、下記をご覧ください。
学研出版サイト　http://hon.gakken.jp/

答え「一人で行くことにちょうせんしてみたいと思ったから」

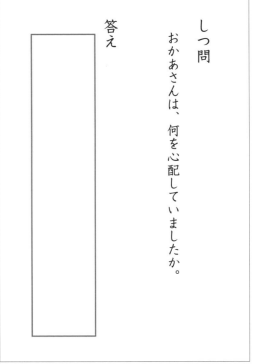

答え「電車の乗りかえが二回あること」
「一人で行けるかどうかということ」などのようなことを答えられれば正解とします。

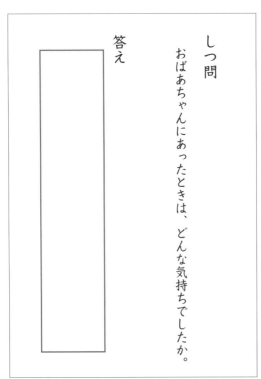

答え「心からほっとした気持ち」「心からほっとした」
「ほっとした」のいずれでも正解とします。

※→本の後ろからお読みください。

例文 30　8文③

本文

わたしは、夏休みに、いなかのおばあちゃんの家に遊びに行きました。

今まではお母さんといっしょに行っていましたが、一人で行くことにしました。

一人で行くことにちょうせんしてみたいと思ったからです。

「本当に大じょうぶなの。電車の乗りかえが二回もあるんだよ。」

と、お母さんに言われましたが、

「大じょうぶ。五年生だもん。」

と言いました。

前のばんは、どきどきして、なかなかねむれませんでした。

いよいよ出発です。お母さんといっしょに行ったときのことを思い出しながら、電車を二回乗りかえました。

おばあちゃんの家にある駅について、むかえに来たおばあちゃんの顔を見たときは、心からほっとしました。

しつ問
もやせるごみの日に出すものはなんですか。二つ書きましょう。

答え（マス目）

答え「小さな紙くず」「生ごみ」
※2つ目の答えのマス目は、3つ多くなっています。

しつ問
□の中に当てはまる言葉は何ですか。

答え（□）

答え「そして」「また」が望ましいです。
「でも」「しかし」「けれども」でもよいです。
※子どもが答えられない場合は、右下のように選択肢を呈示して行います。

しつ問
【答えられない場合】
□の中に当てはまる言葉を、次の中からえらび、記号に丸をつけましょう。

答え
ア すぐに
イ そして
ウ だから

答え イ

しつ問
この文しょうは、何について書かれていますか。

答え（□）

答え「ごみの分別」

例文 29

本文

ぼくの住んでいる地いきでは、小さな紙くずや生ごみは、もやせるごみの日に出します。 ☐ 、プラスチックやビニールは、もやせないごみの日に出すことになっています。また、ビンやカン、大きな紙やぬのなどは、その日とは別の、決まった日に出すことになっています。ごみを種類ごとに分けることを、ごみの分別というのだと、学校で教わりました。

しかし、ぼくのおばさんの住んでいる地いきでは、プラスチックもビニールも、もやせるごみといっしょに出してもいいそうです。

お母さんに、いつも

「もやせるごみと　もやせないごみは、ちゃんと分けてすてるのよ。」

と言われているので、ぼくはびっくりしました。

地いきによって、ごみの分別のしかたがちがっているのはなぜだろうと思いました。今度、調べてみようと思います。

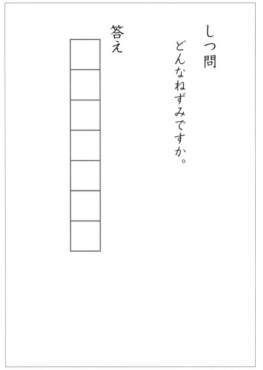

答え「さみしがりや」 ※マス目は、1つ多くなっています。

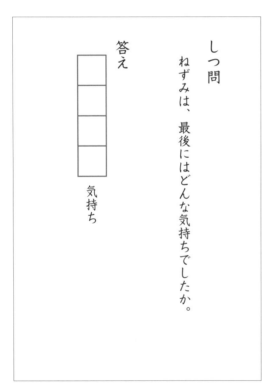

答え「うれしい」

答え「あんまりおおかみがかわいそうだから」
「おおかみがかわいそうだから」「かわいそうだから」の
いずれでも正解とします。

本文

あるところに、さみしがりやのねずみがいました。

ねずみは、友達がほしくてたまりません。

「どうしたら、友達ができるかな。」

ある日、ねずみが歩いていると、おおかみが、人間のわなにかかってもがいていました。ねずみはおおかみがこわいので、知らん顔をして通りすぎようとしましたが、あんまりおおかみがかわいそうなので、わなをかみ切ってあげました。

でも、おおかみに食べられては大変なので、すぐににげようとしました。

すると、おおかみは、

「待って。命のおんじんを食べたりしないよ。ああ、本当にありがとう。ねずみくん、よかったらぼくと友達になってくれないかい。」

と言いました。ねずみはよろこんで友達になりました。

しつ問

どんなやくそくをしていましたか。

答え

［ ］

答え「家ぞくでゆうえん地に行くやくそく」
※マス目は、4つ多くなっています。　※「ゆうえん地に行くやくそく」だけでも正解にします。

しつ問

「おねえちゃん、ごめんね。」
と言ったのは、だれですか。

答え

［ ］

答え「かずや」　※マス目は、1つ多くなっています。

しつ問

まり子がはずかしくなったときの気持ちは、次のどれですか。
あてはまるものの記号にまるをつけましょう。

答え

ア　かずやが熱を出したのが悪いという気持ち。

イ　かずやにおこった顔をしてすまなかったという気持ち。

答え　イ

例文 27

本文

「ああ、つまらないな。」

まり子は、そう言って、ためいきをつきました。今日は、まり子の九才のたん生日だったので、家ぞくでゆうえん地に行くやくそくをしていました。

でも、弟のかずやがねつを出したので、行くのは中止になりました。

まり子は、おこった顔をして、ねているかずやを見ました。

すると、くるしそうに目をあけて、

「おねえちゃん、ごめんね。」

と言いました。

まり子は、急にはずかしくなって、

「うん、だいじょうぶ。早く元気になってね。」

と言って、かずやの頭をなでました。

付録

例文集

「文の理解」・「文章の理解」の
学習の例文集です。
1文で助詞1つの文から、
8文の文章まで載せてあります。
子どもの実態に応じて
参考にしてください。

※←ここからお読みください。

例文 **1**　　1文で助詞1つ①

ほんぶん
かたを　たたきます。

しつもん
どこを　たたきますか。

こたえ

こたえ　［　□□　］

答え「かた」

例文集

1文で助詞1つ②　例文2

ほんぶん

ぼうしを　かぶります。

しつもん

なにを　かぶりますか。

こたえ

答え「ぼうし」

1文で助詞1つ③　例文3

ほんぶん

みずを　のみます。

しつもん

なにを　のみますか。

こたえ

答え「みず」

例文 4　1文で助詞2つ①

ほんぶん

コップで　みずを　のみます。

しつもん

なにで　みずを　のみますか。

こたえ

答え「コップ」

例文 5　1文で助詞2つ②

ほんぶん

せんせいと　じゃんけんを　します。

しつもん

だれと　じゃんけんを　しますか。

こたえ

答え「せんせい」

例文集

1文で助詞2つ③　　例文 **6**

ほんぶん

おりがみで　ふねを　おります。

しつもん

おりがみで　なにを　おりますか。

こたえ

答え「ふね」

1文で助詞3つ①　　例文 **7**

ほんぶん

おかあさんの　コップで　みずを　のみます。

しつもん

だれの　コップで　みずを　のみますか。

こたえ

答え「おかあさん」

4

例文 8　1文で助詞3つ②

ほんぶん

てを　ひざの　うえに　おきます。

しつもん

てを　どこの　うえに　おきますか。

こたえ

答え「ひざ」

例文 9　1文で助詞3つ③

ほんぶん

かみに　えんぴつで　なまえを　かきます。

しつもん

かみに　えんぴつで　なにを　かきますか。

こたえ

答え「なまえ」

例文集

2文①　例文 10

ほんぶん

こうていで　あそびました。
ブランコに　のりました。

しつもん

なにに　のりましたか。

こたえ

答え「ブランコ」

2文②　例文 11

ほんぶん

かみを　はんぶんに　おります。
まんなかを　はさみで　きります。

しつもん

なにを　はんぶんに　おりますか。

こたえ

答え「かみ」

6

2文③　例文 12

ほんぶん

がっこうで　そうじを　しました。
ぼくは　ぞうきんで　つくえを　ふきました。

しつもん

ぞうきんで　なにを　ふきましたか。

こたえ
☐☐☐

答え「つくえ」

3文①　例文 13

ほんぶん

きょうは　にちようびです。
ぼくは　イルカが　だいすきです。
おかあさんと　でんしゃで　すいぞくかんに　いきます。

しつもん

なにで　いきますか。

こたえ
☐☐☐☐

答え「でんしゃ」

例文集

3文② 例文14

ほんぶん

わたしは ともだちと がっそうを しました。
わたしは タンバリンを たたきました。
ともだちは トライアングルを ならしました。

しつもん

ともだちと なにを しましたか。

こたえ ☐☐☐☐

答え「がっそう」

3文③ 例文15

ほんぶん

きのうは おとうとの 五才の たんじょう日でした。
ケーキに 五本の ろうそくを たてました。
おとうとが いきを ふきかけて ろうそくの 火を けしました。

しつもん

ケーキに なにを たてましたか。

こたえ ☐☐☐☐☐☐☐

答え「五本のろうそく」
※「ろうそく」だけでも正解とします。

4文① 　例文 **16**

ほんぶん

夏休みに　海に行って、すいかわりを　しました。

目かくしを　して　ぐるぐる回ったら　ほうこうが　わからなく　なりました。

でも、お父さんが

「もっと　右。」

と　教えて　くれたので　わることが　できました。

みんなで　食べた　すいかは　とても　おいしかったです。

しつもん

海で　なにを　しましたか。

こたえ

答え「すいかわり」

しつもん

きせつは　いつですか。

こたえ

答え「夏」

例文 17　4文②

ほんぶん

ぼくは　学校で　もうどう犬の　話を　聞きました。
もうどう犬は　目の　見えない　ひとが　歩くときに
車に　ひかれたり　せんろに　おちたり　しないように
まもって　います。
なにが　あっても　あわてたり　ほえたりしません。
とても　かしこい　犬だと思いました。

しつもん
なにの　話を　聞きましたか。

こたえ　□□□□□

答え「もうどう犬」

しつもん
ぼくは　どんな　犬だと　思いましたか。

こたえ　□□□□□□□□

答え「とてもかしこい犬」
※「かしこい犬」だけでも正解とします。

4文③　例文 18

ほんぶん

わたしは　はが　いたく　なりました。
それで　おかあさんと　はいしゃさんに　行きました。
おくばが　むしばに　なって　いました。
むしばを　なおすのは　こわかったけれど　がんばりました。

しつもん

なぜ　はいしゃさんに　行ったのですか。

こたえ

	から

答え「はがいたくなった」

しつもん

なにが　こわかったのですか。

こたえ

こと

答え「むしばをなおす」

例文 19　5文①

ほんぶん

きのう　家ぞくで　レストランに　行きました。
日よう日だったので　とても　こんでいました。
ぼくは　ハンバーグを　食べました。
とても　おいしかったです。
また　行きたいです。

しつもん

どこで　食べましたか。

こたえ　☐☐☐☐☐

答え「レストラン」

しつもん

なぜ　こんで　いたのですか。

こたえ　☐☐☐☐☐☐☐から

答え「日よう日だった」「日よう日だ」のどちらでも正解とします。

5文② 例文 20

ほんぶん

ぼくは お父さんと じてん車に のる れんしゅうを しました。

お父さんが うしろを ささえて くれました。

はじめのうちは なんども ころびました。

でも ついに きのう のれるように なりました。

とても うれしかったです。

しつもん

お父さんと 何を しましたか。

こたえ

答え「じてん車にのるれんしゅう」

しつもん

のれるように なったのは いつですか。

こたえ

答え「きのう」

例 文 集

5文③ 例文21

ほんぶん

家で おにいちゃんと うでずもうを しました。
ぼくは うでに ぐっと 力を 入れました。
あせが ぽたぽた おちました。
でも まけてしまいました。
いつか おにいちゃんに かちたいです。

しつもん

おにいちゃんと 何を しましたか。

こたえ

答え 「うでずもう」

しつもん

うでずもうが おわって ぼくは どんな 気もちですか。
つぎの 中から えらんで きごうに まるを つけましょう。

こたえ

ア おにいちゃんは つよいなあ。
イ おにいちゃんくらい つよく なりたいなあ。
ウ いつか おにいちゃんに かちたいなあ。

答え どれを選んでも正解とします。
※表現を豊かにするための質問です。選ばなかった選択肢について、
「これでもいいね」と話します。

14

6文① 例文 22

ほんぶん

きのうは、母の日でした。

わたしは、アイロンかけのお手つだいをしました。

まず、ハンカチにアイロンをかけました。

次に、お父さんのワイシャツにアイロンをかけました。

アイロンかけはかんたんだと思っていたけれど、むずかしかったです。

お母さんがよろこんでくれたので、よかったです。

しつもん
何のお手つだいをしましたか。

こたえ

答え「アイロンかけ」 ※マス目は1つ多くなっています。

しつもん
二ばん目には、何にアイロンをかけましたか。

こたえ

答え「お父さんのワイシャツ」

15

例文集

6文② 例文23

ほんぶん

るみ子が学校の帰りにいつもの道を歩いていると、一ぴきの黒ねこが通りかかりました。

黒ねこは、るみ子のかおを見て

「わたしのあとについておいで。」

と言いました。

るみ子はびっくりしましたが、黒ねこのあとをついていくことにしました。

しばらく行くと、見なれない大きな家に着きました。

家の中から、とてもおいしそうなにおいがただよってきました。

るみ子はそこで目がさめました。

しつもん

るみ子は なにに会いましたか。

こたえ

答え「黒ねこ」

しつもん

るみ子は なにを見ていたのですか。

こたえ

答え「ゆめ」

16

6文③　例文24

本文

晴れているのに雨がふることを、お天気雨と言います。

べつの言い方で、きつねのよめ入りと言うこともあります。

このような日には、きつねのよめ入りの行れつがあるという、言い伝えがあるからです。

その行れつの明かりは、人間の目には、遠くからは見えますが、近づくと見えなくなると言われています。ふしぎですね。

晴れているのに雨がふるというふしぎなことも、昔の人は、きつねのしわざと考えたのかもしれません。

質問

晴れているのに雨がふることを、何と言いますか。二つ書きましょう。

答え

答え「お天気雨」「きつねのよめ入り」

質問

このような日　とは　どのような日ですか。

答え

	よ
	う
	な
	日

答え「晴れているのに雨がふる」

17

例文集

7文① 例文 25

本文

十月八日は、木の日です。漢字の十と八を組み合わせると、木の字になるからです。

木のよさを見直す日と言われています。

また、同じように漢字の十と八を組み合わせると、かたかなのホの字になります。

それで、ほねと関節の日とも言われています。この日は、体育の日とも近いので、

ほねと関節に気をつけましょうという意味がこめられています。

ほかにも、二つの文字を組み合わせてちがう文字になるものはないか、

考えてみましょう。

しつ問
漢字の十と八を組み合わせると、何という字になりますか。二つ書きましょう。

答え ☐ ☐

答え「木」「朩」

しつ問
木の日は、何を見直す日ですか。

答え ☐☐☐☐☐

答え「木のよさ」　※マス目は1つ多くなっています。

しつ問
この日 とは、何月何日のことですか。

答え ☐☐☐☐

答え「十月八日」

例文 26　7文②

本文

オランウータンは、マレー語で「森の人」という意味です。

東南アジアのスマトラ島とボルネオ島に住んでいます。

「森の人」という名前の通り、人間にとても近い動物です。

テレビで見ましたが、人間のように、タオルで顔をふいたり、シャツを着たりすることができます。

雨にぬれないようにすることもできます。

　　　　、大きな葉っぱをかさのかわりにして、人間が、農園をつくるために、オランウータンが住んでいる森を焼き払うので、

オランウータンはだんだん住む場所がなくなってきているそうです。

オランウータンの住んでいる森を守りたいです。

しつ問

□ の中に当てはまる言葉を、次の中からえらび、記号に丸をつけましょう。

答え
ア たぶん
イ けれども
ウ また

答え ウ

しつ問

何のために、森を焼き払うのですか。

答え

答え「農園をつくるため」

しつ問

この文しょうは、何について書かれていますか。

答え

答え「オランウータン」

21